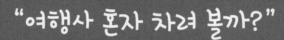

Starting a Travel Agency

"여행사 혼자 차려 볼까?"

초판 인쇄 ｜ 2019년 12월 26일 초판 1쇄
초판 발행 ｜ 2020년 1월 2일 초판 1쇄

지은이 ｜ 조환성
펴낸이 ｜ 박명환
펴낸곳 ｜ 비즈토크북

주 소 ｜ 서울시 마포구 와우산로 3길 15 (상수동, 2층)
전 화 ｜ 02) 334-0940
팩 스 ｜ 02) 334-0941
홈페이지 ｜ www.vtbook.co.kr
출판등록 ｜ 2008년 4월 11일 제 313-2008-69호

편집장 ｜ 경은하
마케팅 ｜ 윤병인 (010-2274-0511)
디자인 ｜ 이미지공작소 02) 3474-8192 / www.imageworks.kr
제 작 ｜ (주)현문

ISBN 979-11-85702-16-2 13320

비즈토크북은 디자인뮤제오의 출판 브랜드입니다.

나는 여행 다니면서 돈 벌기로 했다!

여행을 부탁해

조환성 지음

교육 회사 대표로서 기업과 개인들에게 세일즈와 리더십 등을 강의하며 지내던 어느 날, 한 지인이 여행사를 차리고 싶다고 이야기해 왔다. 내가 1999년부터 2008년까지 여행 법인을 10년간 운영했다는 이력을 알고 있던 분이기에 전문적인 창업 교육 문의를 해 온 것이었다. 과거의 경험은 있었으나 그 당시 여행사를 운영하고 있지는 않았던 터라 현재 창업을 준비하는 분에게 교육한다는 것은 언감생심 흔쾌히 수락할 수 없었다.

그런 까닭에 요즈음 여행사는 어떻게 운영되고 있는지 알아보고, 어떻게 여행사 창업에 대해 제대로 조언해 줄 수 있을지 조사하기 시작했다. 뜻밖에도 여행사를 차리고 싶은 사람들이 많다는 사실과 내실 있게 여행사 창업 교육을 하고 있는 곳이 거의 없다는 점을 알게 되었다. 여행사 창업을 돕는다고 하는 곳에 대해 진정으로 도움을 주려는 것인지 혹 다른 목적이 있는 것은 아닌지 의심스러운 부분도 생기게 되었다.

그러던 중 교육업에 종사하는 한 사람으로서 여행업에 관한 체계적 지식과 실무 및 창업에 대한 실전 업무를 다루는 여행사 창업 교육을 충실하게 진행해 보고자 결심했다. 내가 어떻게 창업 준비자에게 실질적 도움을 줄 수 있는지 스스로 질문을 던지며 6개월 정도 준비하는 동안 '투어플래너 1인 여행사 창업 토크 콘서트'라는 행사를 열기도 했다. 여행 현업에서 지금 활발하게 활동 중이신 여행사 사장님 몇 분과 여행업에 관심을 갖고 있는 사람들이 함께 이야기해 보는 시간을 기획한 것이다.

2014년 1월 3일이었다. 30명 정원의 강의장을 빌려서 투어플래너 토크 콘서트를 하겠다고 페이스북에 글을 올렸다. 아무런 광고도 하지 않았는데 순식간에 36명의 신청이 올라와서 깜짝 놀랐다. 추운 겨울날 저녁에 여행사 창업에 관한 이야기를 들으러 이렇게 많은 분이 신청하다니, 정말로 여행을 직업으로 삼고 싶어 하는 사람들의 수가 상당함을 체감할 수 있었다.

투어플래너 토크 콘서트는 4명의 전문가를 모시고 진행했다. 일반 회사원 생활을 하다가 국내 버스 관광 여행사를 창업해 성공한 여행사 대표, 18년째 1인 여행사로 왕성히 활동하고 있는 여행사 대표, 인터넷 카페 운영으로 허니문 여행 강자로 활동하고 있는 여행사 대표, 그리고 여행업을 진정성 있게 교육하고자 노력 중인 과거에 여행사 운영 경험이 있는 나까지.

이날 참석한 분들을 통해서 여러 분야의 다양한 사람들이 여행을 직업으로 하고 싶다는 로망을 가졌다는 사실을 확인했다. 일반 직장인, 학생, 타 업종의 사업자들까지 모두가 각각의 동기와 생각은 달랐지만 여행을 좋아한다는 기본적인 공통점이 가장 강력한 여행사 창업 이유였다.

이 토크 콘서트를 준비할 때 한 통의 전화를 받았다. 콘서트 참가 신청 전화였는데 참가자가 자신의 아들이라고 말하는 어머니였다. 아들이 어려서 대신 신청하는가 보다 했는데, 그분이 요청하시기를 강사의 입 모양이 잘 보이는 자리에 앉을 수 있게 해 달란다. 청각 장애인인 아들이 여행을 좋아해서 장애인에게 특화된 여행업을 할 수 있지 않을까 생각하고 있다고 말씀하셨다. 또한 그날의 강의 내용을 타이핑 해 주기 위해 도우미의 동석이 가능하겠느냐는 요청도 하셨다.

물론 당연히 가능하다는 답변을 드린 후에 진정 도움을 드릴 수 있어야 할 텐데 하면서 한편으로는 여행업이 답이 아닐 수도 있고 무조건 잘 된다고 장담할 수 있는 것도 아닌데 라고 생각했다. 여행사 창업 교육에 대한 책임감의 무게를 다시금 느끼게 된 일화이다.

어느 여행사 창업 교육업체의 사이트에서 여행업을 '무자본, 고수익, 평생 직업'이라고 써 놓은 문구를 보았다. 정말 그렇다면 좋겠다는 생각이 든다. 여행업은 결코 만만히 보고 시작할 일은 아니라는 것이 나의 생각이고 그래서 실질적인 도움을 줄 수 있는 여행사 창업 교육을 해 보자고 결심하고 교육을 시작하게 되었다.

다만 한 가지 고민이 있다면, 여행사 창업 경험은 있지만 결국 사업 실패로 마무리한 경험이라 교육생들에게 여행업 운영에 대한 확신을 줄 수 있을까 하는 것이었다. 고심 끝에 무모할 수 있겠지만 집에서 열심히 아기를 키우고 있던 아내에게 내가 여행업 코칭을 해 줄 테니 여행사를 창업하고 운영해 보라고 설득했다. 실제 아내는 그 이후 항공 업무 교육을 받고 지인 여행사 두 곳에서 실무 경험을 하면서 여행 업무를 익혔고 여행사 창업을 하게 되었다. 지금 내가 운영하는 '여행을부탁해' 여행사의 초석이 된 것이다. 그 창업과 성장을 통해 경험한 근거를 가지고 여행사 창업 교육을 시작한 지 5년 차가 된 지금 이렇게 책을 쓰고 있다.

이 한 권의 책이 여행을 사랑하고 그 여행을 업으로 삼고 싶다고 도전하는 분들께 올바른 선택과 결정에 도움이 되길 바란다. 또한 이미 여행업을 시작한 분들께는 생존과 성공으로 향하는 길에 동반자가 될 수 있기를 희망한다.

2019년 12월
(주)여행을부탁해 대표 **조환성**

Contents ···

"여행사 혼자 차려 볼까?"

STEP
01

여행사 차리기 전에
알았으면
좋았을 것들

여행사 차리기 전에
알았으면 좋았을 것들

1 여행사는 왜 하려고 하세요?

이것은 누군가 여행사를 창업하거나 여행을 직업으로 삼고 싶다고 내
게 문의할 때 던지는 첫 번째 질문이다. 그러면 많은 사람이 여행을 좋
아해서라든가, 여행 경험이 많아서, 남보다 여행을 잘해서라고 답하
곤 한다. 하지만 여행을 좋아하고 잘한다고 해서 여행이 직업으로 잘
맞는지는 따져 봐야 할 일이다.

입사한 지 4개월 된 우리 회사 막내 직원과 나누었던 재미있는 이
야기가 생각난다. 신입 사원이 내게 "팀장님. 저는 여행은 적성인데,
여행업은 적성이 아닌 것 같아요."라고 하길래 서슴없이 "누구나 여행

은 적성이고, 여행업은 적성이 아니에요!"라고 대꾸해 주었다. 웃지
못할 이야기가 아닐까? 여행을 좋아해서 여행업을 시작했는데, 여행
업은 정작 여행 같지는 않으니 말이다. 수많은 여행사 직원들이 '여행
이 좋아서 여행업을 시작했는데, 여행까지 싫어지려고 한다'라고 토로
하는 일이 부지기수이다. 이런 말을 들을 때면 안타깝기 그지없다.

　여행업을 잘하려면 사실 여행이 아닌 여행업을 좋아해야 맞는 것이
아닐까? 이런 이유로 늘 여행을 직업으로 선택하려는 사람들에게 여
행업을 왜 하려는지 먼저 묻게 된다. 단순히 돈만 많이 벌자고 들면 여
행업보다 더 쉬운 길도 얼마든지 찾을 수 있다. 여행업은 사실 생각보
다 똑똑한 사람들이 잔뜩 포진해 있고, 마진율이 높지도 않고, 파악하
고 처리해야 할 업무량도 산더미인 노동 집약적 산업에 속한다.

여행업을 시작할 때 얼마나 생각하고 준비했나?

. . . .

주위를 둘러보면 많은 사람이 여행을 좋아해서 여행을 직업으로 선택
해도 괜찮겠다고 막연히 생각하고 있다가 우연한 계기를 통해 선뜻 여
행을 직업으로 삼겠다고 결심하는 일들이 잦은 것 같다. 실제로 여행
사 창업 교육에 참가한 사람들에게 이유를 물으면 평소에 관심을 갖고
있다가 별다른 망설임 없이 도전하게 되었다고 대답하기 일쑤이다.

　여행사 창업 교육도 여행업을 할까 말까 고민하는 단계에서 수강하
는 것이 가장 좋을 텐데, 여행을 직업으로 하겠다고 결정을 내린 다음

에 드는 경우가 대부분이다. 창업 비용의 일종으로 여기고 있는 셈이다. 교육을 받고 여행업에 관해 제대로 알고 보니 내가 할 만한 능력이 안 되거나, 그야말로 적성에 안 맞거나, 내 생각이 이상적인 꿈이었다고 깨달을 수도 있다. 그런 실수를 방지하기 위해 먼저 이 책을 읽고, 교육을 받고, 상담을 받으면서 충분히 사전 조사를 행하고 난 후에 결정했으면 한다.

대한민국 창업자들의 평균 창업 비용과 준비 기간은?

대한민국에서 창업 비용은 평균적으로 얼마나 들까? 2015년 현대경제연구소에서 발표한 자료에 따르면 평균 1억이다. 그렇지만 여행사를 창업하려는 사람들 중 창업 비용으로 1억을 생각하고 준비하는 사람은 별로 없는 듯하다. 예를 들어 몇억 들여서 프랜차이즈 베이커리나 치킨 가게를 차린다면 문을 연 당일부터 즉시 매출이 발생하고 돈을 벌게 되리라 기대할 수 있다. 그런데 서비스업의 대표 격인 여행사 사무실을 연다면 어떻게 될까? 오픈한 그날 바로 매출이 발생하고 돈을 벌면서 일할 수 있을까? 어떤 사람은 가능하겠지만 쉽지 않은 일이다.

여행사는 1000만 원 정도로도 충분히 창업은 할 수 있지만, 1년가량은 정상적으로 돈을 벌지 못할 수도 있다는 생각으로 1년간의 운영 비용쯤은 확보해 둬야 충분한 초기 창업 비용을 마련했다고 자신할 만하다. 그 1년 동안 여행사 업무에 적응하고, 매출을 올릴 계획을 하나씩 실행해 가며 생존해야 하는 것이 현실이다.

앞의 통계 자료에서 눈여겨볼 것이 또 하나 있는데, 창업 준비 기간이다. 과연 창업 준비에 얼마나 시간을 할애할까? 평균적으로 19개월이라고 한다. 1년 반이 넘는 시간을 조사하고, 고민하면서 준비하는 것이다. 그런데 이상하게도 여행사 창업에서는 일단 차려 놓고 나서 어떻게 할지 고민을 시작하는 사람들을 어렵지 않게 볼 수 있다. 다시 한번 예비 여행사 창업자들에게 차근차근 철저하게 준비하는 자세를 당부하고 싶다. 창업하는 것은 좋지만, 진입 장벽이 높지 않다는 이유로 덜컥 문을 열고 나면 고정비로 인해 한 달에 수백만 원씩 손실을 볼 수도 있고, 6개월 후엔 누적 손실 금액이 수천만 원에 달할 수도 있으니 두루두루 알아보고 전략을 세운 다음 시작하길 바란다.

여행을 직업으로 선택하는 것과 관련해 얼마 전 우리 회사 직원과 대화를 나눈 적이 있다. "다은 씨, 일이 힘들고 스트레스도 많이 받지요?"라고 내가 물었더니 그녀는 이렇게 대답했다. "솔직히 힘들기도 해요. 하지만 일하면서 스트레스 안 받는 경우가 어디 있을까요? 저는 어차피 스트레스를 피할 수 없다면 좋아하는 여행 일에서 받는 게 행복하거든요. 그래서 여행사에서 일하는 거예요."

여행을 좋아해서 직업으로 삼으려고 한다면, 그 사랑하는 마음을 간직하기 위해서라도 좀 더 현실적이고 냉정한 준비와 계획을 세우라고 진심을 담아 강조하고 싶다.

❷ 안전하게 성공하는 1인 여행사? 다단계인가요?

내게 많은 사람이 여행사 창업 교육을 해 달라고 요청해 와서 시작했던 투어플래너 1인 여행사 창업 교육. 이름도 참 긴 이 교육 프로그램이 더욱 주목을 끌었던 것은 제목 위에 작은 글씨로 '안전하게 성공하는'이라는 구절을 넣어서였다. 페이스북(Facebook)에 이 제목으로 글을 올렸더니 정말 셀 수 없을 만큼 댓글이 잔뜩 달렸다. 주로 어떤 사람들이 댓글을 달았는지 궁금해서 봤더니 이미 여행사를 운영 중인 사장님들이 대부분이었다.

"1인 여행사가 가능한가요? 그거 다단계 아니에요?" "안전하게 성공하는 게 가능한 일인가요? 이미 하고 있는 나도 힘들어서 문 닫을 판인데!" 여행사를 이미 하고 있는 선배님들이 걱정 반 의심 반으로 이런 글을 올린 것이었다. 그러면 나는 왜 '안전하게 성공하는'이라는 문구를 더했을까? 어째서 '1인 여행사 창업'이라는 말을 사용했을까?

소총 먼저 쏘고 대포 쏘기?

. . . .

내가 회사를 다니다 뛰쳐나와서 어린 나이에 창업했던 시절에는 검증된 통계는 아니어도 10명 중에서 5명은 월급쟁이 때려치우고 사업하길 잘했다고 이야기를 나누곤 했다. 적어도 한 분야에서 3년간 잘 버티면 먹고사는 걱정은 안 할 정도로 궤도에 오르는 모습들을 보고 사업에 대한 로망이 커지던 시대였던 듯하다. 요즘은 사뭇 다른 상황인 것 같다. 내 느낌으로는 회사를 그만두고 창업하는 사람들의 10명 중 9명은 그냥 주는 월급 받으며 진득하게 회사에 붙어 있을 걸 하면서 후회하는 양상을 띤다. 겨우 1명 정도가 회사 다닐 때보다 나은 형편이라고 할까?

　무엇보다 우리나라는 '비자발적 창업'의 숫자가 OECD 회원국 중 1, 2위를 다투는 상황이라는 점에서 창업이 장밋빛이지만은 않은 현실이다. 그래서 예전보다 더 조심조심하면서 돌다리도 두드려 보는 심정으로 다소 '소심하게' 창업을 준비하라고 조언하고 싶다. 용감하게 창업했다가 무참하게 전사하는 사람들을 자주 보기 때문이다. 특히나 여행이 좋아서 여행사를 시작한 용감한 분들이 몇 달 동안 돈만 까먹고 고생하다가 뒤늦게 수업을 들으러 오는 경우도 종종 있는데 안타까울 따름이다. 아마 못 벌어도 손해만 나지 않으면 된다는 생각에서 그런 용기를 냈던 모양인데, 실제로 한 달 동안 수입이 없다면 그건 손해를 안 본 것이 아니다. 회사에서 일할 때 월급 300만 원을 받았다면 300만 원의 기회비용을 날렸다고 인식하는 시각이 중요하다.

　최근 세계적인 석학들이 발표하는 자료에서도 '소심하게'라는 말이 유행이다. 짐 콜린스(Jim Collins)가 쓴 『좋은 기업을 넘어 위대한 기업으로(Good to Great)』라는 책이 큰 인기를 끌었는데, 그 다음 편인 『위대한 기업의 선택(Great by Choice)』에 '소총 먼저 쏘고 대포 쏘기'라는 말이 등장한다. 예전에는 기업들이 이것이다 싶으면 대포를 쾅쾅 쏴서 밀어붙이기식으로 사업을 성공시키곤 했는데, 이런 식으로는 영속하지 못하고 결국 실패해 버린 사례가 많다. 지금 생존하고 성공한 기업들은 사업이 정말 될 만한지 '소총'을 먼저 쏴 보고 잘 맞는지, 살상 확률이 높은지 등을 파악하고 나서 확신이 들면 그제서야 '대포'를 쏜다는 것이다. 하물며 글로벌 대기업도 새로운 사업에 도전할 때는 조심스럽고 소심한 방식으로 생존을 꾀하고 성장에 힘쓰는 시대인데, 상당수가 여행이라는 낭만에 취해 너무 쉽게 대포를 쏘아 버리는 것은 아닌가 싶어서 안전하게, 소심하게 성공하자고 제안해 본다.

1인 여행사라는 것이 가능한가요?

. . . .

'1인 여행사'라는 말은 왜 썼을까? 실제로 여행사를 1인으로 운영할 수는 있지만, 혼자서 모든 일을 다 잘하기란 불가능하다. 혹자는 여행업을 잘 알지도 못하면서 먼저 창업부터 해 놓고 경력자를 채용하면 된다는 생각을 가질 수 있는데, 이 또한 쉬운 일이 아니다. 중식당을 운영하는 내 친구가 해 준 이야기가 이 상황을 가장 적절하게 설명해 줄 것 같다. 대학교에서 조리학을 전공했고 유명 호텔 중식당에서 경력을 쌓은 주방장 출신으로 창업했던 그 친구가 사업 운영의 어려움을 토로하는 내게 걱정스럽게 말했다.

"환성아, 혹시 사업을 하다 하다 힘들면 차라리 중국집 해 볼래? 내가 다 알려 줄게. 그런데 내 얘기만 듣고 네가 그냥 덜컥 오픈한다면 성공할 확률이 과연 얼마나 될까? 다른 중국집에서 1년은 일해 보고 시작해야 하지 않겠어? 특히 자장면, 짬뽕, 탕수육 3가지는 정말 맛있게 만들 줄 알아야 돼. 아무리 솜씨 좋은 주방장을 써도 중국요리가 요리사 직종 중에 무척 힘든 분야라서 그런지 주방장이 기분 좀 상하면 월급 받고 다음 날부터 연락 끊고 안 나오기도 하거든. 그렇게 되면 요리할 줄 모르는 너는 어떻게 되겠어? 아마 가게 문도 못 열고 주방장 구해야 한다고 난리가 날 거야. 곧장 망하는 길로 가는 거지. 근데 네가 3가지 기본 음식만 제대로 만들 수 있으면 '당분간 끝내주는 자장면, 짬뽕, 탕수육만 팝니다'라는 안내문을 걸고 장사하면서 새로운 주방장을 찾을 수 있단 말이지."

나는 이 친구의 말이 지금의 사업 환경을 명확히 설명하고 있다고 본다. 내가 어느 분야에서 사업을 시작하고자 하면 일단 그 업종에 취직을 하거나 아니면 배우고 조언을 구할 수 있는 조력자를 구해야 한다. 다시 말해 본인이 모든 여행 업무를 잘하지는 못하더라도 일정 기간 동안 여행 업무에 어떤 종류들이 있는지 익히기 위해서 여행 관련 업무를 최대한 경험한 다음 어떤 일은 직접 하고, 어떤 일은 직원을 두고 할지, 어떤 일은 협력사에 위임할지를 결정해야 한다. 내가 집중했을 때 가장 효율성이 높고 잘할 수 있는 일을 찾아서 최선을 다해야 성공으로 향하는 길에 들어설 수 있다. 이런 의미에서 '안전하게 성공하는 1인 여행사 창업'이라는 교육을 시작했는데, 부디 사업의 순리를 잊지 말고 충분히 여행업을 이해한 후 차근차근 준비해서 시작해 보길 권한다.

❸ 여행이 좋아서 여행업을 하겠다고요?

여행이 좋아서 여행업을 하겠다는 말이 가장 흔한 창업 이유인데, 평소에 여행 싫어하는 사람을 본 적이 있는가? 사람들은 '좋아하는 일'을 해야 성공한다는 말을 자주 듣기 때문에 '진정 좋아하는 것이 뭐지?' 라는 물음에 '여행'이라고 답해 버리는 경우가 많은 것이 아닐까. 내가 좋아하는 일을 해야 지치지 않고 엄청난 에너지가 발산되어 성공할 수 있는 확률이 높아지긴 한다. 다만 일반적인 여행사 업무를 떠올려 볼 때 이 생각이 사업을 선택하는 데에 적절한지는 다시 곱씹어 봐야 한다.

여행사를 한다는 것이 곧 여행을 한다는 의미는 아니다. 여행 상담, 조회, 정보 검색, 현지 업체들과 연락 및 예약, 고객에게 계약서 전달, 안내, 공항에서 배웅까지 하는 이런 업무는 여행을 하는 것이 아니라 여행을 잘 다녀오도록 돕는 '여행 사무'라고 한다. 생각보다 여행사 일은 이 '여행 사무'의 비중이 높은 편이다. 따라서 여행이 좋아 여행업을 시작했음에도 정작 여행은 잘 다니지 못하고 맨날 책상 앞에 앉아 업무 처리에 바쁘기 마련이다.

일전에 광주에서 신혼여행 전문 여행사로 인지도가 높은 회사의 대표를 만났는데, 직원들이 입사 후 몸무게가 적게는 5kg에서 많게는 15kg까지 늘곤 한다고 했다. 매일 책상 앞에서 고객들과 상담하고 컴퓨터로 문서와 메신저 업무를 하다 보니까 움직임이 많지 않아서 벌어지는 현상이란다.

이런 사실을 어려서부터 일찌감치 지각한 나는 직원 채용 시 3가지를 강조한다. 입사하게 되면 일을 열심히 하고, 끊임없이 공부하고, 꾸준히 운동해야 한다고 말한다. 자기 관리에 실패하면 여행업을 즐겁게 해나갈 수 없기 때문이다.

또한 여행업은 전형적인 감정 노동 직군이다. 일반적으로 여성 직원이 입사하면 고객 상담 중에 한 번은 우는 일이 발생한다. 최근에 고객에게서 예약 취소 전화가 왔는데, 취소 규정을 안내해 드렸더니 전혀 몰랐다며 펄쩍 뛰었다. 우리 신입 직원이 미소를 잃지 않으면서 차근차근 설명하려고 해도 고객은 듣지도 않고 마구 화만 내면서 일방적으로 계속 소리를 질러 댔다. 직원은 말 한마디 못하고 혼나듯 나이 많은 어르신께 욕만 한바탕 먹고 나서 전화를 끊고 눈물을 뚝뚝 흘렸다. 아뿔싸, 미리 이런 상황에 어떻게 대처해야 하는지 알려 주지 못했구나 하는 미안함에 나 역시 속상해서 어쩔 줄 몰랐다. 그 신입 직원에게 다음에 혹시라도 비슷한 상황에 처하게 되면 우선 '불편을 끼쳐서 죄송합니다. 저희 책임자가 연락드리도록 하겠습니다.'라고 말하고 넘기라고 일러 주었다. 소 잃고 외양간 고친 격이다.

나는 직원의 눈물을 보자마자 회사 SNS에 글을 올렸다. '여행이 좋아서 여행업에 들어선 꿈 많은 젊은이가 고객의 화풀이와 막말에 상처 받으면 점점 여행업을 두렵고 힘든 일로 느끼게 됩니다. 더 좋은 여행 서비스는 영원히 고객에게 돌아가지 못할 겁니다. 부디 상담을 하는 여행사 직원이 누군가의 아들이고 딸이요 당신의 자녀일 수 있다고 생각하시고, 여행을 사랑하는 그 마음을 다치지 않도록 부탁드립니다!'

내가 여행업은 여행과 다르다는 점을 강조하는 것이 어쩌면 책을 읽고 싶지도, 교육을 받고 싶지도, 여행사 일을 하고 싶지도 않게 만드는 부정적인 영향을 미칠지도 모른다. 하지만 멋모르고 뛰어들어서 마음에 상처를 받고 포기할 일이라면 하지 않는 편이 낫고, 미리 상황을 예상하고 당하면 대처하는 방법을 준비할 수 있기 때문에 이런 야속한 사례까지 털어놓았다.

그렇다면 여행업은 정말로 여행 사무만 가득한 것일까? 꼭 그렇지는 않다. 내가 하려는 여행업이 어떤 성격인지에 따라서 달라지기 때문이다. 역세권에 여행사를 차려 놓고 비자 발급 업무를 주로 한다면, 아마도 '내가 꿈꾸던 여행업은 이게 아닌데'라는 생각을 하게 될 것이다. 먹고 살려니 하는 일이라고 여기면 더욱 그런 허탈함은 커질지 모른다.

그러나 모든 서비스업이 그렇듯이 내가 발급을 돕는 비자로 고객이 안전하고 편안하게 출장이나 여행을 잘 다녀오게 되는 가치 있는 일이라고 믿고, 대한민국에서 가장 친절하고 전문성 있게 비자 업무를 수행하는 여행인이 되겠다고 마음먹으면 재미가 생기기 시작할 것이다. 여행업을 이런 업무로 시작했다고 하더라도 점차 항공권 상담, 여행 상담을 하게 되고 지속적인 노력을 통해서 고객들이 요청한 여행을 만들어 주면서 재미를 느낄 수 있다. 마침내 고객들을 모시고 인솔을 나가게 되면 '이것이 진정 여행업이구나.' 하며 미소를 띨 수 있을 것이다.

어려서 나는 고객과 여행을 많이 다니고, 여행사 직원인 자신도 여행을 가고 싶으면 떠날 수 있고, 내가 노력한 만큼 돈을 더 벌 수 있는 여행사를 일터로 꿈꿨다. 아침부터 저녁까지 고객들에게 시달리면서 여행 사무만 보고, 퇴근도 정시에 못하고, 휴가도 마음대로 못 써서 여행은 요원하고, 여행사 직원이 되겠다는 경쟁자들은 넘치고, 여행 업계의 낮은 수익성 탓으로 박봉에 미래가 불안하기만 한 그런 여행사를 원하진 않았다.

이제 여행 사업을 시작하려는 분들께 희소식을 들려 드리자면, 최근에는 여행 사무에 능숙한 여행사보다는 고객과 온라인 및 오프라인의 스킨십을 늘리는 쪽이 더 성공적으로 여행업을 이끌고 있다는 사실이다.

고객만 여행을 보내는 시대가 아니라 이제는 내가 상담한 고객들과 함께 직접 인솔자로 나갔다 오고, 그렇게 함께 여행했던 친밀감으로 내가 운영하는 여행 커뮤니티에서 고객들과 어우러지며 평생의 여행 친구 같은 공감대를 이루는 쪽이 더 성공하는 시대이다. 적어도 여행 사무보다 여행을 좋아해서 여행사 일을 시작하는 분들께는 희망적인 사실이 아닐까 싶다. 여행이 좋아서 시작한 여행업이 여행처럼 행복하길 바라며 이제부터 그런 구체적인 방법들을 하나씩 하나씩 공유할 수 있게 되어 기쁘다.

❹ 남다른 여행 상품을 만들면 성공할까?

여행업을 왜 하고 싶으냐고 물으면 대부분 '남다른 무엇인가를 갖고 있어서'라고 답한다. 하지만 그 남다른 것에 과연 성공 가능성이 얼마나 있는지 생각해 봐야 할 문제이다. 클래식 음악을 너무 좋아하는 한 여성이 독일로 음악 여행을 떠났는데, 현지에서 음악 전공자와 1:1로 가이드 투어를 신청해 여행을 즐겼다. 색다른 여행으로 클래식 음악과 예술을 만족스럽게 경험한 이 여성이 클래식 음악 여행을 통해서 여행 사업을 전개해 봐야겠다고 구상했다면, 현실적으로 어떻게 이를 사업화하고 실행할 수 있을지 생각해 보자.

우선 정말로 탁월한 음악 여행(테마 여행)을 기획했다고 가정하자. 여행 기간은 8~10일 정도로 구성하고 이 상품에 사람들을 20명 이상은 모아야 단독으로 행사가 가능하다. 어떻게 20명을 특정 날짜, 특정 상품에 모을 수 있을까? 20명을 모집한 다음 실제 행사를 잘 진행하는 것은 여행 실무의 영역이다. 여행 실무는 본인이 자신 없으면 실무를 잘하는 여행사에 대행을 맡겨도 된다. 하지만 자신이 만든 여행 상품에 안면도 없는 사람을 20명 모으기란 사실 쉽지 않을 것이다. 그래도 무사히 20명을 모아서 여행이 잘 끝났다고 가정해 보자. 그렇게 좀 더 자주 더 많은 사람을 모아서 음악 여행을 떠나면 사업적으로 돈이 꽤 벌릴 수 있겠다고 생각할 수 있다. 그런데 이런 낌새를 다른 여행사들이 알아채고 앞다투어 비슷한 상품들이 출시될 것이다. 특히 대한민국

1등 여행사가 비슷한 상품을 출시한다고 하면 어떻게 될까?

처음으로 음악 여행을 기획하고 열심히 추진해 온 이 여행사는 1등 여행사에 밀려서 힘들어지지 않을까? 여행 일정이라는 것이 저작권을 인정받기가 쉽지 않기 때문에 사업적으로 더 힘들 수 있다. 항상 중요한 것은 고객을 얼마나 모을 수 있느냐이고 결국 고객이 핵심이다. 그러면 스스로 여행을 잘 만들 수 있겠다고 생각한 아이디어들은 의미가 없는 것일까? 아니, 기회를 만들 수 있으니 기뻐해도 좋다. 아래 몇 가지 방법을 살펴보자.

첫째, 음악 여행에 유명인을 내세워서 이 유명인과 함께 떠나는 여행으로 자리매김한다. 이 경우에는 맨 처음 한 팀을 출발시키기 위해서 총력을 쏟아야 한다. 대개 새롭게 기획된 여행은 사람들이 자진해서 인터넷을 검색해 찾진 않는다. 그래서 널리 알릴 수 있거나 기본적인 출발 인원이 확보되는 커뮤니티를 갖고 있어야 유리하다. 유명인을 내세워서 마케팅을 하면 다른 어려움이 생길 수도 있다. 그 유명인이 우리 계획대로 움직여 주지 않거나 불의의 사고라도 나면 진행이 어려워질 소지가 있다. 게다가 다른 여행사에서도 더 인기 있는 유명인을 섭외해 비슷한 상품을 출시할 수 있다는 점도 고려해야 한다.

둘째, 브랜드 마케팅을 전개해 음악 여행인 우리 ○○ 브랜드를 널리 알린다. 중요한 것은 1등 여행사가 비슷한 상품을 출시하기 전에 시장에서 자사 ○○ 브랜드가 일정 수준 이상 인지도를 쌓도록 만드는 일이다. 타 여행사가 비슷한 음악 여행 상품을 출시해 광고하고 판매하려고 할 때 사람들이 이미 음악 여행은 '○○ 음악 여행'이라고 인식하게 되었다면, 시장의 성장과 더불어 우리 회사가 더욱 커질 가능성이 높아질 것이다.

셋째, 처음부터 1등 여행사를 찾아가서 우리가 만든 음악 여행을 공급하고 싶다고 제안하고 공급 계약을 맺는 것이다. 이때 우리가 공급한 음악 여행이 다른 사람이 따라 하기 힘든 것이라면 몰라도 결국 누구나 진행할 수 있는 여행이라면 공급에 대한 계약 기간이 종료되면서 곧 1등 여행사가 자체 기획 행사로 운영할 가능성도 높다. 물론 그 사이에 돈을 많이 벌어서 음악 여행을 기획한 보상으로 생각한다면 손해 본 장사는 아닐 수 있다. 현재 기준으로 내가 아는 선에서는 1등 여행사가 새로운 여행 상품을 제안받으면 그 가치 여부를 따져서 기획 비용을 보상하기도 하고, 판매에 따른 보상을 줄 수 있다곤 해도 실제로 큰돈이 되기는 쉽지 않다고 알고 있다.

내가 좋아하는 것, 내가 좀 더 잘 아는 것을 테마로 멋지게 여행 상품을 기획해서 고객을 모아 여행을 다닌다면 무척 행복할 것이다. 사업성 여부를 따지지 않고 고객들과 어울려 여행하는 것이야말로 진정한 여행업의 매력일 수 있다. 하지만 여행을 사업적 관점에서 접근한다면 과연 자신이 만든 특별한 여행이 사업적으로 성공할 수 있는지 다시 한번 살펴보면서 어떻게 고객을 유치할지, 어떻게 남들이 모방하지 못할 핵심 경쟁력을 확보할 것인지를 고민할 필요가 있겠다.

❺ 여행사 대리점은 어떻게 운영하나요? 간판을 거는 것이 좋은가요?

여행사 대리점이라는 개념을 이해하려면 대형 여행사 간판이 걸려 있는 곳에 한 번 방문해서 다른 여행사 상품을 상담 예약할 수 있는지 물어보는 쪽이 빠르다. 'ㅇㅇ투어'라는 간판이 걸려 있는 사무실에 들어가서 '△△여행사' 상품을 예약할 수 있느냐고 물어보면 대부분 가능하다고 답할 것이다. 일반적인 여행사들이 자기 이름으로 여행사를 설립한 다음에 대형 여행사 상품을 판매하는 판매 대리점 계약을 맺는 방식을 취하고 있기 때문이다. 물론 최근에는 대형 여행사들이 자사 브랜드를 간판으로 걸고 있으면 자신들의 여행 상품만 판매하라고 압박하고 있는 상황이지만 구조를 이해하도록 돕고자 설명해 보았다.

예를 들어서 하나투어, 모두투어 같은 곳은 가맹점을 하고 싶다고 전화하면 일반 프랜차이즈 사업과 달리 위에서 언급한 판매 대리점 형태를 채택하고 있으므로 반갑게 맞이하기보다는 오히려 냉랭한 반응이 돌아오기 십상이다. 좀 더 자세히 살펴보기로 하자.

오늘 당신이 여행사를 차리겠다고 하면 우선 자기 이름의 여행사를 설립해서 관광사업자 등록을 하고 여행업을 시작하게 된다. '조환성 여행사'를 개업하고 나서 하나투어, 모두투어, 롯데관광, 한진관광 등 대형 여행사들의 상품을 판매하는 판매점 계약을 맺고 영업에 돌입하는 것이다. 이동 통신사들이 각각 자신의 브랜드 매장을 가지고 운영하기도 하지만, 통신 3사 브랜드를 모두 취급하는 판매점들이 존재하는 것과 유사하다. 기본은 내 여행사를 설립한 후에 기존의 여행 상품을 판매하기 위한 판매점 계약을 맺는 것에서부터 시작한다.

대형 여행사들 중에는 치킨 가맹점처럼 가맹점을 유치하는 곳도 있는데, 최근에는 판매점 형태를 많이 확장하고 있는 추세이다. 가맹점을 유치하는 여행사의 브랜드가 내 시작에 도움이 될 것 같다면 일정 금액의 가맹비를 내고 브랜드 간판을 건 채 여행업을 시작하는 것도 의미가 있다. 하지만 대부분의 대형 여행사들은 본사에서 판매점인 우리의 실적과 업무 능력을 평가한 후 간판을 걸어 줄지 말지를 결정한다. 회사마다 차이가 있지만 대형 여행사의 상품 판매를 월평균 3000만 원~1억 원 사이로 6개월 이상 달성했다는 실적이 우선일 것이고, 그 여행 브랜드를 보고 걸려 오는 전화나 방문객을 소화할 실제 상담 인력이 2명 이상 있어야 한다는 것을 통상적인 평가 기준이라고 보면 된다. 대형 여행사들이 그 기준치를 공표하고 운영하진 않기 때문에 구체적으로 회사의 기준을 열거하기엔 무리가 있는 만큼 업계 지인들을 통해서 최근 현황을 알아보길 권한다.

과연 대형 여행사 간판을 걸고 여행업을 시작하는 것이 유리할까?

당연히 여행업을 시작하는 초기에는 브랜드에 기대는 편이 조금 더 쉽게 시장에 진입할 수 있는 길이다. 하지만 장기적으로는 내 브랜드를 성장시키는 것이 더 가치가 있지 않을까 생각한다. 이에 관해서는 여행사 창업 교육을 받으면서 방향을 정해 보거나 이미 여행 사업을 하고 있는 분들을 만나서 상담해 보길 권장한다.

최근의 여행업은 프랜차이즈 사업이 용이하지 않은 업종에 해당된다. 프랜차이즈로 성장하기 위해서 가장 중요한 요소 중 하나가 '지역의 한계성'이라고 하는데, 요즘 여행업은 인터넷을 통해서 검색하고 상담도 방문보다는 온라인 상담이 대부분이다. 서울에 있는 여행사가 지방 도시에 따로 지점을 차릴 필요 없이 전화와 이메일, 메신저 등으로 상담하고 계약이 이루어지는 상황이라는 점을 참고하자.

한편 대로에 간판을 거는 것이 어떠냐고 문의하는 분들이 많은데 초기에 여행업이 어떻게 돌아가는지도 모르는 상황에서 비싼 임대료를 감내하고 고정비의 부담을 느끼면서 사업을 시작하진 말라고 조언해 드리곤 한다. 하지만 임대료 부담이 크지 않고 그 지역 주민들이 간판을 보고 문의할 가능성이 높다면, 간판을 걸고 여행사 사무실을 운영하는 것도 고려해 볼 만하다.

여행사 창업 교육을 진행하면서 수료생들의 창업 과정을 지켜본 결과로는 서울 같은 대도시에선 간판을 걸었다고 상담하러 찾아오는 분들이 거의 없는 편이지만, 지방의 소도시들은 그래도 간판을 잘 보이게 걸고 있으면 단체 여행을 가려고 할 때 견적을 문의하는 경우가 있으므로 단체를 유치할 기회가 생기곤 한다는 점이 특징이다. 정답은 없겠지만 지방의 경우 임대료 부담이 크지 않다는 전제하에 간판이 눈에 띄는 사무실을 추천하고 싶다. 간판을 걸 때 내 여행사 이름이 나을지 아니면 유명 브랜드 간판이 나을지는 잘 따져 보고 선택하면 된다.

이해를 돕기 위해서 H여행사를 예로 들면, 현재 3단계의 시스템으로 운영되고 있다. 1단계는 판매 대리점 계약을 맺고 H여행사의 상품을 판매할 자격을 얻는 것이다. 이 판매 대리점 자격으로는 H여행사의 로고를 사용하거나 H여행사 대리점이라고 광고·홍보하는 것은 금지하고 있다. 단지 상품을 판매하고 커미션을 받을 수 있을 뿐이지만 판매 대리점 계약은 맺어야 한다. H여행사의 여행사 직원용 시스템을 공급받으면 여행사로서 업무를 빠르게 익히고 이해할 수 있으며, 당연히 여행 상품의 판매를 통해서 일차적인 수익을 발생시킬 수 있다는 장점이 있다.

2단계는 제휴 여행사라는 용어를 사용하는데, 이때부터는 명함과 인쇄물에 H여행사 제휴 여행사라는 표기가 가능하다. 이로 인해 사람들이 우리 여행사를 더 공신력 있게 보아준다는 의미가 있다. 또한 H여행사의 올드 버전(Old version) 홈페이지를 제공받을 수 있으며, 각종 입찰에 H여행사의 파트너십으로 함께 참가할 수 있다.

3단계는 전문 판매점(현재는 공식인증예약센터)으로 H여행사 본사와 동일한 홈페이지를 사용하면서 H여행사 콜센터로 걸려 오는 전화가 배분되기도 하고, 본사 홈페이지로 들어오는 계약을 공유하게 된다. 본사가 고객을 유치해서 배당하는 것이므로 내가 직접 고객을 모집할 때의 30% 정도 수익만 받게 되지만 분명 수익도 생기고 고객도 생기는 고마운 일이다.

기존의 여행사들 중에서 H여행사의 전문 판매점을 해 온 곳들은 상당수 생존했고, 그렇지 않았던 여행사들이 많이 문 닫은 걸 보면 그 가치를 쉽게 판단할 수 있다. 다만 H여행사 본사에서는 이제 전문 판매점이 포화 상태라 보고 조금 더 본사 정책에 잘 따르는 판매점들을 바라고 있어서 자립보다 종속의 개념이 강해지고 있는 추세라고 보아야 한다.

나만의 여행업을 남다르게 펼쳐 나가려고 한다면 확실히 차별화된 상품이 필요하다. 사람들이 어떤 여행을 떠올릴 때 우리 브랜드를 연상한다면 자체 브랜드의 힘이 가치를 갖게 된 것이다. 이를 전문 용어로 서브타이핑(Subtyping)이라고 하며, 특정 서브 카테고리에서 승자가 되는 것을 의미한다. 예를 들어서 '트레킹 여행'이라고 하면 어떤 여행 브랜드가 떠오르는가? 하나투어가 떠오르는가? 아니, '혜초여행사'를 떠올리는 사람이 많을 것이다. 트레킹 여행의 승자가 훨씬 규모가 작은 혜초여행사라는 사실은 희망적이다.

기존 여행사들과 달리 특정 카테고리를 작게 잘라 내어 거기서 승자가 될 수 있다면, 그 카테고리에 맞는 여행 브랜드를 만들어 시작하는 것이 가장 큰 의미와 성공 가능성을 지녔다고 말하고 싶다. 이 책에서 마케팅 전략을 다룰 때 다시 언급할 중요한 주제라고 생각한다.

❻ 내가 꿈꾸는 여행업은?

여행사 창업 교육을 해 오면서 수업 중 가장 중요하게 생각할 시간을 갖는 주제가 '내가 꿈꾸는 여행업은?'이다. 여행을 직업으로 삼고자 할 때 자신이 원하는 것이 무엇인지 찾는 일이 우선이라고 여겨진다. 그러면 어떻게 그것을 찾아야 할까?

첫째, 여행 사업을 해야겠다고 마음먹었던 그 동기를 잊지 않는다. 좋아하는 여행을 사업화하려고 결심했다면 여행 사업에 필요한 지식과 정보를 찾아보게 된다. 그런 과정에서 우리는 상당한 학습량을 쌓기 마련이다. 여행사 창업 교육 코스를 듣게 되면 수많은 성공과 실패 사례를 접하게 된다. 점차 어떤 업무가 돈이 되고 어떤 업무는 일만 가득한지 알게 되면서 자신이 처음에 하고 싶었던 여행업이 무엇이었는지 잊어버리고 갈수록 수익성이 높은 것에만 집중하는 모습을 심심찮게 볼 수 있다.

그래서일까? 시간이 지나면 아무런 특색도 없이 남들 다 하는 방법으로 똑같이 운영하면서 여행업이 쉽지 않다고 말하는 자신을 마주하는 경험을 하게 된다. 반면에 정말로 에너지 넘치게 자신만의 여행업을 멋지게 전개해 가는 사람들 중에는 여행업을 잘 모르고 달려들었지만 자기만의 색깔을 지키며 한결같이 운영해 나가는 이들이 적지 않다. 이런 여행사 창업 관련 책을 읽기 전에, 혹은 여행사 창업 교육을 듣기 전에 내가 왜 여행을 직업으로 삼고자 했었는지 그 생각을 잊지 않고 정리해 볼 필요가 있다. 중간에 여러 과정들을 겪고 어려움도 만날 수 있지만, 처음에 내가 하고 싶었던 여행업이 무엇이었는지 되새기고 그 가능성을 확대해 나가다 보면 여행업을 향한 열정도 높이면서 멋모를 때 떠올렸던 아이디어를 현실화해 나가며 남다른 기회를 발견할 수 있다고 믿는다.

둘째, 남들이 다 하는 것만 해서는 성공할 가능성이 희박하다. 여행사를 차리면 하나투어, 모두투어 등 대형 여행사의 상품을 상담하고 판매하는 것이 가장 손쉽다. 또한 별다른 능력 없이도 일정 수준의 수입을 올릴 수 있는 일이기도 하다. 하지만 대한민국 모든 여행사가 전부 대형 여행사 상품을 판매하고 있기에 누구나 다 판매하는 상품만으로는 내 여행사를 고객들에게 각인시키기는 쉽지 않다. 물론 매우 친절하고 매력 넘치는 상담과 응대가 서비스업의 중요한 전략이 될 수 있지만, 동일한 상품을 구매할 때 대부분의 고객은 양질의 서비스보다는 더 많은 할인 혜택을 주는 여행사를 선택할 것이다. 점점 할인 경쟁에 시달릴 가능성이 높다는 말이다.

여행업 초기에는 당장 돈을 벌고 사업을 유지해 나가기 위해 고객들이 많이 찾는 대형 여행사의 패키지여행을 상담하고 판매하는 것이 맞을 수도 있다. 하지만 장기적으로는 내가 만든 나만의 여행, 내가 여행사들에게 공급할 수 있는 여행을 만들어 가려는 노력이 경쟁력을 키운다. 혼자서 여행 상품을 만들고 고객을 모으기 힘들다고 느낀다면 실력 있는 협력자와 함께 상품을 개발하기도 하고, 협력자들에게 내가 만든 상품을 판매해 달라고 세일즈를 부탁할 수도 있다.

내가 만든 여행 상품으로 고객들을 모시고 나가서 내 여행사 플래카드를 들고 단체 사진을 찍는 모습을 상상해 보라. 고객들이 여행을 마치고 내 여행사 프로그램을 이용했더니 정말 만족스러웠다고 주위 사람들에게 이야기해 주는 모습을 상상해 보라. 쉽지 않았던 여행 사업이 이 순간 보람과 희망으로 가득 차지 않을까?

셋째, 내가 여행사를 창업했다고 말했을 때 사람들이 던질 질문에 미리 답을 준비하자. 여행사를 시작했다고 지인들에게 명함을 건네는 모습을 생각해 보자. 사람들은 명함을 받으면 바로 질문할 것이다. 어떤 질문일까? "무슨 일을 주로 하세요?" "어느 지역이 전문이세요?" 대체로 이런 질문일 것이다. 이때 "돈만 되면 다 합니다!"라고 답하는 것이 솔직할 순 있다. 그러나 그 만남 이후에 몇 달의 시간이 지나서 내게 질문했던 그 사람이 여행을 가려고 계획할 때 과연 나를 떠올릴 확률이 얼마나 될까?

신혼여행을 갈 때, 골프 여행을 갈 때, 가족 여행을 갈 때, 산악 여행을 갈 때, 남미 여행이나 아프리카 여행을 갈 때, 크루즈 여행을 갈 때, 해외 전시회를 참관하러 갈 때, 복잡한 일정의 출장을 갈 때 등 경우에 따라 생각나는 여행사가 있을 수 있다. 하지만 돈 되면 다 한다는 여행사를 떠올릴 확률은 희박해 보인다.

결국 고객이 원하는 모든 여행 서비스를 다 제공할 수 있다고 해도 시장에 진입하는 초기에는 고객들이 나를 떠올릴 가능성을 높이기 위해서 내가 주력하는 한두 가지 특징을 언급하는 것이 효과적이다. 고객이 어떤 여행을 생각할 때 내 브랜드가 연상되면 좋을지 구상해 두고 명함을 건네면서 이렇게 이야기해 보자. "안녕하세요. 저희 여행사는 여행에 관한 모든 것을 도와드리지만, 그중에서 특히 ○○여행을 전문으로 하고 있습니다."

내가 여행을 사업으로 시작하고자 결심했을 때 꿈꿨던 여행업이 무엇이었는지, 그리고 내가 남들보다 조금이라도 더 정통한 분야가 무엇이고 좀 더 잘할 수 있는 분야가 무엇인지, 내가 신나서 집중하게 되는 것이 무엇인지, 남들이 내가 잘할 것 같다고 말해 주는 나만의 경쟁력이 무엇인지, 내 주위의 인맥이나 경험에서 남다른 부분이 무엇인지 등을 파악해서 방향을 정했으면 좋겠다. 물론 전문가와 상담을 통해서 나만의 경쟁력 가운데서도 사업성이 높고 시장에 진입하기 수월한 분야가 있는지 점검할 수 있다면 금상첨화가 아닐까 한다. 여기서 명심할 사항은 내 마음을 설레게 하는 것이 무엇이었는지 잊지 않고 여행업을 시작하는 일이라고 말씀드리고 싶다.

내가 꿈꾸는 여행업은?

죽다 살아난
대한민국 기관장들의 유럽 여행

　여행 일을 하면서 가장 잊을 수 없는 사건을 하나 꼽으라면 10년도 훌쩍 넘은 2006년의 부부 동반 유럽 여행이 떠오릅니다. 90명의 대한민국 기관장들이 1년간 경영대학원에서 MBA 교육 과정을 이수하는 프로그램이 있습니다. 우연히 이 프로그램 과정에서 부부 동반 유럽 여행이 진행된다는 사실을 알게 되어 경쟁 PT에 참가했습니다. 지난 4년간은 담당 교수와 친분이 있던 한 여행사가 독점적으로 행사를 해 왔는데, 저를 좋게 봤던 기관장 한 분이 다른 여행사의 제안도 받아 보고 결정해야 하지 않겠느냐는 의견을 낸 덕분에 제게도 PT 참가 기회가 생긴 것이었습니다. 여행사 세 곳이 경쟁 PT를 하고 기관장들이 투표해서 결정되는 방식이었습니다. 견적과 PT를 밤새 정성을 다해 준비했습니다.

　PT 당일, 떨리는 마음으로 기관장들의 수업이 끝난 느지막한 오후 강당에 들어섰습니다. 여행사별로 20분씩 PT를 진행하게 되어 있었고, 제 순서는 마지막인 세 번째였습니다. 그동안 행사를 맡았던 여행사가 첫 번째 순서였는데, PT를 1시간 동안 해 버리는 돌발 상황이 벌어지고 말았습니다. 그 여행사의 PT가 끝나자마자 기관장들은 집에 가고 싶어서 서두르기 시작했습니다. 두 번째 차례였던 여행사는 그동안 독점 행사를 해 온 여행사가 의도한 상황을 보더니 기권하겠다고 했습니다. 하지만 가진 것이라곤 열정 뿐이었던 저는 어떻게든 도전해 보고 싶었습니다. 어떻게 하면 자리에서 일어서려는 분들에게 가장 짧은 시간 동안 우리 여행사를 어필할 수 있을까? 밤새껏 만든 PT 자료를 발표하기엔 청중의 인내심이 이미 고갈된 상태.

저는 무대에 뛰어올라 마이크를 잡고 큰 소리로 인사한 후 노래를 부르기 시작했습니다. 홍수철의 '장미 빛깔 그 입술'이라는 곡을 눈 딱 감고 열창했습니다. 강당을 나서려던 사람들은 순간 미친 것 아닌가 하고 쳐다보다가 어느새 박수를 쳐 주고 있었습니다. 노래가 끝나고 나니 크게 웃으면서 "어디 그 여행사 얘기 짧게 들어봅시다!"라고 관심을 보였습니다. 반응에 용기를 내어 말을 꺼냈습니다.

"안녕하세요? 긴 설명 듣느라 지루하셨죠? 제가 또 PT를 하면 힘드실 것 같아서 잠깐이나마 즐거우시라고 노래를 불러 봤습니다. 여행은 즐거워야 합니다. 만일 여행 중에 지금처럼 따분한 상황이 생긴다면 저희는 이렇게 노래를 부르고 춤을 춰서라도 여러분을 즐겁게 해 드릴 자신이 있습니다. 저는 제 가슴에 국가 대표 여행사라는 태극기가 달려 있다고 믿습니다. 그래서 제가 여러분께 제공하는 여행은 국가 대표급 여행이라고 자부합니다. 일정과 포함 내역이 타 여행사와 특별히 다르지는 않을 겁니다. 그렇지만 분명히 약속드립니다. 저희 여행사를 선택해 주시면 가장 행복하고 즐거운 여행을 만들어 드리겠습니다. 감사합니다!"

큰 박수가 터져 나왔습니다. 며칠 후 우리 여행사가 선정되었다는 연락을 받았습니다. 여행의 본질은 즐거워야 한다는 것, 여행업자의 본질은 국가를 대표한다는 마음으로 여행을 만들고 진행한다는 것. 이 2가지가 사람들의 마음을 움직였을 것입니다. 하지만 '새옹지마'라고 했던가요. 유럽으로 고객들이 여행을 떠나고 며칠 후 마트에서 장을 보고 있는데 갑자기 국제전화가 걸려 왔습니다. 피렌체에서 베네치아로 가는 버스가 고속 도로에서 갈지자로 휘청대는 통에 모두 죽을 뻔했고, 급기야 한 여름에 고속 도로 갓길에 차를 대고 서 있다는 얘기였습니다. 이유인즉 버스 운전사가 마약을 복용하고 정신이 몽롱한 상태로 운전을 했다는 것이었습니다. 그로 인해 고속 도로 위 땡볕 아래 서 있으며 다들 공포에 떨고 있다고 했습니다.

연이어 현지의 고객들에게서 직접 연락이 오기 시작했습니다. 저를 죽여 버리겠다고 협박도 하고, 자신이 언론사 대주주인데 대한민국 언론의 힘으로 우리 여행사를 당장 문 닫게 만들겠다고도 했습니다. 정신을 똑바로 차려야 했습니다. 그러고 나서 사태를 바로잡기 시작했습니다. 우선 연락 온 분들께 정중히 진심 어린 사과를 했고, 그 어떤 피해도 책임질 테니 부디 남은 여행을 즐겁게 마치고 와서 저를 죽이든 하시라고 당부드렸습니다. 최선을 다해서 잃은 점수를 꼭 만회하겠다고 말씀드리고 수습에 착수했습니다.

이 사고는 이탈리아 현지 랜드사의 버스 기사가 마약에 취한 채 운전하면서 일어난 것으로 한국에 있는 여행사에서는 확인하고 컨트롤할 수 없는 상황이었습니다. 그렇다고 랜드사만 탓하고 있을 수는 없었습니다. 당장 새로운 버스 기사를 출동시켰고 베네치아로 가는 내내 동행한 인솔자에게 정중히 사과드리고 앞으로 어떤 보상을 할지 설명하도록 했습니다.

베네치아에서는 수상 택시를 모두 태워드렸고, 스테이크와 와인을 대접했고, 무엇보다 이탈리아인 랜드사 사장이 직접 나와서 사과하도록 조치했습니다. 한국인 현지 사장이 나가서 사과 인사를 하는 것보다 이탈리아 사람이 나서는 편이 낫다고 판단했습니다. 그래서 한국인 사장에게는 제가 사과를 받고, 이탈리아 사람인 파트너는 고객들 앞에 나가서 정중히 사과하도록 했습니다.

그뿐만 아니라 인솔자가 일정이 끝날 때까지 한 분 한 분 더 챙기면서 최대한 행복하고 즐거운 여행이 되도록 노력하게 했습니다. 귀국 당일에는 공항에 나가서 인사를 드리고 어떤 말씀이든 달게 받아들이겠다며 사죄했습니다.

얼마 후 저는 그 죽다 살아난 여행의 뒤풀이에 초대받아 마음을 졸이면서 참석했습니다. 서로 돌아가면서 앞에 나와 여행에 대한 소감을 말하기 시작했습니다. 한 사모님은 평생을 남편이 여행이든 출장이든 혼자 다녔고, 한 번을 살갑게 굴지 않았는데 이번 여행 후 다정해졌고 함께 여행도 가게 되었다며 너무나 고마운 여행이라고 하셨습니다. 그 다음 분은 직장 생활 23년 동안 가장 즐거웠던 때가 MBA 1년이었는데, 그중에서 가장 잊지 못할 행복한 순간은 우리 여행사를 통해서 부부 동반 유럽 여행을 다녀온 13

일간이었다면서 조환성 대표에게 진심으로 감사하다고 말씀하셨습니다.

　다들 죽을 뻔해서 정말로 저를 죽여 버리고 싶은 마음도 가졌지만, 그 사고 이후 진심을 다해서 빠르게 사후 처리를 하고, 여행 내내 지극정성으로 고객들을 대하는 모습에서 우리 여행사의 진심과 정성을 느낄 수 있었다고 했습니다. 게다가 여행객 모두가 합심해서 우리 회사를 공격하다 보니 그 순간 하나가 된 것처럼 똘똘 뭉쳤고, 사고가 난 이후로 너 나 할 것 없이 한 가족처럼 서로를 챙기며 잊을 수 없는 즐거운 여행이 시작되었다는 이야기였습니다.

　'전화위복'이라는 말이 이런 것이구나 싶으면서, 제게 앞에 나와서 한마디 하라는데 마이크를 잡았더니 눈물이 쏟아졌습니다. 여행으로 사람들을 더 행복하게 해 주겠다고 시작한 여행업에서 이렇게 즐거웠다고 말씀해 주시니까 너무 벅찬 감동에 눈물이 난다고 말했습니다. 지금도 그때 여행을 갔던 분들과 친분을 나누고 있고, 이따금 연락이 되면 정말 정답게 저를 반겨 주십니다. 고객이 가족처럼 느껴지는 경험이었습니다.

　여행은 사람들을 행복하게 해 줄 수 있는 무엇보다 값진 일이지만, 예상하지 못한 사고들이 많이 생기기도 합니다. 그럴 때 자신이 여행업을 하는 마음의 자세가 위기를 극복하고 솟아날 구멍을 만들어 줍니다. 다시 한번 자신이 왜 여행업을 하려고 하는지 가슴에 그 이유를 새겨 보시길 바랍니다.

"여행사 혼자 차려 볼까?"

여행업의 역사와
성공 사례에서
배우자

STEP 02

여행업의 역사와
성공 사례에서 배우자

❶ 대한민국 1등 여행사의 탄생에서 배운다

사업에 성공하는 3가지 방식

· ·

사업에 성공하는 방식은 3가지로 나눠 볼 수 있다. 첫째는 세상에 없
던 것을 창조해 내는 것이고, 둘째는 세상에 있던 것을 재편집해서 패
러다임을 바꾸는 것이고, 셋째는 남들도 다 하고 있는 것을 유난히 잘
하는 것이다. 과연 현재 대한민국의 1등, 2등 여행사는 어떤 일을 했
길래 1, 2등이 되었을까?

　지나온 성장과 성공의 역사를 학습함으로써 아이디어를 얻고 또 다

른 기회를 찾을 수 있기에 그 1등과 2등 여행사의 탄생을 살펴보려고 한다. 다만 여행업계 선후배들을 통해서 알게 된 내용들이 많은 만큼 학습 목적으로 이해하고 들어 주었으면 좋겠다. 사실 확인의 과정 없이도 논지를 파악하고 배울 점을 익힐 수 있다고 생각한다.

불편함을 해결해 주면 성공할 것이다

. . . .

패키지여행은 특정 날짜에 특정 지역을 대상으로 20~40명의 고객을 모아야만 출발이 가능해진다. 예전에도 그랬고 지금도 모든 여행사가 패키지여행 상품을 직접 만들어서 모객하지는 않는다. 대형 여행사들이 기획해서 판매하는 여행 상품을 작은 여행사들이 고객을 모아서 예약하고 그 여행사가 커미션을 받는 방식이 자리 잡고 있다.

여기서 잠깐 1990년대 중반으로 돌아가 보자. 항공권만 열심히 판매해도 커미션 9%를 챙기던 시절에는 100만 원짜리 항공권을 판매하면 9만 원을 버는 호시절이었다. 그러다 보니 여행사에서 근무 좀 하다가 독립해서 너도 나도 여행사를 차리지 않았을까 싶다. 그렇게 열심히 항공권 판매로 돈을 벌던 소규모 여행사들도 주위에서 패키지여행을 가겠다는 사람들이 나타나기 시작하면 2~4명 정도의 고객으로 자체적인 단독 행사를 할 수는 없기 때문에 결국 신문 광고를 내는 대형 여행사에 자사 고객을 예약해 주고 커미션을 받곤 했다.

그런데 한 가지 문제가 있었다. 만약 L여행사의 신문 광고를 보고 내가 고객들을 L여행사에 예약해서 다녀오게 하면 그들은 누구를 통해서 여행했다고 생각할까? 게다가 L여행사가 중소 여행사들을 위한 친절한 시스템을 갖춘 상황도 아니다 보니 업무 진행이 여러모로 복잡해서 여행을 다녀온 고객은 다음에 패키지여행을 갈 때엔 L여행사 신문 광고를 보고 직접 예약해 내 손을 떠나게 되어 버렸다.

중소 여행사들은 이런 점에서 대형 여행사의 패키지여행을 예약 판매하는 것이 남 좋은 일만 하는 모양새인 데다 항공권만 열심히 팔아도 돈이 되는 시절이었으니 남의 패키지여행 판매가 그렇게 반가운 업무는 아니었다. 심지어 무척 불편한 일이라고도 느꼈을 것이다. 알리바바의 마윈이 이야기한 '사람들이 불편해 하는 것을 해결해 주면 성공할 것이다!'라는 말이 떠오르는 순간이다.

패러다임을 바꾼 1등 여행사의 탄생

1990년대 중반, 여행업계에서 상당한 매출을 달성한 대형 여행사들은 주로 항공권 판매를 통해서 성장을 이루었다. 그중에서 K항공여행, T항공여행사, S항공여행사 정도가 항공권 판매를 잘하는 여행사로 알려져 있었다. K항공여행사는 특히 여행업계의 대기업이라고 불릴 만큼 대규모 단체 거래처가 많았다.

K항공여행사에 근무하던 박 과장은 꿈 많고 아이디어가 톡톡 튀고 열정이 남다른 만큼 회사를 그만두고 나와 여행업계에서 큰 꿈을 실현

하고 싶었다. 혼자 독립해서 업계에 영향력을 펼치기는 역부족인 것 같았던 그때 회사에 우 상무님이 계셨는데, 이분이 함께한다면 여행 업계에 새로운 역사를 쓸 수 있겠다고 생각한다. 결국 박 과장과 우 상무님은 의기투합해서 K항공여행사를 퇴사해 '국일여행사'를 설립하고 업계에 새로운 패러다임을 시도하게 된다.

기존의 대형 여행사 패키지여행으로 말미암아 고객을 잃게 되는 상황 속에서 불만이 쌓였던 각 중소 여행사에 이 국일여행사의 세일즈맨들이 전단지를 들고 미친 듯이 방문하기 시작한다. "사장님, 안녕하세요? 방콕/파타야 패키지여행 떠날 손님 있으시면 붙여 주십시오. 저희가 성심껏 잘 진행하겠습니다. 저희는 따로 이름도 없고, 내세우지도 않아요. 여러 여행사 손님을 모아서 저희가 차질 없이 마치고, 커미션도 잘 챙겨 드릴 거고, 무엇보다 저희는 광고해서 직접 모객하지 않으니 손님 뺏길 일도 없습니다."

이렇게 시작된 한 팀 한 팀이 여행을 잘 마치고 고객들에게 호평까지 받으니 여행사 사장들은 기존의 신문 광고로 직접 고객을 유치하는 대형 여행사에 내 고객을 예약하는 것보다 훨씬 호감을 가지게 되었다. 어느새 드문드문 출발하던 국일여행사의 패키지여행들은 점점 가속도가 붙어서 매일 떠나게 되었고, 지역도 동남아를 넘어서 전 세계를 커버하는 대형 홀세일러(도매상) 자리에 올랐다.

우 상무님은 이 국일여행사의 회장이 되었고, 박 과장은 더 큰 꿈을 이루고 싶다며 국진여행사로 독립해서 국일여행사와 비슷한 모델로 전단지를 들고 각 여행사에 세일즈를 뛰기 시작했다. 오늘에 이르러 국일여행사는 모두투어, 국진여행사는 하나투어가 되었다.

누가 어떻게 무엇을 더 잘해서 1등과 2등으로 자리 잡게 되었는지에 집중하자는 말이 아니다. 신문 광고로 패키지여행을 모집하던 B2C 방식의 여행업계 기본 틀에서 벗어나 직접 판매하지 않고 여행사들의 손님을 모아서 대행해 주는 B2B 방식의 여행업으로 패러다임을 바꿔서 성공한 사례를 통해 영감을 얻길 바라는 마음으로 적어 보았다. 타임머신을 타고 그때로 돌아간다면 누구나 전단지를 옆에 끼고 부지런히 뛰어서 오늘날 하나투어나 모두투어가 될 수 있을지도 모른다. 결국 사업의 성공은 사람들이 불편해 하고, 수요가 있고, 성장 가능한 핵심 동력을 찾아내는 일에 달려 있지 않을까 싶다. 이렇게 지나온 역사 속에서 학습하며 새로운 미래의 전략을 구상해 보길 바란다.

❷ 가치 있다고 믿는 일을 할 것인가? 돈 되는 일을 먼저 할 것인가?

어린 시절부터 아버지는 내게 '돈을 좇지 말고 사람을 좇아라. 돈을 벌려고 하지 말고 네가 좋아하는 일을 해라'라고 가르쳐 주셨다. 그래서 늘 나는 돈보다 가치와 사람을 좇으며 살아왔다. 사업은 무엇이라고 생각하는가? 돈을 버는 것일까, 가치를 실현하는 것일까? 이 점에 관해 내 사업 경험, 특히 여행 사업 경험으로 깨달은 사실이 있어서 이야기를 나눠 보고 싶다.

스물일곱 살에 처음으로 사업을 시작해서 이제껏 사업만 해 온 내 이력 속에서 돈 되는 일과 가치 있는 일의 우선순위를 생각해 보게 된 계기가 있었으니, 바로 '항공권 업무'와 '맞춤 여행 설계 서비스 업무'의 선택에서 비롯된 결과이다. 앞에서 말했듯이 항공권 판매는 한때 여행사의 주 수입원이었다. 항공권 판매 가격의 9%를 커미션으로 제공받았기 때문에 이를 통해 여행사들이 어느 정도 돈을 벌 수 있었다.

　　나는 단순 반복 업무인 데다 별다른 지식이 필요 없는 항공권 업무를 꽤나 저질 업무라고 여겼었다. 반면에 내가 담당하는 종합 여행 상담을 통해서 여행 일정 작성, 항공권 예약, 숙소 예약, 도시 간 이동은 물론 현지 여행에 대한 오리엔테이션(Orientation)까지 처리해 주는 일은 아무나 할 수 없는 고급 업무이자 여행업의 종합 예술이라고 자부하고 있었다.

　　한 번은 유수의 글로벌 철강 회사 회장님의 세계 일주를 기획하고 일정을 작성해 주는 업무로 150만 원을 받은 일로 프라이드가 하늘을 찌를 지경이었다. 그 당시 여행사에서 받던 월급이 63만 8000원이었는데, 3일간 기획한 세계 일주 여행 일정으로 150만 원을 받았으니 내 전문성에 자신감을 가질 만했다.

　　내가 이렇게 여행 설계 서비스라는 종합 예술에 자부심을 가지고 일하고 있을 때 한 여성은 항공권 판매를 열심히 하기로 작정하고 명함을 들고 외국인들을 찾아 나섰다. 영어로 인사를 나누고 항공권이 필요하면 연락하라고 명함을 건네고 다녔다. 90년대 초중반에 국내에 체류하던 외국인들은 고급 인력으로 상당히 유명한 외국계 회사에서 근무하고 있는 사람이 대다수였다. 특별한 마케팅 수단이 없던 시절에 그들에게 영어로 말을 건네며 연락하라고 세일즈를 하다 보니 항공권이 필요하면 자연스럽게 그녀에게 연락하게 되었다.

100만 원짜리 항공권을 하루에 10장만 판매할 수 있다면 어떤 일이 벌어질까? 90만 원을 벌 수 있을뿐더러 항공 카운터 업무를 보는 직원 혼자서 얼마든지 감당할 수 있다. 주 6일을 근무하던 시절이니까 하루에 약 100만 원씩 25일을 벌면 한 달 동안 2500만 원이 들어온다. 내가 여행사에서 남들이 못하는 종합 예술로 월급 63만 8000원을 받을 때부터 창업 이후 한 달에 겨우 300~500만 원을 벌던 때에 누구는 단순하기 그지없는 업무로 한 달에 가뿐히 2500~3000만 원을 벌고 있었다는 얘기다. 물론 명함을 들고 영어로 외국인들에게 인사를 건네는 용기와 열정이 있었기에 가능한 일이었지만.

결국 이 명함을 건네던 여성은 우리나라에서 명실상부 외국 기업 출장 업무 담당 1위의 회사를 설립해 나중엔 상장까지 했으며, 회사를 매각해서 큰돈을 만들게 되었다. 내가 여전히 고객 상담을 하는 소규모 여행사 사장으로 일하던 것과는 전혀 다른 모습으로 성장을 이루었다. 물론 내가 맞춤 여행 설계를 삶의 보람과 직업의 가치로 여긴다면 스스로 박수를 쳐 줄 일이지만 오직 성공을 목표로 사업에 매진하고 있었다면 많은 아쉬움을 남기는 결과라고 말할 수 있다.

그 시절 여행업계에서 돈 되는 일을 하던 사람들과 가치 있는 일을 한다고 하던 사람들의 모습은 어떻게 달라졌을까? 가치를 운운하던 사람들은 어려운 처지에 놓인 경우가 많았다. 반면에 돈 되는 일을 하던 사람들은 충분히 벌어서 성공했고, 그 성공을 배경으로 이제는 가치 있는 일을 하고 있었다. 아버지 말씀이 틀린 것은 아니지만 그 말씀 대로 사업에서 성공하는 일은 쉽지 않을 수도 있다. 지금 내가 하고 있는 일에서 나쁜 짓을 하는 것이 아니라면 돈 되는 일에 가치를 부여하고 집중해서 회사를 생존시키고 성장시키는 일이 우선일 것이다. 생존 후에 성공이 존재한다는 점을 다시 한번 강조하고 싶다.

여행업을 시작하는 많은 사람이 성공을 꿈꾼다. 하지만 천문학자가 별만 보고 달려가다가 발 앞의 구덩이에 빠지는 일이 벌어지곤 한다. 발 앞의 구덩이에 빠지지 않도록 생존할 계획도 세워야 하며 성장할 전략도 마련해야 한다. 그래야 비로소 성공으로 향하는 기회를 만날 수 있기 때문이다.

❸ 시대를 읽은 자, 하루에 5억을 벌다

여행사 일이 다른 업종보다 치열하고, 마진은 박하고, 난이도는 높다고 느낄 수 있다. 게다가 여행업으로 큰돈을 버는 사람들을 별로 보지 못해서 여행업은 성공 가능성이 낮다고 생각할 수도 있다. 맞는 말이

긴 해도 어느 분야든 돈을 번 사람들이 있고 성공한 사람들이 있다. 다만 정말로 크게 성공을 거둔 사람들은 단순히 열심히 일해서 된 것은 아니라고 생각한다. 열심히는 기본이고 시대의 트렌드를 읽어 낸 사람들이 큰돈을 버는 것이 아닌가 싶다. 지금까지 내가 여행업을 하면서 가장 잊지 못하는 한 분을 소개해 보겠다.

여행사에 처음 입사했던 1995년 당시 그 회사의 회장님이 한국여행업협회 회장직을 14년째 맡고 있었던 것으로 기억한다. 그만큼 국내 여행업계에서 영향력이 큰 분이었다. 자서전을 출간했다고 직원들에게 한 권씩 나눠 주셨는데, 말단 직원이었던 나는 회식 때 삼겹살도 푸짐하게 사 주지 않던 자린고비 영감님의 이야기는 보고 싶지 않아서 바로 휴지통에 던져 버렸다. 그런데 나이를 먹으면서 내가 몸담은 여행 산업의 성장과 발전의 역사를 아는 것이 큰 의미가 있다는 생각이 들었고, 또 관심을 갖다 보니 그분에 관해 알아볼 만한 가치가 있겠다 싶었다. 예전에 함께 근무했던 형님이 그 회사의 전무로 계셔서 오랜만에 찾아뵙고 그때 받았던 자서전이 아직도 남아 있는지 물어보고 한 권을 얻어서 읽기 시작했다. 나는 왜 진작에 이 책을 펴 보지도 않고 휴지통에 버렸는지 스스로를 책망했다.

여행업 초창기, 항공권 판매로 돈을 꽤 벌던 시절에 영어를 꾸준히 공부했던 청년은 미군들의 여행 관련 업무를 진행하던 USO에서 일하게 되었고, 미국의 항공사와 인연을 맺게 된다. 맹렬히 세일즈에 매진

한 끝에 기관, 선교 단체 등의 항공권 유치를 많이 하면서 이를 계기로 항공권 전문 판매 여행사를 세워 독립하게 되었고 많은 돈을 벌게 된다. 자타가 인정하는 항공권 판매의 톱클래스 자리를 차지한 것이다.

이후 한국에 패키지여행이 성장할 것을 예상하고 준비해 큰 매출을 올렸고, 그 사이에 국제 박람회 참관 여행을 지속적으로 진행하면서 패키지여행이 낮은 마진으로 경쟁할 때에도 박람회 여행으로 고수익을 달성해 나갔다. 자유 여행의 시대가 다가오자 이미 준비해 두었던 자유 여행의 핵심 아이템인 유레일패스(Eurailpass)로 큰 성공을 거머쥐게 된다. 정말이지 시대를 읽는다는 것이 무엇인지 보여 주는 멋진 한 편의 드라마 같았다. 그중에서 가장 기억에 남는 대목을 여기에 적어 보겠다.

한국의 해외여행 자율화는 1988년 올림픽을 기점으로 대두되어 1989년부터 본격적으로 그 시대를 맞이했다. 1990년대는 폭발적인 해외여행 성장의 시대였으며, 특히 이때부터 여행 상품은 물론 개별 자유 여행(FIT, Free Independent Tour)의 바람이 불기 시작했다.

그런데 해외여행 자율화가 시작되기 10년 전인 1978년의 어느 날 홍콩에서 국제 여행 박람회가 열리고 있을 때 박람회에 참석한 정 회장은 부스(Booth)들을 돌다가 '유레일(Eurail)'이라고 적혀 있는 부스에서 이런 이야기를 듣게 된다. "유럽을 여행하는 모든 외국인 여행자들이 유레일패스로 여행을 합니다!" 이는 곧 must-have 아이템을 뜻한다. 이 말을 들은 사람이 비단 정 회장뿐이 아니었을 테지만 듣자마자 유레일 본사가 있는 스위스 바젤로 가는 비행기에 몸을 싣고 바로 날아간 사람은 정 회장이 유일했다.

유레일 본사를 방문한 정 회장은 담당자를 만나 자신이 코리아에서 왔으며, 항공권 판매를 엄청나게 잘하고 있는 사람이라고 소개하면서 유레일패스 한국 총판권을 달라고 요청했다. 그러자 유레일 본사 담당자가 "코리아는 어디에 있는 나라인가요?"라고 되물었다. 1970년대 말, 한국이 어디에 있는 어떤 나라인지도 잘 모르고, 당연히 유레일패스 판매 실적표에도 없을 때여서 한국 시장에 관심도 없었을 것이다. 그 담당자 입장에선 웬 한국 사업가가 찾아와 유레일패스를 한국에서 열심히 판매해 보겠다는데 항공권 판매도 잘한다고 주장하니까 그다지 고민 없이 의사결정을 내렸을 수도 있다.

정확한 내부 정보는 알 수 없지만 아마도 20년 계약으로 유레일패스 독점 판매권을 가져온 것으로 추측된다. 1979년부터 20년간 유효한 계약이라고 추정해 보면 더 대단하다는 생각이 든다. 판매권을 가지고 온 후 10년 정도는 해외여행 자율화 전이라서 실적이 미미했을 것이다. 그런 긴 시간을 버티고 버텨서 드디어 해외여행 자율화의 문이 열렸다. 1990년대 초반의 학번들은 기억할 것이다. 그 당시 대학생이 되면 유럽 배낭여행을 떠나는 것이 마치 무슨 공식처럼 굳어져버리고, 온 캠퍼스가 유럽 배낭여행 광고 포스터로 도배되고, 심지어 뉴스에 대기업 입사 지원 때 유럽 배낭여행 경험이 스펙으로 인정된다는 기사까지 보도되는 일이 벌어졌다.

1997년 7월 어느 날에 관한 자서전 구절을 읽고 깜짝 놀랐다. 내가 정 회장님 회사에서 유럽 단체 배낭여행 담당자로 일했던 그 시기에 하루 동안 유레일패스 판매액이 15억 원을 돌파했다고 적혀 있었다. 그 당시 각 여행사에 10%의 커미션을 제공했지만 유레일패스 직접 판매가 상당 부분을 차지했고, 당연히 여행사에 제공하는 커미션보다 더 많은 액수를 본사로부터 받아 온다고 추산하면 적어도 15억 원의 10%인 1억 5000만 원은 벌어들였을 것이다.

패키지여행이 1인당 3만 원의 수익도 안 되는 치열한 덤핑 경쟁에 시달리고 있을 때, 우리 회사는 유럽 배낭여행 프로그램에서 1인당 40만 원 정도의 마진으로 일간 약 3000만 원가량을 벌고 있던 무렵이다. 유럽 배낭여행 상품과 유레일패스만으로 하루에 약 2억 원에 달하는 수익을 올렸다고 볼 수 있다. 물가 상승을 반영하면 오늘날 가치로는 하루에 5억 원 이상을 벌었다는 이야기이다.

여행사를 하면서 하루에 5억 원 버는 일을 해내는 사람이 얼마나 있을까? 다만 해외여행 자율화와 개별 자유 여행 시장의 성장을 예측할 수 있었다면 유레일 부스 앞에 섰을 때 누구나 그 자리에서 비행기 표를 끊고 스위스 바젤행 비행기에 올랐을 것이 분명하다.

여행사뿐만 아니라 그 어떤 사업을 하든 내가 그 분야의 새로운 트렌드를 만들어 내는 'Wavemaker'라면 모를까, 결국 파도가 일어날 것을 알아내서 그 파도를 타고 나가는 것이 큰돈을 버는 가장 확률 높은 일이라고 생각한다. 따라서 일하고 있는 업계를 이해하고, 역사와 성장의 흐름을 파악하고, 한 걸음 더 나아가 석·박사 과정에 진학하는 학문적인 접근도 시도하는 등의 다양한 노력이 사업 성공을 위한 필수 조건임을 기억하길 바란다.

❹ must-have 아이템이나 must-do 아이템

나는 여행사 입사 이후 배낭여행 인솔자로 유럽을 30바퀴가량 돌았다. 한국 공항에서부터 일행들과 함께 배낭을 메고 출발해서 대중교통으로 2주, 3주, 4주 일정의 유럽 배낭여행 단체를 인솔하는 일이었다. 내 생각으론 세상에 존재하는 직업 중에 가장 재미있는 직업 TOP 5에는 들 것 같다.

인솔을 하다 보면 별별 재미난 일들이 생기곤 하는데 종종 돈을 버는 기회들도 만나게 된다. 초기에는 인솔하면서 이런 소소한 수입을 만들어 내는 나 자신이 무척 대견하기도 했다. 가장 기억에 남는 것이 파리 센(Seine)강 유람선인 '바토무슈(Bateau-mouche)'를 탑승할 때 생겼던 일이다. 오래전 일이라 정확한 유람선 티켓 가격은 기억나지 않지만 대략 이야기해 보겠다.

에펠탑을 올라갔다 오면 파리에 여행 온 사람은 누구나 센강 유람선을 타고 야경 볼 생각을 한다. 그중 데크가 높아서 전망이 더욱 뛰어나다고 알려진 유람선인 바토무슈는 에펠탑에서 센강을 건너가서 탈 수 있다. 선착장에 들어서면 유람선을 타려고 사람들이 늘어서 있는데, 나는 오랜 인솔 경험상 모든 관광 관련 업종에는 FOC(Free of Charge) 제도가 있으며, 단체 할인 제도도 있다는 것을 알고 있었다.

그날 우리 일행이 8명밖에 되지 않아서 단체 할인이나 인솔자 무료 티켓을 받기 어려워 보였는데, 주위에 한국인 관광객들이 가득한 것이 아닌가. "바토무슈 티켓이 원래 1만 5000원이지만 제가 투어 리더라서 1만 원에 사다 드릴 수 있는데, 어떠세요?"라고 말을 걸었더니 다들 함박웃음과 함께 당연히 좋다고 대답했다. 나는 창구에 가서 30명 단체의 투어 리더임을 밝히고 티켓 30장과 무료 티켓 두 장을 추가로 받았다. 실제로 단체 티켓은 8000원에 구입해서 1만 원씩 받고 나눠 드렸는데, 그분들은 고맙다며 즐겁게 승선했다.

나는 순간의 기지를 발휘해 6만 원 정도를 벌었고 이는 근사한 저녁 식사를 한 끼 사 먹을 수 있는 액수로, 당시 내 월급과 비교할 때 적지 않은 금액이었다. 이때만 해도 나는 사업가라기보다는 여행자로서 자유로운 영혼의 상징 같은 자신에게 뿌듯함을 느끼며 양쪽 귀에 귀걸이를 하고 머리를 길게 기르고 늘 찢어진 청바지를 입고 신나게 여행하면서 세상에서 가장 잘나고 똑똑한 사람이라고 자부하며 살던 시절이었다.

여행사를 사업으로 시작하고 어느 날 한국의 한 업체에서 바토무슈 티켓을 판매한다는 소식을 접했다. 이 업체는 인터넷으로 센강 유람선 티켓을 9900원에 판매한다고 했다. 파리에 가면 센강 유람선 탑승이 공식이나 마찬가지인데, 현지에서 티켓을 구입하면 1만 5000원이니까 파리를 여행할 자유 여행자들은 누구나 이 업체의 티켓을 구입해서 가는 편이 현명하다.

한 해에 파리를 방문하는 한국인 관광객이 몇 명이나 될까? 2006년 관광 통계에 의하면 프랑스로 출국한 한국인이 약 5만 8,000명이다. 유럽의 다른 도시를 거쳐서 들어가는 숫자도 포함해 아주 적게 잡아서 2만 명이 유람선을 탄다고 가정해 보자. 티켓 판매로 장당 3000원이 남았다고 하면 연간 6000만 원을 버는 셈이다. 실제로 센강 유람선 티켓을 판매한 업체는 각 여행사에 1,000장 단위로 도매할 때 초기에는 장당 7000원, 한때는 장당 5000원에도 판매했었으니 못해도 장당 3000원의 수익을 가정하고 계산하는 것이 억지스럽진 않다.

중요한 것은 파리 센강 유람선이 파리에 가면 반드시 해 보는 must-do 아이템이라는 사실이다. 누구는 단체 할인을 통해 밥값을 벌고 좋아할 때 누구는 대량 구매로 인터넷 판매를 시도해서 사업화했다. 이런 must-do, must-have 아이템을 판매하면 단순히 돈을 버는 것 이상으로 사업의 중요한 기회가 마련된다. 연간 유람선 티켓을 1만 장씩만 판매했다고 가정하면 유럽 여행을 가는 1만 명의 DB(데이터베이스)가 생기는 것이다. 이를 토대로 유람선 티켓만 판매하는 것이 아니라 추가로 같이 판매할 아이템들을 권유할 수 있고, 쌓이는 DB로 그 다음 판매 기회를 만들 수도 있다.

실제로 유람선 판매를 시작으로 이 업체는 프랑스 전체의 교통권, 입장권, 공연 예약 등으로 사업을 확대했으며 프랑스에 이어 영국, 이탈리아 등 유럽 전역으로 확장해 나갔다. 결국 유럽 현지 교통권, 입장권, 공연 예약 전문 브랜드로 성장한 후 이런 유럽 자유 여행객들을 위한 티켓류 판매에서 한 단계 업그레이드해서 유럽 맞춤 전문 여행사를 런칭했다. 남들보다 막강한 브랜드 파워와 고객 DB를 이용해 순조롭게 사업을 전개할 수 있었다.

여행업에서는 must-do, must-have 아이템들이 종종 발견된다. 하루는 관광객을 상대하는 동남아의 어느 민속 마을에 한국인 유학생이 찾아와 발길이 뜸한 한국인 관광객을 자신이 많이 유치해 주겠다며 관광객 한 명당 1달러를 달라고 제안했다. 한국인 관광객이 드물다 보니 마을에서는 그냥 그렇게 계약을 맺었다. 시간이 지나 한국인 관광객이 늘면서 그 지역을 찾는 한국인의 절반 정도가 이 마을을 방문하기에 이르렀다. 계약을 체결한 유학생은 가만히 앉아서도 매달 몇백만 원이 생기게 된 것이다.

자유 여행이 대세로 등장한 시점에서 필수 아이템들을 이용한 사업들이 크게 성공을 거두곤 했는데, 대표적으로 유럽 여행자들의 must-have 아이템인 유레일패스, 여행 중 할인을 위해 필요한 국제

학생증, 누구나 관람하는 공연의 할인 티켓 서비스, 쇼핑센터에 고객을 보내주는 조건으로 코드를 부여받고 배포하는 할인 쿠폰 사업, 교통편 할인 쿠폰 사업 등 수없이 다양하다. 평소에도 어떤 곳에 가면 사람들이 예외 없이 체험하는 것들을 눈여겨보고 길목을 지킬 생각을 해야 한다. 여행사를 운영하는 것보다 여행의 필수 아이템을 확보하는 것이 더 큰 성공의 열쇠가 될 수 있다는 점을 잊지 말자.

⑤ 왜 여행사들이 특수 지역이나 테마 여행에 집중할까?

오늘 아침 불쑥 어딘가로 여행을 떠나고 싶다. 그래서 다음 달에 휴가를 내서 떠나기로 결심한다. 이제 여행을 준비해 보겠다. 스마트폰을 들고 항공권을 구입하고, 호텔을 예약하고, 필요한 경우 렌터카를 예약한다. 마지막으로 여행 중 사고에 대비해서 여행자 보험 가입까지 완료한다. 그런 다음 여행지에서 무엇을 하면 좋을지 틈틈이 스마트폰으로 검색해서 읽어 보며 나만의 여행 계획을 세운다.

이런 여행을 개별 자유 여행이라고 한다. 이 여행 준비 과정에서 여행사가 끼어들 곳이 얼마나 있을까? 물론 결국은 여행업에 속한 관광 플랫폼 사업자들이 항공권, 호텔, 렌터카, 현지 투어, 여행자 보험까지 해결하고 있긴 하다. 이런 시스템 사업을 하고자 한다면 미래 지향적이라고 볼 수 있지만, 주로 대형 회사들이 자리를 잡고 있는 데다 최근에는 중국의 Ctrip(씨트립)이라는 업체가 trip.com(트립닷컴) 사이트에서 엄청난 가격 경쟁력으로 밀어붙이고 있는 실정이다. 그렇다면 개별 자유 여행 시장에서 여행업자로서 내가 할 수 있는 것은 무엇일까? 어느 지점에서 소비자와의 접점을 찾을 수 있을까? 시스템 사업을 하는 것이 아니라면 여행자가 갑작스레 여행을 떠나야겠다고 생각하고 스마트폰으로 검색했을 때 예약하기 쉽지 않은 지역을 공략하는 쪽이 유리하지 않을까?

예를 들어서 중남미 여행은 항공권, 호텔 예약만으로 훌쩍 떠나기엔 망설여지는 지역이다. 경유지를 1회 거쳐서 비행시간만 대략 24시간 소요된다. 워낙 멀리 있는 여행지이고 두 번 가긴 힘든 곳이라고 생각해서 그런지 중남미로 여행하는 사람들은 주로 중남미 일주를 원한다. 그런데 보통 한 달간의 일정 동안 비행기를 거의 10회쯤 타고, 도시별로 투어를 예약하고, 현지의 육로 이동을 스스로 계획하고 해결하기란 생각보다 쉽지 않다.

특히 혼자서 준비하기엔 웹이나 앱이라는 시스템에 익숙하지 않거나 꼼꼼히 준비할 시간적 여유가 없는 사람들도 있다. 대개는 50~70대까지의 연령대가 이에 속한다고 볼 수 있다. 이런 분들은 여행을 더 저렴하게 하려는 욕구보다는 돈을 조금 더 주더라도 준비 시간은 아끼고, 현지에서는 덜 고생하면서 질 높은 여행을 하고 싶어 한다. 그러다 보니 잘 짜인 프로그램을 원하고 실제로 이런 여행 후의 만족도도 상당히 높다.

요즘 이런 성격의 여행들은 기존의 패키지여행처럼 모든 것을 다 정해 놓은 일정대로 진행하지 않고, 도시별로 어느 정도의 자유 시간을 제공하고 또 이 자유 시간을 효율적으로 취향에 맞춰 보낼 수 있도록 동행한 인솔자가 친절히 여행 방법을 현지에서 안내해 드리기 때문에 편하고 즐겁게 지낼 수 있다. 이를 '세미 패키지여행'이라고 부른다.

개인적으로 준비해 떠나기 쉽지 않으면서 여행자들이 선호하는 여행지로는 어떤 곳들이 있을까? 대표적으로 중남미, 아프리카, 코카서스 3국, 인도 라다크 지역, 부탄, 라오스 등이 주류를 이룬다. 이런 지역들을 특수 지역이라고 하는데, 흔히 접하지 못해 특수하다는 뜻에서 유래한 것으로 스스로 준비해서 가기엔 다소 힘겨워 보이는 지역들이다. 여행의 형태로 따지자면 트레킹 여행, 미술 여행, 비즈니스 인사이트 투어 등 전문성을 가진 테마 여행도 특수한 여행에 해당된다.

이런 특수 지역이나 특별한 테마 여행을 기반으로 성장하면 대단한 장점이 있다. 이를 3가지로 정리해 보자.

첫째, 돈과 시간의 여유가 있는 영향력이 큰 고객층을 확보할 수 있다. 특별한 여행들은 아시아권의 저가형 패키지여행과는 완전히 다르다. 몇십만 원짜리 여행과 1000만 원이 넘는 여행은 그 내용의 차이가 무엇이냐를 따지기 전에 고객층부터 나눠질 수밖에 없다.

중남미를 예로 들어 본다면, 주로 한 달 정도의 기간에 1000만 원의 여행 경비를 들여서 가야 한다. 한 달이라는 시간과 1000만 원을 감당할 수 있는 여행자라면 누가 있을까? 당연히 일반 직장인은 힘들다. 대개 공무원으로 퇴직하고 연금을 수령하고 있는 분들, 전문직 종사자, 사업가나 고액 연봉자, 그 외 경제적·시간적 자유를 획득한 사람들이다. 이들의 여가 생활은 주로 여행을 다니는 것이다.

중남미 여행을 통해 한 달간 함께 여행하면서 우리 여행사와 친숙해지고 여행 프로그램에 만족하면 어떤 일이 일어날까? 우리 회사의 다른 여행에도 참가하고, 주위에 특별한 여행을 가려는 사람이 있다면 추천해 주기도 할 것이다. 그렇게 우리에게 고객을 소개해 주는 키 맨(Key man)이 되기도 한다. 여행 사업자 입장에선 인터넷으로 저렴한 상품만 찾는 고객들과는 엄청난 차이를 보여 주는 고객층을 확보한 것이다.

둘째, 함께 여행하면서 만족도를 높이면 일반 패키지여행에서 볼 수 없는 남다른 충성도가 형성된다. 세미 패키지여행이나 특별한 테마 여행을 만족도 높게 마친다면 일반 여행사들에는 없는 상품이니 만큼 더욱 높은 충성도가 형성될 수밖에 없다. 게다가 상당히 오랜 시간을 함께 여행하면서 가족처럼 정이 들기도 하는데, 아주 뛰어난 완성도의 프로그램을 제공하고 있다면 고객은 우리 여행사를 통해 다녀온 여행을 자랑스러워할 것이다.

언젠가 여행 중에 전에 갔던 여행사의 네임 태그(Name tag, 여행용 가방에 붙여 놓은 이름표)를 그대로 달고 다니는 분이 있길래 왜 계속 붙여 놓느냐고 물었던 적이 있다. 그랬더니 그 분이 "나는 ○○○여행사로 여행 다니는 사람이에요!"라고 답했다. 자신이 그 여행사를 이용하는 고객이라는 사실만으로 마치 명품 백을 들고 있는 듯이 생각한 것이다. 이 정도면 여행사로서 자부심을 가질 만하고 성공했다고 자신할 만하지 않을까? 일반 패키지여행에서는 이런 일이 거의 발생하지 않는다. 특수 여행과 특별한 테마 여행을 통해서 고객들이 만족할 때 가능한 일이다.

셋째, 경쟁자가 많지 않을 때 시작하면 마케팅 비용의 효율성을 높일 수 있다. 특수 지역은 특수하다는 뜻인 만큼 모든 여행사가 경쟁하진 않는다. 예를 들어서 하와이 신혼여행을 네이버 키워드 광고로 노출하려면 클릭당 몇만 원을 지불해야 할 수 있다. 그에 비해 남미 여행은 초기에 몇천 원 수준이었다. 동일한 광고비로 하와이 신혼여행과 남미 여행을 비교해서 생각해 보면 마케팅의 논리가 쉽게 이해된다. 키워드 광고비는 경쟁이 덜할수록 싸다. 게다가 한 건의 상담 문의가 왔을 때 경쟁률이 낮으면 계약의 성사 확률은 오히려 높다.

끝으로 한 건의 계약 성사 시 하와이 신혼여행의 상품가가 300만 원이라면 남미 여행은 1000만 원이다. 어느 쪽의 효율성이 높을까? 물론 1000만 원의 비용을 내고 가는 여행이라면 상담을 여러 번 오래할 것이고, 안정적으로 운영되는 곳인지 사무실을 방문해서 직접 둘러보기도 할 것이다. 그러나 마케팅의 효율성이라는 측면에서 고민해 봤으면 한다.

사실 누구나 특수 지역이나 테마 여행으로 성공할 수는 없다. 다만 여행 사업을 시작한다면 너도나도 뛰어들어서 치열하게 경쟁하는 패키지여행 분야보다는 조금은 특별한 여행사의 서비스를 제대로 돈을 내고 이용하고자 하는 욕구가 존재할 만한 분야를 정해서 집중해 볼 필요가 있다. 그렇게 내가 만들어 가는 여행업의 서브 카테고리에서 승자가 되려는 노력이 성공 가능성을 높이는 방법 중 하나가 될 수 있다.

혹시 이 글을 읽으면서 '이런 여행을 만들 능력은 없는데….'라고 생각할지도 모르겠다. 고객이 이용하고 찾아 주는 상품은 누가 만들었느냐 이전에 정말로 만족했느냐가 중요하다. 다른 여행사에서 상품을 공급받아서 진행하더라도 진심으로 고객을 챙기고 가능한 한 직접 인솔하면서 함께 여행한다면 점점 고객들과 유대가 강해지고 내 실력도 향상될 것이다. 그렇게 점진적으로 학습하고 발전하면서 내가 직접 여행을 만들어서 운영하는 단계까지 올라가겠다는 포부를 갖길 바란다.

"여행사 혼자 차려 볼까?"

Starting a Travel Agency

여행사를 넘어선
사업가적 관점이
필요하다

여행사를 넘어선
사업가적 관점이 필요하다

❶ 카카오톡 사업을 내가 했으면 성공했을까?

여행사를 운영한다고 해서 단순히 여행사 업무만 하는 것을 뜻하진 않는다. 여행은 사람들이 호감을 갖는 테마이므로 사람들에게 스며들기 좋고, 사람들을 모으기에 최적인 업종이라는 점을 이해하는 것이 중요하다. 요즘은 사람만 잘 모아 두면 돈이 되는 시대라는 논리를 이해했으면 한다.

　스티브 잡스(Steve Jobs)는 2007년 1월 아이폰을 출시해 지구상에 엄청난 센세이션(Sensation)을 불러일으켰다. 한국에는 우여곡절 끝에 드디어 2009년 11월에 상륙했다. 카카오톡이라는 모바일 메신

저는 언제 선보였을까? 2010년 3월에 서비스를 시작했다. 내가 만약 타임머신을 타고 그때로 돌아갈 수 있다면 카카오톡 같은 메신저 사업을 시작해서 성공할 수 있었을까? 아마 쉽지 않았을 것이다. 그 이유는 카카오톡의 성장 과정을 살펴보면 짐작할 수 있다.

카카오톡은 누가 만들었는가? 한동안 얼굴 없는 가수로 활동하다가 성공한 가수 김범수와 동명이인인 김범수 의장이다. 김범수 의장은 한게임의 창업자로 회사를 매각한 네이버에서 사장단의 일원으로 활동했는데, 네이버를 그만두고 나온 후 모바일 메신저의 시대를 예감하고 카카오톡을 만들었다.

이제 여러분의 창업에 관한 학습을 돕기 위해 명확한 사실 확인이 되지는 않은 IT 업계 선배들의 말을 덧붙여서 카카오톡 이야기를 해보려고 한다. 김범수 의장은 카카오톡을 시작하면서 직원들에게 "사람이 돈이 되는 시대가 왔다! 사람을 모으면 돈으로 바꿀 수 있다. 카카오톡을 시작해서 사용자가 1,000만 명이 될 때까지 돈 버는 일을 하지 말아라! 돈 벌려고 광고나 유료 서비스를 실시하면 1,000만 명을 모으겠다는 우리의 꿈을 실현하지 못할 것이다!"라고 말했다.

카카오톡이 출시되고 카톡을 사용하면서 왜 이렇게 좋은 서비스를 무료로 제공하는 걸까 놀라기도 하고 한편으로는 감사하기도 했던 기억이 있을 것이다. 나 또한 고마운 나머지 카톡을 사랑하는 마음까지 생기려 했으니까 진정한 브랜드 옹호자를 만들어 내고 있었다고 생각한다. 1,000만 명 사용자를 확보할 때까지 돈을 벌지 않는다는 것이 어디 쉬운 일일까? 카카오톡은 김범수 의장이 사재 200억을 투자해서 시작한 회사이다. 그런데도 1,000만 명 사용자를 달성할 때까지 자금이 더 필요했고, 2012년 중국의 텐센트(Tencent)에 지분 13.8%를 제공하고 720억 원을 투자 유치했다. 결국 1,000만 명 사용자를 넘어서고부터 밤마다 카톡이 울려 대니 바로 '애니팡' 초대 메시지들이 날아왔던 것이다. 드디어 돈 버는 일들이 시작되었다. 사람을 모으고 캐시(Cash)로 바꾸는 순간이 도래한 것이다. 그동안 우리가 고맙게 생각하고 사랑하던 카카오톡이 제공하는 서비스는 신뢰를 바탕으로 제2의 폭발적인 성장을 시작했다. 이것이 바로 사람을 모으고 나면 돈이 된다는 시대의 흐름을 읽은 한 사업가의 스토리이다.

여기서 사람을 모으고 캐시로 전환하면 성공할 수 있다는 사실과 함께 생각해 볼 한 가지는 IT 플랫폼 사업이란 단순히 좋은 아이디어만으로 성공할 수 없고, 사업 계획을 세울 때 자금의 투자 유치 계획까지 잡아서 자금력을 확보해야 한다는 필요성을 이해하는 것이 중요하다. 초기에 사업을 시작해서 아이디어와 서비스 런칭으로 일정 금액의 투자를 이끌어 낸 후 사용자들이 모이고 나서 그들을 캐시로 전환시킬 수 있음을 증명하면 큰 액수의 투자를 받게 된다는 이야기들은 평소에도 자주 접할 수 있다.

한 가지 사례를 더 들어 보면 훨씬 깊이 와닿을 것이다. 만화가 한창 인기를 끌었던 우리나라에서 어느 날부터 만화방이 사라지고 만화

책을 사 보는 사람들이 줄어들기 시작했다. 만화 작가들은 생계유지가 막막한 벼랑 끝으로 내몰리게 되었다. 이때 한 사업가가 만화 작가들을 찾아가 무료 웹툰을 만들어서 연재할 계획인데 나중에 유료로 구매가 일어나면 인세를 제공하겠다며 아주 적은 계약금으로 만화 연재를 부탁했다.

만화 작가들은 당연히 계약을 맺고 열심히 연재를 시작하고, 사용자들은 무료 웹툰이 연재되는 앱을 다운로드 받아서 재미있게 본다. 이렇게 재미난 만화를 무료로 보여 준다니 고마울 따름이라고 흐뭇해하며 1편, 2편, 3편…그리고 17편까지 봤는데, 주인공이 죽느냐 사느냐의 기로에 놓였다. 이런, 결과가 담겨 있는 18편은 올라와 있긴 하지만 무료 공개는 한 달 뒤라고 한다. 지금 바로 보는 것은 300원을 결제해야 된다면 어떻게 할까? 더구나 이 만화가 성인물인 경우엔 한 편당 결제 금액이 더 높아도 서슴없이 결제 버튼을 누르게 된다.

무료 웹툰으로 사용자 100만 명을 모았고, 이제 유료 결제가 시작된다는 사실을 증명했다. 얼마나 투자받을 수 있었을까? 최근에 IT 플랫폼들은 투자할 곳이 없어 안달이 난 투자자들에게 가장 선호되는 투자처이고, 한 번 성공하면 상상할 수 없는 투자 수익을 거두는 만큼 사용자 100만 명에 유료 결제의 사실 확인은 투자자들을 설레게 했을 것이다. 이 웹툰 서비스 업체는 100억을 투자 유치하는 데 성공했다.

이처럼 사람을 모으고, 캐시로 전환할 수 있다는 사실을 입증해서 엄청난 규모의 투자를 유치한 사례들이 많다. 투자 유치를 받지 않고 내가 직접 열심히 돈을 벌면 된다고 생각할 수도 있지만, 모든 좋은 서비스에는 경쟁자가 나타나기 마련이므로 특정 카테고리에서 빠르게 절대적인 브랜드로 성장해서 1등의 자리를 놓치지 않으려면 투자 유치가 중요한 요소로 자리매김한다.

앞에서 언급했듯이 여행은 누구나 호감을 갖고 있고 사람을 모으기 좋은 업종임이 분명하다. 여행 사업을 전개할 때 단순히 고객 한 명에게서 얼마를 벌 것인지 생각하던 시대에서 이제는 더 많은 사람을 모으고 그들을 어떻게 내 플랫폼에서 서로 활동하게 하고 결국 캐시로 전환할 수 있는지 고민하는 일이 더 큰 성공을 거머쥐는 열쇠가 될 수 있는 시대로 변화했다는 사업가적 관점을 가졌으면 싶다.

❷ 관광 플랫폼 마이리얼트립의 성장과 성공

여행업에 관심을 가지고 창업을 준비할 때 여행사를 하려는 것인지 아니면 여행 관련 시스템 사업을 하려는 것인지 생각해 볼 필요가 있다. 관광이라는 영역은 매우 광범위하기 때문에 다양한 방향의 사업 전개가 가능하다. 그런 만큼 단순히 여행사 창업이나 설립만이 아니라 좀 더 폭넓게 자신의 사업 방향을 구상해 보자는 의미에서 여행 시스템 사업의 성공 사례를 함께 살펴보았으면 한다.

대한민국에서 가장 성공한 관광 플랫폼 중 하나를 꼽자면 '마이리얼트립(myrealtrip.com)'이 있다. 현지 가이드 투어를 중개하는 플랫폼으로 시작했는데, 지금까지 293억 원의 투자를 이끌어 내며 명실상부 가장 성공한 관광 플랫폼이라는 수식어를 달고 다닌다. 마이리얼트립의 성공을 통해서 관광 플랫폼 사업과 여행업의 발전 방향에 관해 생각해 보자.

Step 2에서 다루었던 사업에서 성공하는 3가지 방식 중 마이리얼트립은 어느 경우에 속할까? 현지 가이드 투어 서비스는 기존에 있던 서비스이다. 예전에 나는 유럽 배낭여행 전문가로 활동하며 관광공사에서 주최하는 유럽 배낭여행 설명회를 통해 각 여행사 대표들을 대상으로 강의하기도 했고, kmTV에서 탤런트 이아현 씨와 함께 '수요여행정보사냥'이라는 생방송을 진행하기도 했다. 당시 유럽 배낭여행 설명회 때마다 여행자들에게 현지에 가서 폐허가 된 유적지나 유명 관광지를 여행 정보 책자만으로 접하면 감흥이 덜할 수 있으니 주위를 둘러보고 단체 관광객들을 찾아 쫓아다니면서 가이드 멘트를 듣는 방법이 유용하다고 알려 주곤 했다. 사람들은 열심히 메모까지 하며 기가 막힌 정보라고 좋아했다.

반면 유럽 현지의 반응은 어땠을까? 개별 자유 여행객들이 급격히 늘어나고 있던 시기에 유럽에서 패키지여행을 도맡아서 진행하던 현지 여행사들 입장에선 졸졸 따라다니며 가이드 멘트를 엿듣는 개별 여행자들을 보며 불편했을 수 있다. 그런데 이런 불편을 사업화한 사람이 있었다. 가이드 멘트를 슬쩍 듣는 개별 여행자들을 보면서 이들을 모아서 별도로 워킹 가이드 투어를 제공하면 괜찮겠다고 생각한 현지 여행사가 로마에서 워킹 가이드 투어 서비스를 시작했다. 유럽 여행 상품이 아니라 개별적으로 여행 오는 사람들에게 현지 투어를 서비스 판매하는데, 아침 8시 30분까지 로마 바티칸 미술관 앞으로 오면 걸어서 하는 워킹 가이드 투어에 참여할 수 있는 프로그램이었다.

따져 보면 패키지여행 단체를 받는 것이나 1인당 하루에 몇만 원씩 받고 20~30명을 가이드 하는 것이나 현지 여행사 입장에서는 별차이가 없는 소위 돈 되는 장사다. 이런 유럽 현지 투어 여행사 중에서 유난히 성공한 곳이 '유로자전거나라(eurobike.kr)'이다. 이런 식으로 로마에서 성공을 거두었다면 곧 하나의 워킹 가이드 투어 플랫폼이 만들어졌음을 의미한다.

여러분이라면 이제 어떻게 사업을 확장할까? 로마에서 성공한 시스템을 가지고 파리에서도 동일하게 사업을 펼치고, 다시 런던, 그 다음 프라하에서도 현지 워킹 가이드 투어를 전개할 것이다. 마치 사업가가 매장 한 개를 성공시킨 후 매장 수를 100개로 늘리는 것과 비슷한 논리이다. 중요한 것은 패키지여행 단체를 받던 여행사가 개별 자유 여행의 바람이 부는 것을 감지하고 그 트렌드에 맞춰서 변화와 적응을 꾀했다는 사실이다. 역시 진화하는 기업이 성공의 열매를 맛본다는 생각을 해 본다.

2012년 어느 날 대학교를 갓 졸업한 한 청년이 동기와 함께 이런 발상을 했다. 현지 여행사가 운영하는 현지 가이드 투어를 꼭 여행사가 아니더라도 현지에 거주하는 문화 예술인이나 유학생 중 자신의 여가 시간을 이용해 제공하고 싶은 사람들이 많으리라는 생각. 그 아이디어에서 개인이 진행하는 현지 가이드 투어 서비스와 여행객을 이어주는 중개 서비스 '마이리얼트립'을 시작하게 되었다. 소속 가이드뿐 아니라 일반인들도 자신이 기획한 여행 일정을 올리면 여행객들은 그 내용을 보고 구매하는 구조였다. 여행사가 운영하는 기존의 워킹 가이드 투어보다 당연히 더 풍부한 프로그램과 전문가들이 나타나서 여행자들의 다양한 욕구를 충족시켰다. 마이리얼트립은 간단한 아이디어로 관광 플랫폼 사업에서 성공을 거두었다.

유로자전거나라와 마이리얼트립의 성공 사례에서 생각해 볼 점

· ·

첫째, 개별 자유 여행 시장의 성장과 변화를 읽고, 그 변화에 필요한 사업을 전개했다.

· ·

둘째, 여행객들의 불편과 욕구를 찾아내서 사업화했다.

· ·

셋째, 한 지역에 집중해서 성공한 후 그 시스템을 가지고 차례차례 다음 지역으로 확장했다.

· ·

넷째, 회사 소속 가이드 서비스 방식에서 탈피하여 다양한 개인 공급자와 여행 수요자가 서로 서비스를 사고팔 수 있도록 오픈 방식의 중개 사업으로 전개했다.

· ·

이런 관광업계의 성공 사례를 통해서 여행사 형태와 관광 플랫폼 방식에 대한 생각들을 정리할 기회를 가져 보길 바란다. 분명한 것은 기존의 여행사들처럼 고객을 상담하고 예약해 주며 커미션을 받던 시대는 끝나 간다는 점이다. 여행자들의 욕구를 파악하고 고객이 불편해 하거나 필요로 하는 것을 찾아내는 데에 집중해야만 한다. 그것이 생존만이 아니라 성공을 꿈꾸는 창업자의 기본자세이다.

❸ 고도원의 아침편지는 왜 몽골 명상 여행을 시작했을까?

작가 고도원 님을 아는가? 고도원이 사람 이름인 줄 모르는 사람들도 있을 것이다. 고도원 님은 김대중 대통령의 연설문을 담당해서 일주일에 평균 13개 정도의 연설문을 5년간 지속적으로 작성해 낸 분이다. 이분이 대통령의 부름을 받고 공무원 신분으로 출근하게 되면서 지인들에게 뭔가 보탬이 되는 일을 하고 싶었다고 한다. 생각 끝에 자신의 가장 큰 능력인 '독서력'을 활용해서 아침에 좋은 글을 보내기로 했다.

첫날 8명에게 메일을 보냈는데 받은 사람들이 너무 좋았다며 감사 인사를 건네더란다. 그래서 다음 날엔 12명에게 보냈다. 그 다음 날은 15명에게… 그런 식으로 메일을 보내 줘서 고맙다는 답변에 계속 메일 받는 사람들을 늘려 나갔다. 자신의 독서력으로 사람들을 행복하게 해 줄 수 있다는 사실에 기뻐하는 사이 구독자는 추천 기능을 통해서 끊임없이 늘어만 갔다. 그 메일링 서비스 이름이 바로 '고도원의 아침편지'이다.

어느 날 고도원의 아침편지 구독자가 150만 명에 이른다는 사실을 확인했다. 메일 발송 비용을 환산해 보면, 유료 메일 시스템 중 가장 저렴한 서비스가 보통 1통당 1원이다. 구독자가 150만 명이면 아침마다 메일 한 통을 보낼 때 150만 원이 든다는 얘기다. 이 정도 규모라면 당연히 자체 메일 서버를 구축하고 관리하는 편이 나을 것이다. 결국 이런 메일을 발송하는 데도 여러 인력이 필요하고 돈도 들어가는 만큼 계속하기 위해서는 후원을 받거나 수입을 얻어야 한다. 후원만으로 충당하기 힘들어서 고도원의 아침편지도 수익 사업을 추진하기 시작했다.

과연 어떤 사업이 아침마다 좋은 글 받길 즐기는 사람들에게 적합할까? 그런 고민 속에서 고도원의 아침편지는 구독자들에게 잘 어울릴 만한 테마라고 여겨지는 명상 프로그램 운영과 링컨학교라는 청소년 캠프를 시작했다. 점점 사람들이 이 프로그램을 좋다고 하고 참가자도 쉽게 모이게 되자 이번에는 국내가 아닌 해외에서도 명상을 해보면 어떨까 하는 생각에서 고도원의 아침편지와 함께하는 몽골 명상 여행이 시작되었다.

멋지고 유명한 곳에 가서 사진 찍고, 맛있는 음식 먹고 돌아다니며 하루에 두세 개 이상 빠듯한 일정으로 이동하는 패턴의 여행에 익숙한 사람들에게 몽골 명상 여행이라니. 게르(몽골식 원형 텐트)에서 자고 아침, 점심, 저녁으로 명상을 하는 여행. 여러분이라면 선뜻 나설 수 있을까? 고도원의 아침편지는 좋은 글 읽기를 즐기고 이미 명상 프로그램에 참가했던 사람들을 통해 충분한 가능성을 검증한 상황에서 100만 명이 넘는 회원들에게 메일을 발송했다. 어떤 결과를 얻었을까?

시중에 나와 있는 잘 먹고 잘 노는 여행에 비해 저렴하지도 않은 이 몽골 명상 여행은 가격이 아닌 가치를 판매했다고 볼 수 있다. 메일로 500명이 넘는 회원을 유치했다고 들었는데, 실로 엄청난 결과이다. 만약 내가 어느 날 몽골 명상 여행을 만들어 여행객을 모집하면 몇 명이나 모을 수 있을까? 다른 어떤 테마 여행을 기획하더라도 신청자를 모으는 일은 생각처럼 쉽지 않다.

고도원의 아침편지가 갖고 있던 강점은 무엇이었을까? 바로 충성도 높은 회원들이다. 그 회원들에게 적절한 주제를 테마로 한 여행을 기획해서 판매하다 보니 막강한 모집력을 자랑할 수 있었다. 사람을 모으면 돈으로 바꿀 수 있는 시대에 살고 있는 우리에게 고도원의 아침편지 사례는 값진 아이디어를 제공한다. 첫째, 사람들이 좋아하는 것으로 사람을 모은다. 둘째, 그들이 우리 브랜드를 사랑하게 만든다. 셋째, 그들이 좋아할 만한 것으로 상품화를 시도한다. 넷째, 그들이 좋아할 것을 판매한다. 이런 순서라면 사업이 탄탄대로를 걷게 되리라 믿는다.

내가 만들고자 하는 여행이 특별하고, 사람들이 흔히 생각하지 못하는 여행이라면 마케팅은 어떻게 전개해야 할까? 검색 노출 마케팅은 사람들 머릿속에 어떤 여행을 가고 싶다는 생각이 떠오를 때 검색하는 것이 골자이다. 새롭고 특별한 여행은 아예 고려 대상에 없으니 검색이 이뤄지지 않는 만큼 무용지물이다. 결국 내가 타깃으로 하는 가망 고객들이 누구인지 정의를 내리고, 그들을 찾아 나서는 것이 답이다. 물론 온라인 마케팅으로 내 상품을 원할 만한 이들에게 푸시해 주는 광고를 이용하는 것도 방법의 하나가 된다. 아울러 나만의 테마를 좋아해 줄 동호회나 단체들을 찾아내서 그들에게 판매하거나 수익을 나누자고 제안하는 방식도 효과적인 첫걸음이 될 수 있다.

적어도 남다른 여행을 만들려고 생각하고 여행 사업에 뛰어드는 경우라면 진짜 내 타깃 고객이 누구인지 궁리해 보고, 그들이 내 여행을 검색해서 찾아볼 가능성이 높지 않다면 오히려 그들이 활동하는 커뮤니티를 내가 찾아 나서서 제휴를 맺고 꼭 한 팀이라도 진행할 수 있도록 최선을 다해야 한다. 그렇게 한 번 진행이 되면 함께한 모습을 사진과 영상으로 찍어 멋진 후기 용도로 사용하면서 다음 팀부터는 한결 수월하게 마케팅을 펼칠 수 있다.

새롭고 남다른 여행은 판매가 쉽지 않을 수도 있다는 점을 감안해서 단 한 팀이라도 가망 고객들을 미리 확보해 놓고 상품 기획을 시작하는 것도 방법이라는 점을 기억하자. 무조건 한 팀은 꼭 출발시켜야 두 번째, 세 번째가 진행되면서 자신만의 특별한 여행이 상품화에 성공한다는 사실을 명심하자. 만들면 팔리는 여행이란 흔하지 않다는 현실도 직시하고 있길 바란다.

하루는 대한민국의 진정한 언론사라고 칭할 만한 곳에서 연락이 왔다. 비서실인데 언론사 대표님과 미팅을 좀 할 수 있느냐는 내용이었다. 무슨 일로 유명 언론사 대표가 나를 만나고 싶다는 것일까? 용건은 이 언론사가 해외 행사들을 몇 번 진행해 보니 여행사로 발전시킬 만한 정도의 잠재력이 있다는 생각이 들어서 진짜로 여행사를 하는 것이 맞는지 어떤지를 알고 싶다는 얘기였다. 나도 호감을 갖고 있던 언론사라서 여의도 카페에서 미팅하기로 약속을 잡았다.

지금도 돌이켜 보면 미팅 때 내가 시간이 부족해서 상황 이야기를 듣고 브리핑하듯 말씀드릴 수밖에 없었기에 다소 무례해 보이지 않았을까 하는 생각이 든다. 하지만 꽤 유익한 컨설팅이었을 것이라고 스스로 자부해 본다. 그날의 이야기로 독자들이 테마 여행에 대해서 좀 더 정확히 이해할 수 있을 것 같아서 공유해 보려고 한다.

그 언론사 대표는 행복 지수 1위인 덴마크에 취재 여행을 세 차례 다녀온 후 행복을 찾아 떠났던 이야기를 책으로 출간해서 전국을 강타했는데, 특히 학부모들이 자녀들을 이런 환경에서 살게 한 점에 대해 미안한 마음으로 눈물짓곤 했다고 한다. 이 책을 읽은 독자들은 진정한 행복에 대해서 생각해 보게 되었고, 그 열기에 편승해서 순천만으로 행복을 찾아가는 1박 2일 국내 여행을 진행하게 되었다. 유명 관광지를 찾아다니고 맛있는 것을 먹고 춤추고 노는 국내 여행이 아니라 행복을 찾으러 떠나서 행복에 관해 이야기를 나누고 고민하는 여행. 진짜 테마 여행의 시대가 왔음을 실감할 수 있는 순간이었다.

이렇게 시작된 행복을 찾아가는 여행은 국내가 아닌 행복 지수 1위인 덴마크로 여행을 가자는 수많은 팬의 의견이 넘쳐나자 덴마크로 행복을 찾아 8박 9일간의 여행을 떠나기에 이르렀다. 행복을 찾아 떠나는 여행의 첫 팀 30명이 단번에 마감되었고, 두 번째 팀도 30명이 금방 마감되었다. 그런데 두 번째 팀은 30명 중 절반이 공무원들로서 정책 개발과 연구라는 목적성을 가진 업무 여행이었다. 앞으로 행복 지수 1위뿐 아니라 2위, 3위, 심지어 꼴찌인 곳으로도 갈 수 있고, 무엇보다 일반 여행자 대상이 아닌 업무 여행으로는 행복이 아닌 다른 테마로도 정책 개발과 관련해 더 원활히 공식적으로 진행할 수 있겠다는 생각도 들었단다.

그런데 한 가지 문제가 직원들이 여행업 전문가가 아니기 때문에 행사를 준비하면서 무척 고생했는데, 회사 입장에서는 실제로 수익이 얼마 남지도 않았다고 한다. 돈이 안 되는 업무를 진행하다가 사고라도 나면 좋은 취지로 해 온 일들이라지만 난관에 봉착할 수 있다는 생각에서 여행업 전문가를 찾게 된 것이었다. 나는 상황 설명을 듣고 빠르게 브리핑을 시작했다.

"첫째, 덴마크로 행복을 찾아가는 여행은 남들이 감히 따라 할 수 없는 대표님 회사와 저서에 대한 믿음의 표현이라서 최고의 테마 여행이라고 봅니다. 요즘 같은 시대에는 회사나 브랜드를 내세우는 것보다 사람을 내세워서 테마 여행을 만들면 마케팅 속도도 빠르고 다른 업체에서 따라 오기도 힘든 독보적인 여행 상품이 되기에 경쟁력 확보 면에서는 더할 나위가 없습니다. 다만 대표님을 내세워서 여행객을 모집했을 때 만약 대표님이 사고라도 나서 몇 달간 병원에 누워 있게 된다면 모든 상품이 취소되는 사태가 벌어지기 때문에 되도록 지금의 브랜드 파워로 여행 프로그램을 성장시키되 출발 전이나 귀국 후에 대표님이 나서서 직접 고객들과 스킨십하면서 영향력을 발휘하는 것이 좋겠습니다.

둘째, 지금까지는 그냥 언론사로서 프로그램을 진행했다고 하시지만, 여행 중에 누군가가 다치거나 사망하는 사건이라도 일어나면 최악의 상황이 펼쳐질 수 있습니다. 그때 고객들은 이 행사를 언론사 행사라고만 보는 것이 아니라 여행 상품으로서 적법한 조건과 자격을 갖추고 진행했는지도 분명히 따질 겁니다. 관광사업자 등록은 되어 있는지, 인솔을 나온 사람에게 국외여행 인솔자 자격증이 있는지 등 모든 사항을 따질 겁니다. 그러면 패소하진 않더라도 계속 소송에 시달릴 수 있습니다. 이런 행사를 지속하려면 관광사업자로서 요구되는 자격들은 갖춰 두고 하는 쪽이 좋습니다. 이미 자본금 규모나 여러 조건들이 충족되니까 관광사업자 등록을 하고, 직원들도 6개월 이상 재직 사실을 증명해서 국외여행 인솔자 자격을 취득하게 하는 것이 좋습니다. 물론 협력 여행사를 두고 그쪽에 행사를 위탁하면 이런 점들은 신경 쓰지 않아도 됩니다.

셋째, 직원들이 업무를 진행하느라 고생은 했는데, 실제로 돈이 안 된다고 하셨는데요. 믿을 만한 여행사에 1인당 업무 대행료 몇만 원을 줄 테니 진행해 줄 수 있겠냐고 물어보면 할 수 있다고 답할 겁니다. 대부분 여행사들은 모객이 가장 힘든 부분인데, 모집이 끝난 인원들의 업무 처리는 큰 부담이 아니기 때문입니다(이때 우리 여행사와 거래하자고 제의했어야 했는데 하는 생각을 하면서 미소를 지어 본다).

넷째, 여행사를 직접 설립해서 여행 사업으로 확장해야 하는가의 문제는 이 행복을 찾아가는 여행처럼 이벤트성 프로그램으로 운영하는 것에 한정된다면 그냥 전문 여행사에게 위탁하는 쪽이 맞을 듯합니다. 대대적으로 여러 가지 프로그램을 진행하고 여행사 업무를 보겠다면 직접 여행사를 운영하는 것이 맞겠지만, 그게 아니라면 여행 업무를 보는 경력 사원과 몇 명의 직원을 두고 새로운 사업을 펼치는 일은 상당히 부담이 될 수도 있습니다.

다섯째, 돈이 안 되는 문제는 여행업의 전문성 부족에서 비롯된 것일 수 있으므로 여행 전문가가 일을 맡으면 수익이 늘 수 있을 겁니다. 그 수익이 충분하지 않다면 상품 가격을 적당하게 올리는 것도 방법입니다. 덴마크로 행복을 찾으러 갈 생각이 없는 사람들에게 50만 원을 할인해 준다고 하면 과연 갈까요? 반면에 덴마크로 행복을 찾으러 가야겠다고 결심한 사람들에게 50만 원을 더 받는다고 해서 안 갈까요? 고생해서 좋은 여행 프로그램을 만들어 제공하는 것만으로 이미 훌륭한 일을 하고 있으니, 적절한 수준에서 수익을 남겨야 더 나은 서비스를 지속적으로 제공할 수 있다고 생각하고 상품 가격을 올려 보세요."

이날의 상담 이후 이 언론사는 위탁 여행사를 지정했으며, 대표가 아닌 브랜드를 강화해서 마케팅을 전개했고, 상품 가격도 꽤 올리게 되었다. 최근에는 행복을 찾아가는 여행 이외에도 새로운 프로그램이 하나씩 나오고 있으니 내 컨설팅이 조금은 도움이 되었겠다는 생각에 보람을 느낀다. 컨설팅을 마치고 나서 나는 이 언론사에 월 회비를 내는 후원자가 되었다. 세상을 이롭게 하려는 그 마음은 언론이나 여행업을 떠나서 우리 삶에 큰 도움을 주는 일이며, 그런 사업은 성공하고 지지받아야 마땅하다고 믿는다.

이후로 1년이 더 흐르고 2018년부터 하나투어 같은 대형 여행사들에서 테마 여행이 쏟아져 나오고 있는데, 모두 유명인을 내세운 여행이다. '이봉주와 함께하는 마라톤 여행', '최현석 셰프의 방콕 미식 여행', '유명 영화감독과 함께하는 이탈리아 영화 여행' 등 테마 여행에서는 유명인 자체를 상품화한다. 앞에서 말했듯이 사람을 내세우는 것이 마케팅 효율성이 가장 높기 때문이다. 하지만 그 유명인에게 문제가 생기면 어떻게 될까? 하나투어 정도의 대기업형 여행사라면 대체

할 사람을 찾아 쓸 수도 있을 것이다. 중소형 여행사들도 유명인을 내세우는 테마 여행을 기획해 낼 수 있지만 조금 폭넓게 살펴보고 자신만의 테마 여행을 만들어 봤으면 좋겠다. 이런 테마 여행들이야말로 OTA(Online Travel Agency)의 발달 속에서 버팀목이 되는 우리 전통형 여행사의 생존 무기이자 성공의 수단이라고 생각한다. 게다가 여행자들에게 판에 박힌 여행이 아닌 특별한 여행을 제공한다는 점에서 수고할 만한 가치가 있다고 본다.

❺ 고객 DB의 가치를 알면 전략이 달라진다

내가 10여 년 운영하던 여행사를 접고 난 후 교육 사업을 하고 있던 어느 날, 여행사 창업 교육을 수강하고 싶다는 신청자들이 나타났지만 당시 여행업계의 트렌드를 교육에 반영할 수 없다는 한계와 여행사를 운영하고 있지 않다는 이유로 강의하는 것은 옳지 않다고 사양했었다. 그 일을 계기로 현업에 계신 여행사 사장님들을 모시고 여행 사업의 현황이 어떤지 직접 들어 보는 토크 콘서트를 열었고, 이후에 이 특강에 왔던 사람들이 여행사 창업 교육을 한다면 꼭 듣고 싶다고 계속 연락을 주곤 했었다.

여행사를 다시 해 보고 싶은 마음은 있었지만 교육 사업에 전념하던 터라서 다시 시작할 엄두를 내지 못하고 있었다. 그런데 딸이 어린이집을 다니게 되면서 아내가 사회생활을 다시 하고 싶은 마음이 있다고 하는 것이 아닌가. 이때다 싶어 아내에게 내가 코칭해 줄 테니 여행사를 해 보면 어떻겠냐고 물어보았다. 처음에는 아내가 싫다고 거절했지만, 끈질기게 설득해서 드디어 여행사 일을 시작하기로 했다.

막상 가르쳐 주기 시작하자 부부지간에 운전을 가르칠 때와 흡사한 참사가 벌어졌다. 그로 인해 아내는 다신 나와는 일하지 않는다는 철칙까지 세웠다. 결국 평소에 친하게 지내던 여행사 사장님들께 아내가 6개월 정도 출근해서 여행 업무를 익힌 다음 창업할 예정이라고 사정을 얘기하고 일자리 부탁을 했다. 기대가 너무 컸던 것일까? 사장님들은 직원 핑계, 상황 핑계를 대면서 창업 예정자인 아내를 받아 주지 않았다. 20년을 알고 지내던 사이인데 어떻게 이럴 수 있을까 하는 생각도 했지만, 자기 회사의 노하우를 배워서 창업하면 경쟁자가 되지 않을까 하는 부담도 느꼈으리라고 이해했다. 한편으로는 내가 여행사 창업 교육을 제대로 한다면 여행 사업을 하고 싶은 사람들에게 상당한 도움을 주는 의미 있는 일이 되겠다는 확신을 갖게 한 사건이었다.

다시 원점으로 돌아와서, 여행업을 하나도 모르는 '여행업 무식자'인 아내를 여행 사업에 진입시키는 방법은 무엇일까 고민을 거듭하다가 정말 간단한 통계를 하나 접하게 되었다. 지금 시점으로 재해석해서 이야기해 보자면 인천 공항에서 해외에 나가는 사람들을 대상으로 설문 조사를 시행했더니 10명 중에 1명은 처음 해외여행을 간다고 답했고, 나머지 9명은 비슷하게 대답했다. 그 답변이 내게 깨달음을 주었는데 뭐라고 대답했을까? 바로 "몇 번째 가는지 모르겠는데요!"였다. 즉, 해외에 한 번도 안 가는 사람은 있어도 일단 한 번 나가게 되면 몇 번인지도 모르게 해외를 다닌다는 뜻이다.

보험 회사에서 지점장까지 했던 나는 고객의 DB를 돈 주고 구입해서 마케팅한다는 사실을 누구보다 잘 알고 있었다. 일례로 산부인과에서 막 임신한 사실을 확인했을 때 그 고객의 DB에 보험 상담을 받겠다는 동의까지 되어 있다면 과거에는 4만 원, 요즘은 12만 원까지 가격이 치솟았다는 이야기를 들었다. 한 번 나가기 시작하면 몇 번 가는지 모르게 계속 해외를 다니는 사람들의 DB는 과연 얼마일까? 이런 관점으로 전략을 구상하기 시작했다. 해외를 다니는 사람들의 DB를 합법적으로 모으는 방법이 있을까? 게다가 돈 주고 사는 것이 아니라 돈을 벌면서 고객 DB를 모으게 되면 여행업에 진입하는 데 분명 성공할 수 있다는 확신을 갖고 있었다.

창업 초기에 일반 여행 상품을 잘 상담해 주는 일이 쉽지도 않고 자체 여행 상품을 만들어서 사람들을 모집한다는 것도 쉬운 일이 아니기에 가장 손쉽게 할 수 있는 일을 먼저 시작해야겠다고 생각했다. 아내는 딱 하루 동안 여행자 보험을 공부했다. 아직 인터넷에서 여행자 보험을 열심히 마케팅하는 시절이 아니었다. 여행사들은 여행자 보험이 핵심 업무가 아니고 여행 갈 때 부가적으로 가입하는 잡무에 해당한다고 여겼기 때문에 돈도 안 되는 여행자 보험에 열성을 보이지 않는 것이 당연했다. 그야말로 여행업 초보자인 아내가 할 수 있는 일이었다. 다행히 우리는 블로그 마케팅을 잘하는 편이었기에 여행자 보험 마케팅을 시작했다.

고객 입장에서 왜 해외여행자 보험을 여행사에서 가입해야 하는가?

해외여행자 보험이 틈새시장이라고 본 것은 크게 2가지 이유에서이다. 첫째, 공항에 가서 가입하면 상당히 비싸다. 여행사에서 판매하는 요금이 좀 더 저렴하다. 둘째, 인터넷 가입은 생각보다 번거롭다. 개인 정보 동의와 인증을 해야 하고 상황별, 개인별로 보험료를 산출해 봐야 하므로 의외로 귀찮은 일이다. 따라서 가격이 싸고 간단히 생년월일, 성별, 여행 기간만 알려 주면 보험료를 산출해 주는 서비스를 마케팅하다 보니 문의하지 않을 이유가 없었다.

여행사 입장에서 해외여행자 보험 업무는 할 만한가?

동남아로 여행 가는 사람들이 여행자 보험을 가입하면 1인당 1만 원이 채 안 된다. 그런데 보험사가 여행사에게 주는 커미션은 불과 15~20%이다. 1인당 2000원이 최대 수익이라고 봐야 한다. 두 명이 여행을 간다면 4000원을 버는데, 업무량은 무시할 수 없다. 상담 후 보험료를 산출해서 내역을 고객에게 보내면, 고객들은 보장 내역에 관해 문의하기 시작한다. 마치 여행사 직원이 보험 회사 설계사가 된 듯 설명도 해야 한다. 게다가 가입을 하겠다고 하면 인적 사항을 받아서 가입 절차를 거치고 결제까지 마쳐야 한다. 증서가 발행되면 고객에게 보험 증서를 보내야 하고 여기서 그치지 않는다. 고객이 여행 중에 사고가 생기면 어디로 연락할 것 같은가? 보험사에 연락하면 가장 빠른 서비스를 받을 수 있는데도 고객들은 여행사와 상담해서 가입했기 때문에 이야기를 나눴던 사람을 선호한다. 밤낮없이 여행사로 문의가 온다. 이러니 여행사들은 여행자 보험을 열심히 판매할 생각이 없었던 것이다.

고객의 DB를 모은다는 생각으로 다시 접근해 보자

여행사 보험 업무는 무척 손이 많이 가는 성가신 일이다. 하지만 DB를 돈 주고도 사는데 돈을 벌면서 모을 수 있으니 해 봐야 한다고 생각했다. 두 명에 4000원의 보험 판매 수수료를 받는데, 분명히 고객은 공항에서보다 싸게 가입하고, 인터넷보다 편리하게 가입한다. 그런 만큼 여행사의 서비스 비용을 받을 수 있겠다고 생각해서 1인당 보험 가입 대행비를 5000원씩 청구하기로 했다. 고객은 저렴하고 편리하게 가입하니까 5000원 정도 내는 것은 괜찮다고 생각했는지 거의 90% 이상이 5000원을 내고 가입했다. 이제 두 명의 고객에게서 보험 판매 수수료 4000원과 업무 진행비 1만 원을 확보했다.

마지막으로 해외여행을 다니는 고객들의 DB를 돈 주고 산다고 하면 DB가격은 1인당 5000원의 가치를 가진다고 산정했다. 그러면 DB 수익도 1만 원이 되는 셈이다. 두 명의 여행자 보험 가입을 통해서 총 2만 4000원을 버는 일이니 하루에 보험만 20명 정도 가입시켜도 괜찮은 사업이 된다는 판단하에 본격적으로 여행자 보험을 상담 판매하는 일에 도전했다. 결과적으로 5개월 만에 1,000명, 7개월 만에 2,000명의 고객을 유치해서 마케팅에 활용할 DB가 확보되었다. 이것이 후일 '여행을 부탁해'의 성장 씨앗이 된 고객 DB였다.

마케팅을 하기 위해서 고객 DB는 어떻게 처리해야 할까?

블로그 마케팅을 통해서 연락이 온 고객들의 정보를 합법적으로 처리해 다음에 푸시 광고를 보내야 할 때 어떻게 고객 DB를 활용할 수 있을까? 상담하고 여행자 보험에 가입했다고 해서 단체 문자를 보내거나 이메일 광고를 보낸다면 합법적일까? 광고를 수신하겠다는 동의를 받지 않았다면 불법이다. 사실 전화 상담이나 이메일 상담으로 가입을 유도한 경우라면 별도의 광고 수신 동의를 받기는 참으로 힘들다.

남보다 앞서서 SNS 도구들을 학습하고 있던 우리는 카카오톡 플러스친구(당시 옐로아이디)를 접하게 되었다. 카카오톡으로 상담을 하면 이는 고객이 먼저 친구 신청을 한 것이고, 친구에게 메시지를 보내는 것은 합법적이라는 뜻이다. 홈페이지 회원도 다시 접속하지 않으면 휴면 또는 탈퇴 처리가 된다는 메일을 자주 받곤 하는 이유가 개인 정보를 보호하고자 정부에서 고객 정보 보유 기간을 1년으로 제한하기 때문인데, 카카오톡 플러스친구는 1년마다 친구를 유지하겠느냐는 카톡이 와도 고객들이 귀찮아서 일부러 메시지를 열고 들어가 친구 해지를 하진 않는다. 결국 고객의 수신 동의가 또다시 1년 연장되는 엄청난 결과를 가져온다. 카카오톡의 신통함을 실감한 순간이었다. 또한 단체 문자는 장문자에 이미지와 링크를 넣으면 한 통에 80원은 든다. 1만 명의 고객에게 발송하면 한 번에 80만 원인데, 카카오톡 플러스친구는 더욱 다양한 편집과 활용이 가능한데도 17원이라서 1만 명에게 발송할 때 17만 원으로 해결되는 만큼 고효율 푸시 마케팅 수단임에 틀림없다.

이렇게 고객 DB 관련 이야기를 길게 설명하는 이유가 있다. 몇 번 강조했듯이 이제는 사람을 모으면 돈으로 바꿀 수 있는 시대이다. 그만큼 사업에서 고객의 DB가 차지하는 중요성이 더욱 커졌다. 심지어 식당의 경우에도 고객 DB를 잘 관리해서 마케팅에 활용할 수 있게 준비되어 있다면, 식당을 매매할 때 권리금을 확실히 더 받을 수 있다. 여행자 보험으로 고객 DB를 만드는 일이 요즘에는 얼마나 가능할지 판단하기는 쉽지 않다. 고객의 DB가 곧 돈이라는 생각으로 초기에 고객 DB를 모으는 작업에 공들인다면 수익은 적더라도 도전해 볼 가치가 충분하고, 그 고객 DB를 바탕으로 여행 사업에 진입할 수도 있다는 사실을 마음속 깊이 새기는 것이 사업가적 관점이라고 말하고 싶다.

"여행사 혼자 차려 볼까?"

Starting a Travel Agency

여행업을 만드는
사람들

STEP 04

여행업을 만드는 사람들

여행 사업을 하겠다면 적어도 여행업에 종사하는 사람들의 직종 명칭과 그들의 업무를 이해할 필요가 있다. 그런 점에서 여행업에서 일하는 사람들을 구분 지어서 설명해 보고자 한다. 다만 항공 카운터라는 직종은 중소형 여행사에선 점점 OP(Tour Operator)가 그 역할을 대체하는 경향이라서 별도로 설명하지 않고 Step 9에서 항공권 업무를 다룰 때 함께 이야기해 보겠다.

❶ 투어 플래너, 여행을 만들어 주는 사람

예전에 미국 여행을 갔다가 여행사에 붙어 있는 안내문을 보고 깜짝 놀란 적이 있다. 여행 상담을 하면 상담료를 받으며, 그 상담료는 고객이 여행을 가든 안 가든 환불되지 않는다는 문구를 본 것이다. 여행 상품을 판매해 판매 수수료를 받는 것 외에는 생각도 못해 봤는데, 어떻게 상담료를 받는다는 것인지 신기하기만 했다. 하지만 FIT(개별 자율 여행) 수요가 점점 늘어나고, 특히 내가 담당하던 유럽 배낭여행의 경우에는 여행자별로 여행 일정을 상담하고 파일을 작성한 후 항공, 숙박, 현지 교통편 등을 하나의 상품과 서비스로 제공하고 있었던 만큼 가능할 수도 있겠다고 생각했다.

미국에서 본 안내문을 계기로 여행 상담 시장이 열릴 것이라고 믿었고, 실제로 고객의 여행 상담을 통해서 꽤 큰돈을 받기도 했었다. 다만 타이밍이라는 면에서 1999년도 여행 상품 견적서에 여행 상담료 항목을 넣으면 고객들은 무척 당황하거나 부담스러워하곤 했다. 각종 예약과 티켓에는 당연히 돈을 내지만 일정을 작성하고 상담해 주면서 비용을 청구하는 것은 쉽게 이해되지 않는다는 반응이었다.

비록 오랜 시간이 걸리기는 했지만, 최근에 몇몇 여행업체들이 여행 상담료를 받고 상담해 주는 방식을 시행하고 있으니 내 예상대로 여행의 유료 상담 시장은 성장하고 있다고 본다. 이렇게 여행을 상담하고 만들어 주는 사람들의 직종을 3가지로 정리해 보자.

1) 영어권에서는 트래블 플래너

영어권에서는 여행 상담을 전문적으로 담당하는 사람들을 트래블 플래너(Travel Planner)라고 칭하는 것이 일반적이다. '투어(Tour)'에 놀러 간다는 의미의 뉘앙스가 포함되어 있다면, '트래블(Travel)'은 여가는 물론 출장까지 돌아다닌다는 의미로서 한층 더 폭넓은 여행의 개념을 담고 있다고 볼 수 있다. 그런 측면에서 '트래블 플래너'가 더욱 여행 전문 상담가로서 영역이 크게 느껴진다.

2) 일본의 투어 코디네이터

1999년 인도 여행 중에 만난 50대의 '타미코 상'과 다니면서 들었던 이야기이다. 그녀는 일본 오사카 근교의 마을에 사는데 자신을 담당하는 '투어 코디네이터(Tour Coordinator)'가 있어서 지난번에는 남미로 패키지여행을 다녀왔고, 이번에는 인도로 자유 여행을 가라고 해서 왔다고 했다. 투어 코디네이터에게는 여행 예약비 외에 별도의 상담료를 지불하는데, 여행 1회당 5000엔(그 당시 한화로 약 5만 원)을 낸다고 한다.

중요한 것은 여행 일정을 작성해 주기도 하며, 고객의 성향과 휴가 시즌에 맞춰서 여행지 선정뿐만 아니라 여행 형태를 자유 여행으로 할지, 호텔 패키지로 할지, 인솔자가 있는 패키지여행으로 하는 것이 좋을지 추천해 준다고 하니 정말이지 고객을 담당하는 개인 투어 코디네이터의 역할이 굉장하다. 이런 식으로 개인 여행객들에게 여행을 추천하고 마치 전담 헤어 디자이너처럼 전담 투어 디자이너 역할을 수행하는 것이다.

자유 여행이 성행하면서 관광 플랫폼들이 자유 여행객 수요를 상당히 가져갔지만, 이런 투어 코디네이터 시장도 건강한 고령화 시대에서 함께 성장하는 분야로 간주할 수 있다.

3) 한국의 투어 플래너

투어 플래너(Tour Planner)는 일명 '여행을 만들어 주는 사람'을 뜻한다. 미국과 일본의 사례를 보면서 우리나라에서는 뭐라고 부르면 좋을까 하고 고민하다가 생각해 낸 것이 투어 플래너다. 나는 유럽 배낭여행을 전문적으로 상담하고 일정을 만들어 주는 서비스를 예전부터 하고 있었기에 당연히 이런 일정 작성과 상담료라는 서비스 비용에 대해 관심이 많았다. 무엇보다 자유 여행 시장이 커지고 있다는 사실을 피부로 느끼는 배낭여행업 1세대이다 보니 투어 플래너라는 직업의 미래를 기대하고 있었다.

몇 년 전 특허청에 투어 플래너로 상표 등록을 시도했으나 너무 일반 명사라고 해서 출원이 거절되었다. 지금은 누구나 투어 플래너라는 명칭을 사용하고 있는 상황인데, 그것이 어떤 명칭으로 불리느냐보다도 그런 직종과 서비스 비용의 통용이 얼마나 가능한지가 여행을 직업으로 하는 우리에겐 더 큰 관심사가 아닐까 싶다. 최근 여행업에서는 점점 상품 판매 수수료 영역이 사라져 가고 있다. 단순한 예약들은 이미 IT 시스템이 사람을 대체했다. 여행객들이 원하는 여행을 전문가가 편안하고 즐거운 상담을 통해 최적의 여행으로 설계해 주는 방식을 선호하는 여행객들도 늘어 가는 추세이다.

내가 생각하는 투어 플래너의 정의는 '상담료를 받을 만큼의 실력을 갖춘 여행 상담 전문가'이다. 투어 플래너로서 제공해야 할 서비스와 갖춰야 할 능력을 포함해서 기본적인 5가지 필수 항목을 정리해 본다.

❶ 고객이 원하는 여행이 무엇인지 상담을 통해 알아내고, 그 고객의 요구에 부합하는 최적의 여행 상품을 찾아서 예약해 주는 여행 상품 구매 서비스를 제공할 수 있어야 한다.

❷ 고객이 원하는 여행을 만들어 주는 역할로서 스케줄 작성, 항공, 숙박, 현지 투어 등을 조사하고 예약해 주는 서비스를 제공할 수 있어야 한다.

❸ 고객의 행복한 여행을 위해서 여행 준비 단계나 출발 전에 여행에 관한 오리엔테이션 서비스를 제공할 수 있어야 한다.

❹ 고객 상담에서 상담료를 받아 낼 전문성을 인정받기 위해서는 자신의 여행을 콘텐츠로 생산해 내는 콘텐츠 크리에이터(Contents Creator)의 능력을 갖춰야 한다.

❺ 고객 상담을 꾸준히 유치할 수 있는 마케팅 능력을 갖춰야 한다.

트래블 플래너, 투어 코디네이터, 투어 플래너 등 다양한 명칭으로 불리지만, 여행을 사랑해서 여행 일을 하는 사람에게 여행 상담을 통해서 상담료를 받는 시장의 성장은 분명히 행복한 일이다. 고객에게 무엇을 판매해야 하는 여행 상품 세일즈맨이 아니라 고객의 행복한 여행을 고객의 입장에서 상담하고 돕는 역할을 수행하고 그 수고에 대한 보상을 받는 직업.

노트북 하나 달랑 메고, 여행을 기대하는 고객들을 찾아가 카페에서 커피를 마시며 즐겁게 여행 상담을 하고 상담료를 받는다는 상상만으로도 얼마나 흐뭇한지 모른다. 그런 직업군의 성장을 통해서 여행자들은 더 만족스러운 여행을 경험할 수 있고, 여행을 직업으로 하는 사람들은 고객에게 행복한 여행을 만들어 준다는 여행업의 본질에 충실할 수 있다고 생각한다. 이런 여행 상담 분야의 성장을 다시금 기대해 본다.

❷ 투어 오퍼레이터, 여행사의 꽃

투어 오퍼레이터(Tour Operator)는 일반적으로 생각하는 여행사 직원으로 고객과 상담을 통해서 각종 예약 업무를 진행한다. 여행업에서는 '항공 카운터'라는 전문성을 갖고 항공권 예약 업무를 담당하는 직종과 구분 지어서 항공권 외에 여행 상담과 예약 업무를 맡는 직종을 투어 오퍼레이터라고 부른다. 최근 소형 여행사의 경우에는 고객의 여행 상담은 물론 여행 기획과 출장 업무 외에 항공 카운터의 업무까지 다양한 영역을 한 명의 직원이 처리해야 하는 상황이므로 여행사의 꽃이라고 해도 무방할 것이다.

여행업계에서는 투어 오퍼레이터라는 명칭이 길다고 생각해서인지 'OP'라고 칭하고 있는데, 요즘은 관광 학원에도 여행사 OP반이라고 해서 여행사 취업을 위한 강좌들이 개설되기도 한다. 정말 뛰어난 OP 한 명이 있으면 여행사 사장이 걱정 없이 영업을 다닐 수 있을 만큼 중요한 직종이다. 항공 카운터가 각광을 받던 시절이 있었는데, 이제는 기업 출장을 제외하면 항공권은 개별 여행객들의 문의 건수가 많지 않기 때문에 아무래도 항공 업무까지 처리할 수 있는 멀티플레이어형 OP가 주목받고 있다.

하지만 관광 플랫폼의 발달과 함께 OP라는 직종도 단순히 상담 예약만 하는 업무는 시스템에서 대체하고 있는 상황이고, 머지않아서 챗봇(Chatbot)이 여행사 직원보다 더 상담을 능숙하게 해낼 수 있을 것이다. 그런 면에서 생각해 보면 지금은 OP로서 고객을 로봇보다 친절하고 친근하게 성심껏 응대하는 것이 영업 매출의 핵심일 수 있으며, 장기적으로는 다가올 미래에 대비해서 각종 시스템들을 잘 활용하고 운영하는 전략을 펼칠 준비에 만전을 기해야 한다.

현시점에서 고객들이 여행사 직원과 상담하는 일에는 어떤 것이 있을까? 단순한 항공권 예약과 구매, 호텔 예약은 시스템으로 대체된 지오래다. 고객이 스마트폰을 꺼내서 스스로 해결 가능한 여행 업무가 아닌 영역이 OP의 업무 영역이다. 예를 들어서 복잡한 스케줄의 항공권 예약, 어느 위치로 잡아야 좋을지 감이 오지 않는 숙소 예약, 수십 명 이상의 단체를 예약해야 하는 복잡한 업무, 혹은 스스로 준비하자니 머리 아픈 각종 여행에서 OP가 대신 스케줄 작성, 항공권 예약, 호텔 예약, 현지 교통편 준비, 현지 투어 예약 등 복합적인 여행 준비를 도와주는 서비스들을 제공하며 여전히 업무의 가치를 빛내고 있다. 물론 여행 상품 기획자를 OP와 다른 직업으로 구분하지 않는다면, 고객들이 좋아할 만한 창의적인 여행을 기획해 내는 것까지가 여행사 OP의 역할이 아닐까 한다.

예전에는 현지 가이드가 붙는 단체 여행을 여행사 OP가 인솔하곤 했는데, 고객을 직접 챙긴다는 측면과 직원의 여행 경험을 늘려 주려는 목적이 컸다고 보겠다. 최근에는 각종 여행에 인솔자 없이 고객들만 보내는 경우도 잦기 때문에 OP라고 해서 해외 인솔을 많이 다니겠구나 하는 생각은 다소 적절하지 않다. 일부 여행사에서는 그냥 사무 직원으로서 열심히 데스크 업무만 하는 상황들도 있을 수 있다.

사실 여행사 직원으로서의 역량을 키우려면 여행을 자주 다녀야 하는 것이 당연하다. 최근의 여행업 트렌드를 봐도 고객과 함께 여행을 떠나고 다녀와서 여행 상품을 기획하고 자체 상품화한다는 점을 고려해 볼 때, OP의 여행 사무와 여행 인솔 및 출장 업무의 밸런스를 추구하는 방향으로 노력해야 직원과 여행사의 성장을 기대할 수 있다고 말하고 싶다.

여기에 덧붙여서 여행사를 창업하는 사람들이 '1인 여행사'가 되려면 바로 이 멀티플레이어형 OP가 되어야 한다고 봐도 좋다. 패키지 여행 상담, 인센티브 여행(단체 여행) 견적과 진행, 항공권 상담 및 예약 발권, 여행 상품 기획, 게다가 여행사 마케팅까지 업무의 한계가 없다고 할 만하다. 여행사를 운영한다면 적어도 OP의 업무를 혼자서 감당할 만큼 완전히 익히고 나서 이 OP 업무 중에서 직원을 두고 할 일과 협력 업체에 위탁할 일을 구분할 줄 알아야 좀 더 효율적인 의사 결정을 내릴 수 있게 된다.

❸ 국외여행 인솔자, 여행의 지휘자

국외여행 인솔자는 말 그대로 국내에서 고객들을 모시고 해외로 여행을 다녀오는 직업을 일컫는다. 정말 멋지고 즐거운 직업이라고 상상할 수 있는데, 맞는 말이기도 하고 한편으론 틀린 말이기도 하다. 국외여행 인솔자라는 직업이 무척 특이하기에 조금 자세히 설명해 보겠다.

국외여행 인솔자는 영어로 'Tour Conductor'다. 여행의 지휘자라는 표현으로 여행의 모든 과정을 총괄 지휘하여 아름다운 연주가 되도록 만드는 역할이라는 의미를 가진다. 일반적으로 국외여행 인솔자(이하 '인솔자'로 칭함)는 '전문 인솔자'라는 호칭으로도 불리는데, 이는 OP로 일하면서 인솔을 다니는 사람이 아니라 인솔만 전문적으로 하는 사람을 뜻한다. 대개 여행사에서 여행 상품을 기획해서 그 상품에 고객들이 모집되면 해외로 내보낼 때 전문 인솔자를 쓰게 된다. 대형 패키지여행 회사들이 아무래도 인솔자를 많이 이용하기 때문에 그 회사에 소속되어 일하는 경우가 가장 흔하다. 그래야 소득의 안정성도 확보할 수 있다는 이점을 갖는다.

인솔자가 한국에서 여행객들을 모시고 나가면 현지 공항에서 피켓을 들고 마중 나온 현지 가이드가 기다리는 것이 기존의 일반적인 여행 형태이다. 최근에는 패키지여행 판매 여행사들이 인솔자 동행 시엔 상품 가격이 상승하므로 원가 절감 차원에서 인솔자 없이 공항에서 안내문과 e티켓만 전달한 후 30~40명의 여행객들이 알아서 현지까지 가도록 하는 모습을 자주 본다. 현지에 도착하면 한국인 가이드가 나와서 행사를 알아서 진행하는 방식이다. 저렴해진다는 점에서 그렇게 많이 하지만 원래 패키지여행은 한결 편하게 여행하겠다는 욕구가 클 때 선택하는 것인데, 인솔자 없이 떠나는 여행객들을 보면 안쓰러운 마음이 든다.

인솔자의 역할을 인원수 세는 것밖에 없다고 생각할 수도 있으나 인솔자를 제대로 양성해 확실히 역할을 수행하게 한다면 든든한 여행 집사를 데리고 여행을 다니는 것이나 마찬가지이고, 인솔자 입장에서는 현지에서 여행객들이 제대로 된 여행을 할 수 있도록 챙기고 적절히 컨트롤하는 것으로 자신의 능력을 발휘할 수 있다.

반면에 현지 가이드를 없애고 한국에서 함께 나간 인솔자가 현지 가이드처럼 가이드 멘트까지 담당하는 '스루 가이드(Through Guide)' 형태의 여행이 크게 성장하고 있다. 현지에 한국인 가이드가 없는 지역이나 가이드 비용이 비싼 지역에서 주로 볼 수 있는 형태인데, 한편으로는 동행한 인솔자가 일정 내내 인문학적 소양을 가지고 한 편의 드라마를 풀어내듯이 해설해 주는 쪽이 더 매력적으로 느껴지기도 한다. 다만 현지에서 문제가 생겼을 때 대응 방식은 역시 현지 가이드가 뛰어날 수 있으므로 한국인이 아닌 외국인 가이드가 나와서 동행하며 진행을 돕게 하고, 인솔자가 가이드 멘트를 하는 방식도 성행하고 있다.

만약 인솔자 없는 투어와 현지 가이드가 없는 투어 중에서 어느 쪽이 더 성장할 것 같으냐고 묻는다면, 아직 결론을 내리기는 어렵지만 2가지로 나눠서 그 성장 가능성을 점쳐 볼 수는 있다. 저가로 가격 경쟁을 하는 여행은 당연히 인솔자 경비를 줄이고 현지에서 여행객으로부터 돈을 뽑아내야 하는 구조상, 인솔자 없이 현지 가이드만으로 진행하는 투어가 성장하리라 본다.

반대로 고급 투어이거나 선택 관광과 옵션들이 전부 포함된 투어를 진행한다면 인솔자가 처음부터 끝까지 고객을 케어하면서 여행지 전역의 역사와 문화 등을 아우르며 이야기를 들려주고 현지 가이드 이상의 가이드 멘트를 더해 고객들과 함께 어울리며 더 재미있게 해 주는 방식이 성장할 듯하다.

실제로 최근의 여행업 추세는 온라인으로 고객을 유치하곤 하지만 그 고객들이 만족해서 주위 사람들에게 추천하는 것만큼 효율적인 마케팅 기법이 없고, 그런 구전 마케팅의 핵심에 바로 인솔자가 자리한다. 이제는 인솔자가 단순히 고객을 모시고 여행을 다녀오는 역할이 아니라 현지에서 가이드 이상의 전문적인 지식과 고객 케어 서비스로 여행을 마치고 온 고객들이 우리 여행사를 다시 찾게 만드는 고객 접점의 세일즈맨 역할까지 완수해야 할 때이다.

여행사 사장이라는 위치도 시스템만으로 사업을 운영하는 것이 아니라면 고객을 직접 모시고 나가 고객 만족을 넘어서 고객 감동을 실현해야 하며, 여행을 마친 후에도 고객들과의 친밀한 커뮤니케이션을 통해서 고객들이 열광하도록 관리해야 한다.

이것은 마케팅의 아버지로 불리는 필립 코틀러(Philip Kotler)가 말하는 마켓 4.0의 핵심인 '브랜드 옹호자'를 만들어 내는 시대적 요구라는 사실을 지각하고 내가 멋지게 인솔할지, 우리 회사를 대신해 고객 감동을 실현할 인솔자를 구할지 심사숙고한 다음 추진해야 할 부분이다.

. . . .

[참고] 국외여행 인솔자 자격증 취득 방법

한국여행업협회 국외여행 인솔자 인력관리시스템 http://tchrm.or.kr

. . . .

1) 소양 교육
- 자격 대상: 여행업체에서 6개월 이상 근무하고 국외여행 경험이 있는 자
- 교육 시간: 15시간 이상
  - 필수 교육: 여행사 실무, 관광 관련 법규, 국외여행 인솔자 실무, 관광
    서비스 실무, 세계관광문화, 해외여행 안전관리 중 선택
  - 선택 교육: 교육기관 자유 선택(단, 국외여행 인솔자 교육 과정과 관련된
    교과 과정으로 편성)
  - 외국어 교육: 실무영어, 실무일어, 실무중국어 등

2) 양성 교육
- 자격 대상: 전문대학 이상의 학교에서 관광 관련 학과를 졸업한 자 또는
  졸업 예정자(*세부 설명 근거 법규: 고등 교육법 시행령 제70조 제1항 제1호),
  관광고등학교를 졸업한 자
- 교육 시간: 80시간 이상
  (단, 외국어 시험의 점수 및 급수를 제출한 경우 외국어 교육기관 면제 가능,
  관광 진흥법 시행 규칙 제47조 및 별표 15-2를 기준으로 함)
  - 필수 교육: 여행사 실무, 관광 관련 법규, 국외여행 인솔자 실무, 관광
    서비스 실무, 세계관광문화, 해외여행 안전관리 중 선택
  - 선택 교육: 교육기관 자유 선택
    (단, 국외여행 인솔자 교육 과정과 관련된 교과 과정으로 편성)
  - 외국어 교육: 실무영어, 실무일어, 실무중국어 등

3) 보수 교육
- 자격 대상: 국외여행 인솔자 자격증 소지자 및 여행사 임직원
- 교육 내용: 해외 안전사고 관련 사고 대처 능력 및 서비스 교육 등 TC 실무 교육

④ 관광 통역 안내사, 인바운드를 넘어 아웃바운드로

여행업계에서 국외여행 인솔자 자격증은 '생겼다'라고 하고, 관광 통역 안내사는 '땄다!'라고 한다. 국외여행 인솔자 자격증은 여행업체 경력 6개월이면 알아서 생긴다는 정도의 뜻이고, 관광 통역 안내사는 작정하고 공부해서 합격해야 받는 자격증이라는 뜻이다. 그래서 관광 통역 안내사 자격증 취득을 위한 학원들이 있고, 열심히 공부한 다음 다소 어려운 시험을 통과해야 한다.

관광 통역 안내사를 간단히 설명하자면 외국인 관광객의 한국 내 여행을 돕는 가이드 역할이다. 따라서 자격증도 어학별로 취득한다. 이 자격증은 어학을 제외한 공통 과목들은 한 번 합격하면 어학 관련 시험만 별도로 통과해 취득할 수 있어서 실제로 영어, 중국어, 일본어 등 어학별 관광 통역 안내사 자격증을 여러 개 갖고 있는 사람들도 있다.

또한 국외여행 인솔자 자격증의 경우 여행업체 6개월 이상의 경력이 있어야 한다는 조건이 여행업계에 아직 발을 들여놓지 않은 사람에게는 접근하기 어려운 걸림돌이 되는데, 관광 통역 안내사 자격증을 취득하면 국외여행 인솔자 자격증도 동시에 부여받기 때문에 상당히 의미가 크다.

앞으로 관광 통역 안내사는 직업으로서 전망이 있을까? 모든 일이 그렇지만 전망이 밝을 수도 있고 아닐 수도 있다. 관광 통역 안내사의 전통적인 업무 방식은 인바운드 여행사에서 외국인 고객들을 유치하면 일을 배정받아 나가서 성의껏 안내하는 것이었다. 하지만 점점 패키지여행 숫자가 줄어들고 자유 여행객들이 늘어나면서 인바운드 가이드의 수요가 많이 줄었다.

최근 가장 막강한 인바운드 여행의 고객들은 중국인인데, 이 시장을 화교들이나 중국 출신 동포들이 거의 장악하고 있고, 이들의 커뮤니티에 일반 한국인이 진입해서 일하기란 쉽지 않다.

반면에 자유 여행객의 증가로 인해 현지 투어나 현지 가이드를 매치해 주는 다양한 앱과 웹 서비스에 자신을 가이드로 등록하고 고객에게 직접 콜을 받아서 일하는 형태의 프리랜서 시장이 점점 성장하고 있다. 이렇게 고객과 직접 거래하는 방식에도 개인 외에 단체가 있긴 하지만 과거에 여행사에서 일을 받던 것에 비하면 아직 숫자는 미미한 편이다.

최근에 영어 가이드들 사이에서는 한 번 가이드 업무를 충실히 완수하면 그 여행객들의 소개로 지속적인 연락이 오는 경우도 있다고 한다. 이런 외국인 자유 여행객들을 상대로 가이드를 할 때는 대개 밴(Van) 같은 차량을 소유하고 일하는 '드라이빙 가이드(Driving Guide)' 형태가 주류를 이루고 있다.

오늘부터 관광 통역 안내사로 일을 시작한다고 가정한다면 처음에는 여행사 소속으로 일해 보기를 권장한다. 그러고 나서 차후에 프리랜서를 선언한다면 각 인바운드 여행사에 일거리가 있을 때 문의를 달라고 자신을 홍보하는 것과 앱이나 웹의 가이드 서비스 중개 시스템에 나를 알리는 작업을 병행하는 방법이 정답이라고 본다. 차량을 가지고 드라이빙 가이드를 한다면 여행사에서 일을 배정받을 확률이 단연 높아지기 때문에 여행사를 상대로 나를 알리는 세일즈는 매우 중요한 부분이다.

지인들 중에 에어비앤비(Airbnb)를 이용해 게스트 하우스를 운영하면서 관광 통역 안내사를 같이 하는 사람들이 몇 명 있는데, 이들의 활동 방식을 살펴보면 아주 궁합이 잘 맞는 사업 형태라고 볼 수 있다.

외국인 관광객의 숙박을 예약 받으면서 부대 서비스로 가이드 투어나 픽업 서비스(Pick-up Service)를 판매할 수도 있고, 장기적으로 숙박과 가이드 서비스를 동시에 제공하는 업체로 자리매김할 수 있기 때문이다. 숙박 시설의 규모가 커지면 투숙객들을 상대로 투어를 기획해서 진행할 수도 있고 다양한 기회가 열린다.

관광 통역 안내사들 중에서 일본어 가이드는 아주 특이한 형태의 가이드다. 외국인 관광객을 한국으로 받는 인바운드 가이드는 물론 한국에서 내국인을 모시고 일본 여행을 갈 때도 일본어 가이드가 동행해 인솔을 나가고 현지에 도착하면 현지 가이드 없이 일본어 관광 통역 안내사가 직접 현지 가이드까지 담당하는 것이다.

앞에서 언급했던 '스루 가이드'인데, 예전에 일본에서 거주하다가 온 사람들은 많고 일본의 인건비가 너무 비싸다 보니 한국에서 인솔을 나가 직접 현지 가이드 역할까지 하던 것에서 유래했다. 최근에는 이 일본어 가이드들이 일본 측이 운행하는 크루즈 인솔을 하는 경우도 늘어나고 있다. 인바운드와 아웃바운드를 골고루 가이드하는 형태가 만들어진 것이다.

영어권 관광 통역 안내사도 인바운드만으로는 안정된 소득을 확보하기 어렵다고 보고, 국외여행 인솔 자격증을 이용해서 오히려 외국으로 여행객을 모시고 나가는 방식이 많은 편인데, 한국인 가이드가 나오지 않는 다양한 나라에서 영어 구사 능력으로 인기를 끌고 있다.

일명 세미 패키지라고 하는 여행 형태에서는 인솔자가 가이드 역할까지 수행해야 하는데, 인바운드 여행업에서 가이드를 해 온 경험들이 해외에서 인솔자 역할과 동시에 가이드 영역까지 만족스럽게 소화하는 능력을 발휘하도록 돕고 있다.

관광 통역 안내사로서 가이드 업무에만 충실히 임하는 것에 그치지 않고, 그 가이드 활동 내용의 사진, 영상, 글 등을 정리해 콘텐츠를 생산하고 그것을 축적해서 언젠가 콘텐츠 크리에이터로 활동한다는 포부를 갖고 일한다면 한층 더 발전적인 성장의 기회를 잡을 수 있을 것이다.

가이드나 인솔자들은 동일한 지역을 반복적으로 가는 만큼 특정 지역에 대해서는 일반 여행사들보다 더 깊은 전문성을 드러낼 수 있기 때문에 향후 여행 사업을 위한 학습과 정보 축적의 기회로 삼으면 좋다는 말도 덧붙이고 싶다.

· ·

[참고] 관광 통역 안내사 자격증 취득 정보
· 한국산업인력공단에서 운영하는 자격증 정보 사이트
큐넷(http://www.q-net.or.kr) 접속 후 전문자격시험 버튼 클릭
→ 관광 통역 안내사 클릭

· ·

"여행사 혼자 차려 볼까?"

Starting a Travel Agency

여행업의 설립과
사장으로서 할 일들

STEP 05

여행업의 설립과 사장으로서 할 일들

❶ 여행업의 분류와 설립 절차가 궁금해요

여행 사업을 하려고 할 때 처음으로 등장하는 걸림돌은 허가 제도라는
것이다. 결론을 먼저 말하자면 여행사 설립을 못해서 여행 사업을 못
하는 경우는 거의 없다는 사실이다. 절차상의 어려움과 해결해야 할
부분이 있더라도 불가능한 문제는 없으며 도움을 받아 충분히 처리할
수 있다.

　여행사는 뭐가 그리 대단하다고 허가 제도인지 궁금해 할 것 같다.
대부분의 서비스 업종이 서비스를 제공받은 후 결제를 하고, 혹여 선
불로 결제를 하더라도 결제 후 서비스를 받을 때까지 시간 간격이 짧
다. 하지만 여행 서비스는 꽤 큰 비용을 출발 훨씬 이전에 완불하는 방

114

식이다. 신혼여행 업체들이 수많은 예비부부의 신혼여행 비용을 미리 받아 놓고 사라져 버리는 일들을 보면 고객의 돈을 어렵지 않게 들고 도망갈 수 있겠다는 생각이 들지도 모른다. 그 외에도 여행 중 사고가 날 가능성이 있는 만큼 문제 해결 능력이 있는지를 검증하고 나서 허가를 내준다고 이해하면 좋겠다.

여행사를 설립할 때 가장 큰 고민은 3가지일 것이다.

첫째, 개인 사업자로 할지 법인 사업자로 할지 결정하는 일이다. 처음에 매출 규모를 크게 잡지 않는다면 손쉽게 개인 사업자로 시작해도 된다. 비교적 오랫동안 여행사를 잘 운영해 온 사람들도 여전히 개인 사업자를 유지하고 있는 경우가 많이 있다.

그러면 개인 사업자와 법인 사업자의 차이는 무엇일까? 이 둘의 차이는 원래 국세청에서 세법과 사업 운영의 효율성, 세금 징수의 형평성 등을 고려해 구분 지은 것으로, 사업하는 입장에서는 매출 규모가 작을 때는 개인 사업자가 편리하고 운영비도 적게 든다고 생각하고, 매출이 커지면 법인 사업자 쪽이 훨씬 효율적이라고 판단해서 법인으로 운영한다고 봐야 한다. 다시 말해서 개인 사업자인지 법인 사업자인지는 세법상의 선택이라고 봐야 하는 것이지 기업이나 기관이 개인 사업자와 법인 사업자를 차별해서 거래하라고 만든 제도가 아니라는 뜻이다.

이제 내가 여행사를 차리고 영업을 시작한다고 가정해 보자. 개인 고객들을 상대할 때는 별다른 차이점을 느끼지 않을 것이다. 개인 고객들은 사업자 형태가 개인 사업자이든 법인 사업자이든 그다지 신경 쓰지 않는 편이다. 하지만 기관, 관공서, 기업 등을 상대할 때 담당자들이 여행사의 명함을 받는 순간 한 업체는 개인 사업자이고 한 업체는 법인 사업자라고 한다면 법적으로 차별하라고 만든 제도가 아닌데도 머릿속에 개인 사업자는 소규모라는 인식이 자리 잡는 것 같다. 따라서 기관이나 단체를 상대로 업무가 진행되는 경우가 많다고 예상할 때는 법인 사업자가 유리한 편이라고 말할 수 있겠다. 게다가 최근 기관들은 '여성 기업'에 가산점을 주고 있어서 혹시라도 관공서를 주요 타깃으로 일할 예정이라면 '여성 기업'으로 설립해 운영하는 것도 장점이 있다고 하겠다.

둘째, 국내 여행업, 국외 여행업, 일반 여행업 중 어떤 것으로 할지 선택해야 한다. 한국에 온 외국인을 관광시키는 여행업을 하려면 일반 여행업을 선택하면 되는데, 이것은 국외 여행업과 국내 여행업 둘 다 포함하는 개념이다. 다만 자본금 규정이 1억 원이다 보니 자금 부담 때문에 고민이 될 수도 있다. 그래도 조금만 발품을 팔면 이런 규정에도 불구하고 주변의 도움을 받아서라도 얼마든지 설립은 할 수 있다. 외국인을 받는 여행업을 할 계획이 아니라면 굳이 일반 여행업을 하려고 무리하지 않아도 된다.

나는 예비 창업자들에게 국외 여행업과 국내 여행업 허가를 동시에 받으라고 권하곤 하는데, 실제로 국외 여행업만 등록하고 여행사를 운영하다가 국내 단체 여행이나 제주도 단체 여행에 관한 문의가 들어오면 그냥 국내 여행을 진행해 버리는 여행사들이 꽤 있다. 국외 여행업만 하겠다고 계획했더라도 일하다 보면 제주도 여행 행사 정도는 곧잘 발생하게 되므로 명확한 법적 안전장치를 마련하기 위해서 국외 여행업과 국내 여행업은 반드시 등록하도록 권유한다. 이와 관련한 각각의 관광사업자 설립 절차는 책의 부록편에 실려 있다.

셋째, 온라인 위주로 사업할 계획인데 사무실이 꼭 필요할지 고민하게 된다. 여행업은 허가 제도를 택하고 있기 때문에 사업장이 있는지 여부를 실제로 방문해 조사한 후 허가를 내주는 것이 원칙이다. 관공서의 해당 부서 담당자들과 이야기를 나눠 보니 원칙은 사무실이 있어야 하지만 거주하고 있는 곳이 아파트라면 기본적으로 승인이 힘들어도 주택인 경우에는 가능성이 있다고 한다. 꼭 사무실을 개설해야 한다면 요즘 확산되고 있는 공유 오피스(소형 사무 공간 임대 시스템)에서 1인실을 임대하면 창업은 할 수 있다. 또 기존 사무실의 전대 계약을 통해서도 관광사업자 설립 허가를 받을 수 있다.

온라인 전문으로 관광 서비스만 하는 경우에는 여행업에 해당하는 부분을 직접 운영하지 않을 때 홈페이지 하단에 '본사는 여행업을 하지 않으며, 여행업체들의 상품과 서비스를 중개하는 통신 판매업자입니다.'라는 문구를 넣는 곳이 많이 생기고 있다. 결국 제일 좋은 방법은 자신이 사업을 하려는 지역의 해당 관청 담당자와 상담을 통해서 적법한 범위 내에서 결정을 내리는 것이다. 그 공무원은 관광 사업을 못하게 막으려고 급여를 받고 일하는 사람이 아니라 관광 사업을 제대로 하도록 돕기 위해서 존재하는 사람이라는 사실을 염두에 두고 적극적으로 도움을 요청하면 된다.

부록에 여행업 설립에 필요한 절차와 규정들을 첨부했으니 참고해서 준비해 보길 바란다. 준비 중에 어려움이 있다면 투어플래너 카페(www.Tourplanner.co.kr)에 문의를 해도 좋다. 다시 이야기하지만 여행사를 설립하려고 하는데 절차상의 어려움으로 못하는 경우는 거의 없다는 점을 잊지 말고 용기를 내자!

❷ 여행업계 전문지를 구독하자

여행사를 처음 시작하게 되면 해야 할 일 중 하나로 업계 신문 구독을 권한다. 어떤 사업을 하든 업계 전문지를 탐독하는 것으로 흐름을 파악할 수 있고, 다른 업체들에 관해 좀 더 깊이 있는 정보를 얻을 수 있기 때문이다.

대표적으로 '여행신문'은 구독 신청을 하면 주간지로 배송되는데, 1년 구독료가 7만 원이니까 종이 신문으로 구독하길 권한다. 여러 신문을 전부 구독할 필요는 없고 1개의 신문을 구독하고 나머지 정보는 인터넷으로 각 신문 사이트를 찾아보는 방법도 좋다.

종이 신문을 하나 꼭 구독하라고 하는 이유는 신문을 볼 때 기사만 읽는 것이 아니라 광고도 꾸준하게 봐야 하기 때문이다. 기사를 통해서 업계의 흐름과 통계 및 요즘 이슈들을 알 수 있고, 광고를 통해서는 랜드사(현지에 있는 전문 여행사) 정보나 최근 어떤 여행들을 판매하는 데 광고비를 지출하고 있는지 살펴볼 수 있다. 광고를 오랫동안 지속적으로 내고 있는 업체는 그래도 어느 정도 믿을 만하다는 생각을 가질 수도 있고, 광고 속에서 주옥 같은 사업 아이디어를 떠올릴 수도 있으므로 신문 광고도 눈여겨볼 필요가 있다. 물론 언젠가 자신이 여행사들에게 공급자 입장으로 여행 상품을 판매하려고 할 때 신문에 광고를 게재할 생각도 해 볼 수 있다.

신문은 여행업을 하는 사장님만 보는 것이 아니라 직원들도 볼 필요가 있다. 열심히 일하다 보면 생각보다 업계의 흐름을 좇아가지 못하고, 요즘 어떤 서비스들이 등장했고 어떻게 이용하면 효율적인지 잘 파악하지 못할 수 있는데, 적어도 시대의 흐름을 따라가는 데 필수적인 요소로 도움이 된다고 생각한다.

현업에 바빠서 신문을 들여다볼 시간이 없다고 말하는 사람들에게는 신문을 앉아서 보지 말고 일어선 채 휙휙 넘기면서 큰 글씨와 광고 정도만 훑으며 5분 내에 읽어 보는 방법을 제안하고 싶다. 꾸준히 보게 되면 여행업의 큰 흐름을 읽을 수 있다는 점은 확실하다. 이런 흐름을 체득하게 되면 하고 있는 일에서 의사 결정을 내릴 때 더욱 바람직한 방향의 선택을 기대할 수 있다.

　업계 전문성을 빨리 키우려면 여행 신문 한 가지와 업계 전문 잡지
인 '트래블프레스'를 함께 구독하는 방식이 좋다. 여행 신문과 달리 여
행 잡지들은 여행자들을 위한 전문지가 대부분이다. 이 또한 사업의
고정비로 여겨진다면 인터넷으로 부지런히 탐독하는 방법도 괜찮다.
다만 여행에 대해서 꾸준히 글을 찾아 읽는다는 일이 생각만큼 쉽지
않은 법이니, 매주 일정한 시간을 정해서 30분~1시간은 여행 잡지 사
이트들의 기사를 읽는 시간을 가져 보자.

　예를 들어서 회사라면 매주 수요일 퇴근 전 30분간 기사를 읽고 좋
은 기사들을 공유하는 습관을 들여 본다. 여행 잡지에서는 매체 성격
상 여행업계의 흐름을 아는 것과 별개로 여행자들의 관점과 여행 동향
을 이해하려는 노력 속에서 고객을 사로잡을 아이디어를 만들어 낼 수
있다. 여행이 좋아서 여행업을 시작했을 당신에게 지속적으로 여행의
영감을 불러일으켜 주는 도구는 여행 잡지가 아닐까 싶다.

　잡지를 구독할 때 과월호도 구매가 가능하므로 보다 저렴한 가격으
로 기존에 발행된 잡지들을 구입해서 읽어 보는 것도 도움이 된다. 특

히 여행사 사무실이나 여행 카페를 운영한다면 여행 잡지들이 넉넉히 비치되어 있는 쪽이 효과적이다.

[여행 잡지들]
트래블프레스 http://www.travelpress.co.kr
AB road http://www.abroad.co.kr
뚜르드몽드 https://www.tourdemonde.com
트래블러 http://www.thetravellermagazine.co.kr
트래비 http://www.travie.com
론리플래닛 https://lonelyplanet.co.kr

❸ 여행업계 사장님들을 스승으로 모셔라

여행사 창업 교육 후 나를 스승으로 생각해 주는 분들께 진심으로 고마운 마음이지만 항상 수료생들에게 "여행업을 잘하려면 저보다 사업에 뛰어난 진정한 스승들이 더 많이 계시니까 저를 알았다고 만족하지 말고, 여행업계의 선배님들과 소통할 생각을 해야 합니다!"라고 얘기하곤 한다.

　예를 들어서 골프 여행을 전문으로 여행사를 시작했다고 가정해 보자. 늘 인터넷으로 정보를 취합하고, 여기저기 온라인상에서 상품들을 퍼 나르고, 마케팅에 열성을 기울이는 것은 당연히 해야 할 일이다. 이에 더해 어떻게 하면 골프 여행 상품을 더 경쟁력 있게 만들고 좋은 타 여행 상품을 더욱 잘 판매할지와 관련해 현장에서 가장 탁월한 능력을 보여 주는 분들과 이야기를 나눠 보는 것만 한 공부가 또 있을까?

이런 학습적인 목적을 넘어서 골프 여행을 전문으로 하는 사장님들과 알고 지내면 정보도 빠르고, 겨울 시즌 같은 때엔 동남아행 골프 투어용 항공권을 단체로 확보하는 작업을 같이 진행할 수도 있다. 해당 여행업에서 걸출한 성과를 올리는 그들만의 리그가 있고, 그 실력을 배우고 도움을 받으며 성장하는 것이 마케팅 활동과 더불어 놓쳐서는 안 될 부분이다. 어떻게 하면 업계 사장님들과 교류할 수 있을까?

개인적으로 찾아가서 티타임을 갖는 것에서 시작해도 좋다. 하지만 온라인 커뮤니티의 발달로 인해 요즘은 사장님들의 커뮤니티도 존재하므로 이런 곳에 가입하고 오프라인 모임에 나가서 명함을 주고받으며 인사하는 일부터 시작하면 매끄럽다. 물론 그 다음 한 분 한 분 찾아뵙고 이야기를 나누는 것으로 엄청나게 빠른 속도로 사업의 노하우를 배울 수 있다.

나는 각종 모임에 즐겨 나가는 성향이 아니지만 여행업을 가르치는 한 사람으로서 여행 사업을 하는 분들의 학습과 성장 및 성과에 늘 관심을 갖고 관찰한 결과, 역시 오프라인상에서 관계를 맺으면 온라인상에서만 스킨십하는 것과는 다른 힘을 발휘한다는 점을 확인했다.

골프 여행 모임은 특히나 식사 모임 자리에 그치지 않고 골프 라운딩 기회들도 자주 있기 때문에 몇 번 참가하면서 좀 더 허심탄회한 대화를 나눠 볼 수 있다. 게다가 종종 해외로 골프 '팸 투어(상품 개발을 위한 사전 답사 여행)'를 가게 되는데, 이때 참가하면 더욱 관계가 깊어지고 도움을 주고받으며 함께 일할 수 있게 된다.

다른 테마의 여행업들도 마찬가지인데, 내가 목적으로 하는 오프라인상의 모임이나 행사를 먼저 찾아보자. 크루즈의 경우 선상에서 진행하는 행사들이 있는데, 이런 곳에 참석해서 명함을 건네며 인사를 나눈 후 찾아가서 이야기를 나누는 방법도 좋다. 또한 인터넷을 검색해서 견실해 보이는 업체들을 리스트로 만든 후 하나하나씩 약속을 잡고 만나 보면서 여행업을 시작해 보길 바란다.

이미 여행사를 오랫동안 해 오고 있는 사람이 다른 여행사 사장님에게 한 수 배우고자 찾아가겠다고 하면 한편으로는 경쟁자로 여기고 경계심을 가질 수도 있겠지만, 이제 막 여행업계에 발을 디딘 초보자에게는 편하게 이야기해 줄 가능성이 높다. 적어도 내가 하려는 여행업의 사장님 다섯 분 이상은 직접 만나서 대화해 보았으면 한다.

이때 주의할 점은 너무 무례하지 않도록 조심스럽게 요청하고, 미팅 전에 미리 궁금한 사항들을 잘 정리해서 스승이 되어 주실 분의 시간을 무의미하게 뺏는 일이 없도록 준비해야 한다. 모임에 나갔을 때는 그저 잘 귀담아듣다가 누구를 따로 찾아갈지 결정하고, 나중에 개인적으로 만나서 궁금한 점들을 하나씩 질문하면 좋겠다.

마지막으로 잊지 말 것은 이렇게 만나 뵌 분들을 리스트로 정리해 두고 종종 안부를 묻고 조언에 대한 감사를 표현해야 한다는 점이다. 초기에 이것저것 궁금해서 찾아가 많이 배워 놓고 정작 일하면서는 바쁘다는 핑계로 자신에게 가르침을 주셨던 스승들을 나 몰라라 하면 언젠가 내가 여행업을 잘하고 있다가도 '평판'이라는 부분에서 독이 되어 돌아올 수 있다는 사실을 기억하자. 받은 것이 있으면 갚는 성의도 보여야 하는 법이다.

❹ 학습 모임에 참가하고 늘 성장하라

여행사가 아니더라도 어떤 사업을 시작했다면 학습 모임 한 가지 이상은 참가하라고 권하고 싶다. 학습을 하는 모임은 수업 내용을 통해 배우는 것에 자발적으로 그런 학습 모임에 나오는 사람들과 서로 배우는 것이 더해진다. 무엇이 더 가치가 있는지 따지기 힘들 정도로 늘 배우고 성장하는 과정 속에 있게 된다. 학습 모임에 참가하면 몇 가지의 큰 이익이 있다는 점을 기억하고 꼭 실행에 옮겨 보자.

학습 모임에 참가하면 얻게 되는 5가지 장점을 살펴보자.

첫째, 수업을 통해서 체계적으로 학습할 수 있다. 경영, 리더십, 조직 문화, 독서 모임, 사업을 돕는 교류 모임 등 성격은 다 달라도 항상 무엇인가를 배우는 자리로 시작된다. 나는 한국사장학교의 사장학개론 수업을 통해서 스노우폭스 김승호 회장님을 만났고 무수한 가르침과 사업적인 아이디어들을 얻을 수 있었다.

둘째, 참가한 사람들에게 수많은 것을 배울 수 있다. 어떤 주제를 가지고 수업을 하더라도 대부분 참가하는 사람들이 다양하게 구성된다. 여행 사업을 한다고 해도 여행업계 사람들뿐만 아니라 여러 분야의 사람들을 알고 지내면 얻는 것이 훨씬 풍부해진다. 특히 사업하는 사람들에게서 갖가지 신선한 아이디어들을 얻고 거기서 기회를 창출할 수 있다.

셋째, 여행은 누구나 필요로 하는 호감 업종이므로 고객이 생긴다. 명함을 건네면 대부분 반기는 업종이 여행업이니 만큼 모임에서 알게 된 사람들은 내 고객이 될 확률이 아주 높다. 평소에 개인이나 가족 여행을 문의하는 경우도 있고, 그 모임의 단체 여행이나 모임 구성원들이 각자 속한 곳에서 단체 여행 문의를 받기도 한다. 진심으로 정성껏 진행하게 되면 점점 더 좋은 기회들로 이어지기 때문에 모임에 나가는 것은 배움과 영업이라는 일거양득의 기회라는 점을 기억하자.

넷째, 학습 모임에 나가면 또 다른 학습 모임들을 알게 된다. 학습 모임의 참가자들은 다른 모임들의 구성원보다 건전한 성향으로 서로서로 굉장히 챙겨 주기 바쁘다. 삶과 일을 대하는 태도가 남다르기에 자기 돈을 내면서 수업을 들으러 오고, 열정적인 삶 속에서 끊임없이 배우고 성장하고자 노력한다. 그런 모임의 구성원들은 또 다른 배울 것이나 모임들에 대한 정보에 밝기 때문에 소개를 받기 쉽다. 이런 식으로 하나씩 모임을 나가다 보면 대체로 아는 사람들과 또 만나게 된다. 그런 반복적인 만남으로 더 친한 사이가 되면서 여행을 갈 때 자연스레 나를 떠올리고 내 여행사를 이용할 가능성이 점점 높아지는 것은 당연하다.

다섯째, 계속적인 자극으로 인해 스스로 더 부지런히 학습하게 된다. 사람은 보고 배우는 법이다. 남들이 어떻게 하는지 보면서 자연스레 자극을 받는다. 그래서 이런 모임에 나가다 보면 미라클 모닝(Miracle Morning)이라고 해서 어느새 새벽 5시 이전에 일어나고, 마라톤을 뛰기도 하며 책을 집필하고, 강연을 하고, 유튜브(YouTube) 채널을 개설하는 일들이 벌어지게 된다. 모두들 그렇게 하니까 나도 하게 되는 것이 자연스럽다. 단순히 따라쟁이가 되는 것에 그치지 않고 내 인생의 에너지가 된다는 점에서 의미가 크다.

여행 사업과 직접적인 연관이 없어 보일지라도 내가 좋고, 배울 점이 있는 모임들은 분명히 가치가 있기 마련이므로 열심히 참가해 보길 바란다. 언젠가 우리 여행사를 통해서 여행을 떠날 날이 있으리라는 즐거운 생각 덕분에 늘 웃으면서 모임에 참석할 수 있다.

참가하면 좋은 교육 프로그램 및 모임들

■ 사장학개론:
사업가 마인드를 키우고 성장의 자극을 한껏 받을 수 있는 곳이다.
http://kca1000.com
. . . .
■ 중간계캠퍼스:
주로 마케팅 관련 수업들이 인기인데, 1개 이상의 과정을 수강해 보길
바란다. https://www.midcampus.com
. . . .
■ 크리스토퍼 리더십(Christopher leadership):
참가자들이 돌아가면서 앞에 나와 스피치(speech)하는 과정을 통해서
행동의 변화로부터 생각의 변화를 이끌어 내는 리더십 교육 프로그램
이다. 데일 카네기의 대표적인 교육도 이와 같은 방식인데, 인맥과 동
문회 같은 것은 카네기 쪽이 잘 구성되어 있지만 교육비가 높은 반면,
저렴한 교육 비용에 진정한 자기 성장을 추구한다면 크리스토퍼 리더십
을 권하고 싶다. https://christopher.co.kr
. . . .
■ 각 지역별 독서 모임:
어느 모임에 참가하라기보다는 잘 운영되고 있는 독서 모임이라면 어디
든 상관없고, 내 사무실 크기가 작지 않다면 직접 독서 모임을 만들어
보는 것도 좋은 방법이다.

이외에도 지인들이 추천하는 교육적인 모임에 참가해 보면 예상보
다 얻는 것이 많으리라 생각한다.

5 지금 돈 되는 일과 3년 후 돈 될 일을 병행하라

어떤 사업을 시작하든 이 세상에서 돈을 버는 것에는 공통점이 있다는 사실을 금세 깨닫게 된다. 파도가 칠 때 파도를 타고 가는 것이 시장의 성장과 함께 성공하는 지름길이라는 점도 그중 하나이다. 그렇다고 파도가 오기를 기다리다가 익사해서는 안 되는 것이 사업이다.

지금 열심히 생존을 위해 돈 되는 일을 하면서 여행의 트렌드를 읽으려고 노력하고, 그 트렌드에 맞게 자신의 능력을 키워 두어야 한다. 지금 여행사를 하고 있거나 막 창업을 하려고 준비 중이라면 잠시 아래와 같이 3단계로 생각을 정리해 보자.

1단계, 결국 내가 이루고 싶은 것은 무엇인가?

당신이 꿈꾸는 성공적인 여행업이 바로 실행할 수 있는 것이라면 거기에 집중한다. 최근에 여행업에서 성공한 사람들은 기존의 여행업계가 아닌 다른 업종에서 일하던 사람들이 여행업에 뛰어들어 남다른 여행에 몰두한 사례들이 적지 않다.

전통형 여행사로 성공하려고 하기보다 여행 관련 사업이라는 관점으로 자신만의 그림을 그리고, 그 일을 해내는 데 여행 업무의 협력이 필요하다는 시각으로 접근하면 더 멋진 결과로 이어지기도 한다. 그러나 여러 가지 정황상 지금 구조적으로 새로운 사업에 집중하는 것이 아니라 전통형 여행사로 시작해서 여행업에 진입하고자 한다면, 일단

원래 이루고 싶었던 목표들은 잘 정리해 두고서 항상 그 꿈을 달성하기 위해 부단히 학습하고 노력하기로 하고 2단계의 생존에 대해 심사숙고해 보자.

2단계, 생존과 성공 중 '생존'을 먼저 생각해 보자!

내가 지금 하려는 여행업에서 생존을 위해 무엇을 할 것인지부터 정해야 한다. 생존해야만 성공의 기회도 만날 수 있기 때문이다.

여행업을 충분히 학습하고 파악하고 있다면 업무 성격에 따라 크게 2가지로 나눌 수 있다. 데스크에 앉아서 실시간으로 고객 응대를 해야하는 일은 항공권, 비자, 패키지여행 등과 관련된 유형으로, 사무실이나 매장이 있고 특히 직원을 둔 경우에 많이 하게 되는 업무들이다. 소소한 수익이 발생하는 일이지만 당장 직원 한 명의 인건비를 해결해야할 수도 있다. 사무형 사업가로 여행사를 운영할 때, 전문성을 높여서자신이 직접 이런 사무를 다루는 데 뛰어나다면 아무래도 사업의 안정성은 한층 더 확보되는 편이다.

사무실에 앉아서 고객을 응대하는 일보다는 효율적이고, 자유롭게 다니면서 일하고 싶다면 단체 여행(인센티브 여행 포함)을 유치하는 업무가 적합하다. 전략적으로 기업들에 제안 또는 입찰하거나 각종 모임과 인맥을 통해서 단체 행사를 유치해 오는 것이다.

이런 유형의 일은 견적을 내는 데 시간이 걸린다는 점을 고객도 인지하고 있기 때문에 영업에 전념하면서 오전 중 협력사에 견적 요청을 해 놓고, 저녁에 문서 작업을 마무리해서 고객에게 이메일을 발송하는 형태로 업무가 진행된다.

이런 식으로 어느 정도 현실적인 매출을 올리다 보면 무엇이 돈이 되는지, 내가 무엇을 잘하는지, 무엇에 집중하면 결국 여행업으로 돈을 벌 수 있는지 깨닫게 될 것이다. 그런 다음 3단계로 넘어갈 수 있다.

3단계, '성공'을 위해서 무엇을 할 것인가?

열심히 여행업을 하면서 늘 성공을 위해서 무엇을 할지 찾아보고 시도하는 노력을 게을리해서는 안 된다. 현실에 치여서 그런 생각을 못하고 산다고 답한다면, 망할 때 망하더라도 1단계에서 과감하게 바로 성공을 위한 도전으로 방향을 잡는 쪽이 낫지 않을까 싶다.

분명한 것은 여행업을 하면서 알게 된 사실들을 토대로 약간의 노력을 통해 새로운 생각을 더하면 성공 가능성을 높일 수도 있고, 성공적인 사업의 소재를 발견할 기회를 맞이할 수 있다. 그것이 관광 IT 사업이든, 여행사에 공급할 여행 상품이나 여행에 관련된 무엇이든 한층 폭넓게 생각할 힘이 생긴다. 자신이 해 온 그간의 경험들이 헛되지 않음을 깨닫고 그것을 바탕으로 조금만 더 벤처 기업이나 스타트업처럼 생각해 보는 관점이 필요하다.

성공의 정의를 내리긴 힘들지만 간단히 2가지로 구분해서 말할 수 있다. '돈 되는 일'과 '혁신적인 일'이다. '돈 되는 일'이 무엇인지 정리해 돈 되는 일에 집중하면서 확장하고 돈 안 되는 일은 차츰 줄여 나가는 것이 하나의 방법일 테고, 획기적인 여행 사업의 방식 혹은 아이템을 마련해서 '혁신적인 일'을 시작하는 것이 또 다른 방법이다.

'성공'을 위한 전략에는 '트렌드'가 필요하다.

여기서 꼭 기억해야 할 것이 있다. 바로 파도를 떠올려야 한다. 파도가 없으면 만들어서 간다는 자세도 좋지만, 현실적으로 가능성이 높은 경우는 파도를 타고 전진하는 것이다. 따라서 파도를 놓치지 않으려면 항상 트렌드에 관심을 가져야 한다.

'돈 되는 일'을 하려고 해도 트렌드를 읽고 그 파도를 타야 하고, '혁신적인 일'을 하려고 해도 파도를 타고 가야 한다. 확실하게 파도를 타고 가는 상황으로 이어져야 고생도 덜하고 성장 속도도 빠르고 성공 확률이 높기 때문이다. 그러면 어떻게 트렌드를 읽어 낼 수 있을까?

여행 사업을 하면서 트렌드를 포착하기 위해 뉴스를 열심히 보는 것 외에 몇 가지 방법을 아래에 추천할 테니 참고해서 해마다 나만의 관광 트렌드를 정리해 보자.

관광 트렌드를 읽어 내는 방법

1) 서점의 트렌드 분야 서가 앞에 서서 마음에 드는 책 10권을 골라 목차만 훑어보자. 비슷한 소제목들이 즐비할 것이고, 그 공통된 것들에서 트렌드를 유추할 수 있다.

· ·

2) 여행 서적 코너에 가서 책 제목들을 살펴보자. 트렌드와 맞물린 제목들을 찾을 수 있는데, 대부분이 성큼 다가와 있는 관광 트렌드를 보여 줄 것이다.

....

3) 해마다 발행되는 트렌드 분석 도서를 일독하자. 대표적으로 〈트렌드 코리아〉와 〈한국이 열광할 세계 트렌드〉 시리즈를 권한다. 지난 3년간의 중고책도 구입해서 3~4년 치를 전부 읽으면 좋다.

....

4) 관광 관련 세미나들에 참석해 보자. 특히 주요 관광 관련 기관에서 주최하거나 관광 IT와 관련된 세미나라면 적극적으로 참여하자.

....

5) 관광 IT 관련 지인들을 찾아서 그들과 교류하자.

이렇게 트렌드의 중요성을 인식하는 것이 첫 단계, 그 트렌드를 읽으려는 노력이 두 번째 단계이고, 이런 트렌드가 나와 무관하다고 생각하지 않고 스스로 트렌드를 정리해 보면서 그 트렌드에 최대한 부합하고자 힘쓰는 것이 마지막 단계이다.

예를 들어서 내가 운영하고 있는 여행사는 네이버 밴드(Band)의 성장과 함께 여행사를 이용하는 주 고객층 연령대에 어필하기 적합하다는 이유로 '여행을부탁해'라는 밴드를 개설해서 성과를 내고 있다. 이는 모바일 시대라는 흐름에 맞춰 40~70대의 고객들과 모바일로 쉽게 접할 수 있는 채널을 선택하고 집중한 결과이다.

사실 트렌드의 큰 흐름에 따르려면 SNS를 뜨겁게 달궈 줄 젊은 층과 여성에게 전념해야 한다는 점은 인식하고 있다. 아울러 플랫폼화가 이루어지면 좋겠다고 생각한다. 결국 지금보다 더 젊은 연령층과 함께 할 수 있는 채널의 구축과 성장을 시도해야 한다는 데에 모든 직원이 공감하고 있다. 현재의 도구로 돈을 벌고 있지만 미래에는 그렇지 않을 수 있다는 경각심에 미리 준비하는 것이다. 트렌드에 대한 관심에서 전략을 펼쳐 나가게 되는 사례라고 볼 수 있겠다.

여행 사업을 하는 사람들은 지금 돈 되는 일과 더불어 미래에 성장할 방향을 결정해 두고 일해야 한다. 적어도 3년 후에 무엇으로 돈을 벌지 생각하며 움직이길 바라고, 그에 따라 성공의 파도를 순조롭게 타고 나갈 수 있길 바란다.

"여행사 혼자 차려 볼까?"
Starting a Travel Agency

STEP

06

여행사 마케팅 전략과 실행

여행사 마케팅 전략과 실행

① 홈페이지를 만들어 알리기 힘들었던 시대

일찍이 여행사를 창업했던 나는 인터넷 시대가 곧 열린다는 생각에 가진 돈과 남의 돈까지 끌어다가 용감하게 홈페이지를 만들었다. 홈페이지만 있으면 온라인 여행사가 된다고 믿던 시절이어서 당시 회사 이름도 닷컴 버블 시대에 걸맞게 '투어비닷컴'이었다. 홈페이지를 만드는 비용이 얼마나 들지 견적을 받아 봤더니 1억 7000만 원이었다. 지금 물가로 환산하면 4억은 족히 넘는다.

홈페이지 제작이 일반화되기 전이었기 때문에 게시판 하나도 프로그래밍을 직접 해야 하는 시절이었다. 지금은 게시판은 물론 거의 모든 도구들을 가져다 사용하면 되므로 300만 원이면 그 당시 내 홈페이지보다 훨씬 더 잘 만들 수 있을 것이다.

여기저기 알아보다가 홈페이지 제작 벤처 회사를 하고 있던 친구에게 도움을 청해서 3500만 원에 홈페이지를 만들기로 결정했다. 드디어 온라인 여행사 창업이 본격적으로 시작되었다. 일주일에 3~4일은 옥탑방 사무실 바닥에 대한항공 담요를 깔고 잠을 청하면서 홈페이지 내용을 채워 나간 끝에 마침내 홈페이지가 완성되었다. 내가 가진 모든 것을 쏟아부었고, 제대로 된 여행사 홈페이지가 몇 안 되던 시절이라서 나는 너무나 흥분되고 떨렸다.

그런데 생각지도 못한 일이 벌어졌다. 도대체 어떻게 완성된 홈페이지를 사람들에게 알려야 하지? 아직 야후와 네이버가 포털 검색 시장에서 순위를 다투고, 키워드 광고가 무엇인지도 모르던 시절이었다. 포털 검색 사이트들의 배너 광고에는 오직 대기업들만 광고를 내고 있는 것 같다는 생각에 좌절하고 말았다. 지금은 빅 데이터 분석을 통해 추적 기능을 이용해서 중소 사업자들도 광고를 내면 타깃 고객별로 맞춤형 배너 광고가 뜨지만 아직 그런 시스템이 아니었기 때문에 광고는 엄두도 내지 못했다.

내가 홈페이지를 홍보할 수 있는 가장 확실한 방법은 사무실이 위치한 강남역을 지나다니는 사람들에게 알리는 것이라고 판단했다. 대형 피켓을 제작해 일부러 손잡이도 만들지 않고 커다란 사각형 피켓을 양손으로 번쩍 벌서듯이 들고 있었다. 하필이면 추운 겨울로 접어드는 때여서 사람들이 나를 더 안쓰럽게 볼 것이고, 그러면 홈페이지를 더 찾아 주리라 생각했다.

아침 7시 30분부터 9시 30분까지 두 시간을 매일 아침 거리로 나가서 '행복한 여행의 동반자 투어비닷컴' 피켓을 들고 서 있었다. 사람들이 횡단보도를 건널 땐 함께 건너면서 피켓으로 길에 서 있는 차들을 향해 홍보했다.

그러자 전화가 걸려 오기 시작했다. 주로 여행사 직원들이 제발 아침에 피켓 들고 서 있지 좀 말아 달라고 요청하는 전화였다. 출근하면 사장님이 직원들에게 "저 청년은 자기 여행사를 알리려고 아침부터 길에서 피켓을 들고 서 있는데 여러분도 보고 배우세요!"라는 잔소리를 한다는 내용이었다.

아마도 요즘 같으면 SNS에 이 열정적인 청년을 찍어서 올려 주는 사람들 덕에 유명인이 되든지 아니면 스마트폰으로 그 자리에서 검색해 보고 문의가 늘어났을 법한데, 당시엔 투어비닷컴을 기억했다가 나중에 홈페이지를 방문한다는 것이 쉬운 일은 아니었던 모양이다. 어쨌든 별다른 성과를 거두지 못했다.

그러던 어느 날 한 마케팅 전문가를 만났는데, 나의 이야기를 듣고 지금까지 사업을 해 오면서 밑거름이 된 말 한마디를 해 주셨다. 사업을 하려고 할 때 홈페이지 만드는 데에 모든 자금을 다 끌어다 썼다고 했는데, 마케팅은 어떻게 할지를 먼저 생각했어야 한다고 말씀하셨다. 100이라는 돈이 있다면 제작에 20을 투자하고, 80을 알리는 데 사용하는 것이 성과를 만들기에 더 좋은 밸런스가 아닐까 한다는 설명이었다.

사업을 할 때 좋은 것을 만드는 일도 중요하다. 하지만 그것을 어떻게 알리고 어떻게 판매할지 전략과 예산을 확보하는 일도 중요하다는 사실을 깨닫게 되었던 내 젊은 시절의 애잔한 에피소드이다. 그 덕분에 마케팅에 관심을 갖게 되었고, 온라인 마케팅부터 오프라인 세일즈까지 가르치는 역할을 해 왔다는 사실에 큰 보람을 느낀다.

요즘은 누구나 적은 돈으로도 온라인 마케팅을 할 수 있고, 심지어 SNS를 통해서 돈을 들이지 않고도 광고 홍보를 능히 해낼 수 있는 시대이니 만큼 창업자가 추운 날 길에 나가서 피켓을 들어야 하는 수고는 겪지 않아도 된다는 사실을 감사하게 여기며, 마케팅에 대해서 확실히 이해하길 바란다.

다만 온라인 마케팅만 존재하는 것이 아니라 오프라인상에서 실제로 발로 뛰는 영업도 중요한 요소라는 점을 잊지 말자.

❷ 온라인 마케팅의 변화 3단계

이제 온라인 마케팅은 사업하는 사람들이 하지 않으면 안 되는 가장 핵심적인 마케팅 수단이 되었다. 온라인 마케팅의 변화를 이해하고 효과적인 전략을 수립해야 성공적으로 여행 사업을 펼칠 수 있으므로 지금부터 온라인 마케팅의 뼈대를 알아보도록 하자.

온라인 마케팅 1단계: 검색 노출

우리나라 검색 서비스 1위인 네이버에서 우리 회사를 검색했을 때 회사 정보가 영역별로 잘 뜨는지 점검하는 것이 온라인 마케팅의 첫걸음이다. 그런 다음 고객이 무엇을 검색했을 때 우리 업체의 정보들이 잘 나오는지를 체크하는 것이 두 번째 걸음이다.

이 점검 부분은 다음 글에서 깊이 있게 이야기하고 지금은 큰 흐름을 이해하는 데에 집중하자. 특정 제품이나 서비스와 관련해 검색할 때 업체의 정보가 많이 노출되도록 하는 것을 '검색 노출 마케팅'이라고 부른다. 1등 검색 엔진인 네이버를 기준으로 설명하겠다. 키워드 광고를 한다면 우리 업체가 어디에 어떻게 나오고 있는지를 먼저 확인해야 하며, 키워드 광고를 하지 않는다고 해도 남들은 어떻게 광고를 하고 있는지 살펴봐야 한다.

그 다음은 VIEW(블로그와 카페의 게시물을 모바일에서 통합해서 보여 주는 것)에는 몇 위 정도에 우리 업체 정보가 나오는지, 지도에는 잘 표시되는지, 웹 사이트 영역에는 잘 노출되는지, 동영상과 이미지 영역에도 잘 나오는지, 또한 필요하다면 뉴스 기사를 돈 주고 송출할 수도 있는 시대이기에 뉴스에도 잘 노출되는지 확인해 본다. 이때 내가 공략하는 키워드가 무엇인지를 정해서 엑셀로 표를 만들고, 그 키워드별로 우리 업체의 순위가 어디에 위치하는지 꾸준히 살피고 관리하는 노력이 중요하다.

온라인 마케팅 2단계: SNS 인맥 파도타기

검색 노출 마케팅만 있던 시대에 어느 날 트위터(Twitter)와 페이스북이 나타나면서 사람들은 친구를 많이 맺고 게시글을 올리면 돈을 안 들이고도 광고가 되리라 믿었다. 그래서 열심히 친구를 맺은 끝에 마케팅 좀 한다고 하는 사람들은 페이스북 친구가 5,000명을 꽉 채우곤 했다.

생각해 보면 페이스북, 구글, 네이버 등은 결국 광고 회사다. 자사 플랫폼을 즐겨 쓰는 사용자를 늘린 다음, 이들에게 광고를 하고 싶으면 돈을 내고 하도록 유도한다. 친구를 무수히 늘렸다고 해서 내 콘텐츠가 친구들을 통해서 저절로 광고가 된다는 논리는 쉽게 전개되지 않는다. 다만 이 인맥의 파도를 타고 광고 홍보가 되는 거의 유일한 길은 내가 올린 내용이 팔로워(친구)들이 '공유하기'를 클릭하고 싶을 만큼 관심을 끌고 사람들에게 이슈가 되는 글이어야 한다.

가장 유명한 사례를 들면 쉽게 와닿을 것이다. 고급 백화점에서 쇼핑하던 여성 고객이 직원의 뺨을 후려치고, 매장을 이용하던 남성 고객이 직원의 정강이를 걷어차는 장면까지 말로 욕설을 뱉는 정도를 넘어서 폭행이라고 정의할 만한 사건들이 뉴스를 도배한 갑질 파동이 일어났다. 전 국민은 분노했고, 그날 인기 검색어 1위는 당연히 '갑질'이었다.

이때 페이스북에 한 장의 사진이 올라왔다. '공정 서비스 권리 안내'라는 글이었는데, 지금은 다들 익히 알고 있는 내용이다. "우리 직원이 고객에게 무례한 행동을 했다면 직원을 내보내겠습니다. 그러나 우리 직원에게 무례한 행동을 하시면 고객을 내보내겠습니다."라고 적힌 어느 매장 내 안내문을 사진 찍어서 SNS에 올린 것이다. 사람들은 격하게 공감하면서 이 한 장의 사진을 공유하기 시작했다. 하루 만에 인맥의 파도를 타고 '좋아요'가 250만을 넘어섰다.

결국 이 한 장의 사진으로 다음날 저녁에 이 의식 있는 음식점 사장님과 인터뷰한 뉴스가 방송되었다. 도시락 가게를 하는 스노우폭스의 김승호 회장이라고 소개되었는데, 그때까지는 대부분 스노우폭스가 동네의 작은 도시락 가게인 줄 알고 있었다. 이후 사람들은 스노우폭스를 좋은 인식으로 바라보고 기억하게 되었을 뿐 아니라 세계에서 가장 큰 도시락 체인이라는 사실도 알게 되었다.

이는 광고라는 측면으로 보면 돈이 전혀 들지 않은 엄청난 광고 효과를 거둔 것이다. 김승호 회장이 광고의 의도를 가지고 글을 올린 것은 아니겠지만, 인맥의 파도를 타고 광고 효과를 보고자 할 때는 이 정도의 파급력을 지닌 이슈를 만들어 낸다면 가능성이 충분하다고 말하고 싶다.

인맥 파도타기가 쉽지 않기 때문에 유료 광고를 효율적으로 이용하는 방법을 학습하고 집행하는 것이 오히려 SNS에서 더 강력한 마케팅 전략이 되고 있다는 점을 이해하기 바란다. 물론 내가 하고 있는 사업과 관련된 내용을 지속적으로 SNS에 노출시키는 것은 상당한 광고 홍보 효과를 가져오는 법이므로 꾸준히 실행해야 한다는 점은 확실하다.

온라인 마케팅 3단계: 구독 마케팅

인맥의 파도를 태우고자 열심히 친구를 맺었다고 해도 SNS상에서 사람들과 '좋아요'와 댓글을 주고받는 일은 생각보다 무척 피곤한 일이기도 하다. 특히 유명인이나 회사라면 개인 프로필을 이용해서 사람들과 교감하기란 더욱 힘들다. 그러다 보니 페이스북에는 진작에 '페이스북 페이지'라고 해서 마치 블로그에 글을 올리는 방식처럼 일방향적인 발행과 구독이 가능한 서비스가 있었다. 이를 카카오스토리가 벤치마킹해서 '카카오 스토리채널'이라는 발행과 구독 형태의 서비스를 만들기도 했다.

이제 사람들은 정보를 검색해서 찾는 것도 귀찮고, 사람들과 SNS상에서 친구를 맺고 상호 교류를 하는 일도 고단하다. 그냥 내가 관심 있는 정보를 내 눈앞에 띄워 주는 구독 방식이 성장하는 것이다. 이 구독이라는 형태야말로 마케팅 측면에서 심도 있게 학습해 볼 만하다.

구독은 영어로 'Subscription'인데, 유튜브에서 '구독을 눌러주세요'라고 요청하는 모습을 많이 접하면서 익숙해졌고, 마이크로소프트(Microsoft)도 MS오피스를 250달러에 판매하던 기존 방식을 사용자가 월 5달러 구독료(Subscription Fee)를 내는 방식으로 바꿨다. 에버노트(EVERNOTE) 구독료, 드롭박스(Dropbox) 구독료도 마찬가지이고, 자동차나 정수기도 렌털료라는 것이 신문 대금을 내듯이 매달 구독료를 지불하는 방식이다.

이제 기업들은 구독자를 모으고 있으며, 이 구독자를 끌어모으기 위해서 유익한 정보를 제공하고 있다. 그렇게 유익한 콘텐츠로 모인 구독자들에게 종종 판매를 위한 광고를 내보낸다. 이는 판매를 위해서 대대적인 광고를 집행할 때 드는 비용보다 구독자를 모으는 비용이 더 적게 들고, 구독자를 모은 다음에 광고를 내보내는 방식의 효과가 매우 높다고 판단한 결과라고 볼 수 있다.

사람을 모은 후 구매로 전환할 수 있다면 엄청난 성공을 가져온다는 사실은 이 책에서 이미 수차례 언급했으니 충분히 이해하고 있으리라 믿는다.

우리나라에서 성행하는 구독 방식의 온라인 매체로는 페이스북 페이지, 카카오 스토리채널, 인스타그램(Instagram), 유튜브, 그리고 네이버 밴드가 있다. 밴드는 커뮤니티가 아니냐고 반문하는 사람이 있을 수 있다. 최근 밴드는 출시 초기의 커뮤니티 기능보다 상업적으로 성장시켜서 리더와 공동 리더만 글을 쓰는 방식으로 많이 활용되고 있다. 예를 들어 보면 쉽게 이해가 될 것이다.

어느 날 나는 밴드에서 초대장을 받게 되었다. 한 여성이 카메라로 얼굴을 살짝 가린 채 거울 앞에서 본인을 찍은 사진으로 어깨를 슬며시 보여 주면서 섹시함을 드러내고 있었다. 초대장의 내용은 무료로 사진 편집과 영상 편집을 가르쳐 준다는 것이었다. 솔직히 이성의 매력에 이끌려서 초대장을 열어 봤다는 점을 인정한다. 들어가서 봤더니 밴드에 회원들이 꽤 많이 있었고, 둘러볼 가치가 있다고 여겨져서 가입을 했다. 가입은 했지만 회원인 나는 글을 쓸 수는 없고, 댓글과 공감만 표현할 수 있었다.

그런데 이 여성 밴드 리더가 올리는 글들은 사진 편집과 영상 편집에 관심이 많았던 내게 유익한 것들이 꽤 있었기 때문에 탈퇴하지 않고 가입된 상태로 두었다. 그녀가 올리는 새 글 알림이 오면 종종 들어가서 읽어 봤다. 때때로 그녀가 진행하는 오프라인 강좌의 수강생을 모집한다는 글을 보고 신청자들이 몰리곤 했다. 나는 이 밴드의 구독자가 된 것이고, 밴드 리더는 구독자를 모으는 과정에서 유익한 글과 정보를 제공하다가 자신의 강좌를 판매하는 것이다.

이것이 그냥 강좌를 판매하기 위해서 광고를 하던 기존의 방식과 비교하면 대단한 파괴력을 가졌다는 점에 모두 공감할 것이다. 구독자들은 이미 그녀를 밴드에서 계속 봐 왔기 때문에 그녀의 오프라인 강좌는 일반 강좌와는 비교도 안 되게 높은 선호도를 자랑하며 구매 행위로 이어지게 된다.

구독자 마케팅의 위대함이라고 할 만하다. 친해진 후 판매하는 것은 기존의 어떤 마케팅도 해내지 못한 방식으로 브랜드 옹호자를 양성하고, 내 브랜드를 사랑하는 사람들을 통해 높은 판매율을 기록할 수 있게 된다.

❸ 마케팅의 기본, 검색 노출부터 점검하라

지금까지 온라인 마케팅의 3단계 성장 과정을 설명했는데, 기본부터 점검하는 것이 필수이다. 앞에서 언급한 1단계의 검색 노출부터 꼼꼼히 챙기는 것이 사업의 시작이라고 보고 함께 점검해 보자.

1) 지도 서비스들에 업체 등록은 되어 있는가?

네이버는 '스마트플레이스'라는 이름으로 서비스를 하고 있는데, 네이버 지도에 내 사업체를 등록하는 것이다. 업체명을 검색했을 때뿐만 아니라 내가 주력하고 싶은 키워드를 검색했을 때도 우리 업체가 지도에 표시된다면 마케팅적으로 칭찬받을 만하다. 무엇보다도 이 서비스는 무료이니 만큼 반드시 등록하고 점검해야 한다.

지도에 등록을 제대로 하고 난 다음에는 우리 업체가 노출되는 블로그 포스팅 내에 우리 지도를 넣도록 해서 스마트플레이스상 우리 업체의 정보에 리뷰가 늘어나게 하면 지도의 상위 노출에 도움이 된다. 또한 네이버 예약, 네이버페이 등을 연결하면 지도 정보에 상위 노출이 되는 순작용을 한다고 알려져 있다. 이 지도 등록은 네이버에서 '스마트플레이스'를 검색하면 쉽게 찾아서 스스로 진행할 수 있다.

■ https://smartplace.naver.com

지도 등록은 네이버에만 있는 서비스가 아니다. 다음의 '검색등록' 도 당연히 해야 하고, 그 외에도 각종 내비게이션 회사에 업체 등록을 하면 고객들이 우리를 찾기 쉽고 노출이 되어서 좋다. 어떤 경로로 고객들이 우리를 찾아올지 모르는 일이니 최선을 다해서 등록해 두었으면 한다. 방법을 기술하지 않는 대신 포털 검색 사이트에 '○○○내비 업체 등록 방법' 식으로 검색하면 친절하게 수많은 블로거가 화면 캡처까지 해서 설명을 상세히 올려놓았으니 보면서 따라 하면 된다.

2) 네이버 VIEW에 내 업체가 나오는가?

최근에 네이버는 블로그 글과 카페 글을 모바일에서 일원화해 보여 주고 있다. 블로그 글과 카페 글 중 어느 쪽이 더 상위에 나올지는 모른다. 고객들이 업체명을 검색했을 때 적어도 우리 업체에 대한 정보가 블로그와 카페에 하나씩은 있어야 정보를 쉽게 볼 수 있게 된다.

우리 업체명을 검색했다는 것은 이미 우리를 알고 있다는 사실이 전제되므로 마케팅적인 의미는 없지만, 그래도 검색했을 때 우리 업체에 대한 정보가 있고 없고는 차이가 있으니 만큼 항상 검색창에 수시로 내 업체명을 입력해서 어떤 정보들이 노출되고 있는지 확인해야 한다. 고객이 우리 업체명을 검색했을 때 글이 보이는 것은 지금 본인의 블로그에 글을 정성껏 쓰기만 하면 가능하므로 사업 초기에 당장 하나는 작성해 놓고 다른 마케팅을 전개해야 한다.

블로그 마케팅 교육을 따로 받지 않아도 아래의 간단한 원칙에 따라서 글을 써 보면 어렵지 않게 노출이 가능하다. 다만 어떻게 하면 노출이 잘 되는지는 마케팅 전문가들 사이에서 추측으로 짐작하는 결과값이고 네이버나 다음이 '이렇게 하면 노출됩니다.'라고 알려 주는 것이 아니기 때문에 참고 자료일 뿐이다.

노출이 잘되게 하는 블로그 글 포스팅 노하우

❶ 블로그 글 제목에 키워드를 적어라! 제목은 길지 않게 작성한다.
....
❷ 글 본문에 키워드를 7~8회 반복하라. 너무 많이 반복하는 것은 지양한다.
....
❸ 한 문단에는 키워드를 한 번만 사용하도록 한다.
....
❹ 글과 사진을 적절히 배분하되, 사진은 총 8장 이상을 사용하는 것이 좋다.
....
❺ 글에 글감(지도, 책 등)을 넣으면 노출에 도움이 된다.
....
❻ 글의 해시태그(Hashtag)에 키워드를 넣는다.

우리 업체 정보가 검색 시 블로그 영역에 잘 노출된다면, 그 다음 단계는 내가 공략할 키워드를 정하고 지속적으로 마케팅을 펼쳐 나가는 것이다. 우선은 본인 스스로 매일 꾸준하게 블로그 포스팅을 하면서 블로그 지수가 상승해 노출이 잘 이루어지면 마케팅 비용을 줄이고 마케팅 순발력을 키울 수 있어서 좋다. 스스로 블로그를 운영하는 일이 여의치 않다면 대행업체를 활용하는 것도 방법이다.

3) 키워드 광고도 필요하면 해야 한다

별다른 마케팅 능력 없이도 할 수 있는 것이 키워드 광고이다. 그러나 키워드 광고에 대한 이해 없이 진행하면 비용만 낭비할 수 있으니 공략할 키워드를 잘 선정하고 나서 진행해야 한다. 키워드 광고도 대행업체들이 있기 때문에 이들을 활용하면 손쉽게 광고를 할 수 있다. 다만 대행업체들은 광고를 많이 소비하게 할수록 돈을 버는 구조를 갖고 있으므로 우리 광고가 얼마나 효율적인지에는 관심이 적은 편이다. 따라서 적어도 자신이 키워드 광고를 이해하는 것이 중요하다. 네이버에서 광고주를 위한 키워드 광고 기본 교육을 온·오프라인으로 무료 진행하고 있으니 꼭 한 번 들어보면 도움이 될 것이다.

> ■ 네이버 광고주 사이트 https://searchad.naver.com
> → 광고주로 가입을 하고, 각종 교육들을 수강하면서 학습을 시작

기억해야 할 것은 SNS 시대가 되면서 돈을 안 들이고 수작업만으로 광고 홍보를 하겠다는 자세를 취하는 경우가 많은데 절대 무료 작업만으로 큰 효과를 거두기는 힘들기 때문에 무료와 유료, 투 트랙(Two track)으로 마케팅을 펼칠 수 있음을 인식하는 것이 중요하다.

만약 우리 업체명을 일반 검색했을 때 다른 유명인 또는 유명 회사

나 특정 이슈와 맞물려서 온통 상관없는 정보들만 쏟아져 나온다면 우리 업체명을 키워드 광고로 노출시켜야 하는 경우도 있기 때문에 필요할 때 유료 광고를 할 수 있도록 미리 학습하는 것은 의미가 있다.

4) 웹 사이트에는 노출이 잘되고 있는가?

웹 사이트 영역에 노출이 잘되는 것은 공짜 광고나 마찬가지이다. 업체명 검색 시에도 노출이 되지만 우리 업체가 공략하는 키워드도 노출이 되면 횡재 수준의 무료 광고 효과를 보기 때문이다. 홈페이지를 제작할 때 키워드를 잘 생각해서 제작해야 하고, 또한 홈페이지에 어느 정도는 그 키워드 관련 글을 몇 가지 게시판에도 작성해 두면 좋다. 물론 홈페이지에 상품 등록이나 안내 페이지 제작 시에도 검색 키워드를 넣는 기능들이 있으므로 항상 웹 사이트 제작과 운영에서도 키워드 노출에 관심을 가져야 한다.

만약 웹 사이트가 검색 노출이 쉽지 않은 경우에는 별도의 도메인(홈페이지 주소)을 구입해서 티스토리 블로그나 네이버 블로그에 고정 주소 방식으로 주소를 세팅해서 운영해도 웹 사이트 노출이 잘되는 편이기 때문에 활용하면 좋다.

5) 뉴스 기사도 유료 송출이 가능한 시대

지금은 인터넷 뉴스의 시대이다. 다른 말로 종이 신문에 기사를 내보내는 것만큼 인터넷 뉴스의 게재가 어렵지는 않다는 뜻이다. 대기업이

종이 신문에 광고를 많이 내면 광고성 기사를 실어 주기도 하는 관행이 광고를 받는 언론사의 어쩔 수 없는 생태라는 점은 누구나 알 만한 사실이다. 그러면 인터넷 신문사는 어떻겠는가? 당연히 수시로 발행하는 기사에서 비용을 청구하고 게재해 주는 서비스가 잘 발달해 있다. 나는 인터넷 신문 기사를 정보라고 보지 않는 사람이지만, 여전히 사람들은 뉴스에 나왔다고 하면 쉽게 믿는다. 다양한 기사 송출 서비스들이 있으니 직접 또는 대행업체를 통해서 기사 송출을 해도 괜찮다.

한 가지만 더 고려하면 더욱더 제대로 된 언론 마케팅이 가능해진다. 어느 날 광주에서 여행사 창업 교육을 시작한 업체가 있다. '여행사 창업 교육'을 검색하면 광주 지역 신문사 한 곳의 기사에 여행사 창업 교육에 대한 그 업체의 정보가 노출되고 있다. 그런데 신문 기사 몇 개를 제외하고는 그 어떤 정보도 없다면 어떨까? 반면에 여행사 창업 교육을 몇 년간 해 오면서 수많은 후기 글들이 쌓여 있고 카페에 무수한 수강생들의 글과 정보가 가득하다면 어떨까? 이런 이력과 경력들이 쌓였을 때 신문 기사를 송출하는 언론 마케팅을 전개하면 굉장한 힘을 발휘하게 되는 것이다.

결국 여타의 정보 없이 신문 기사 한두 개로 사람들을 설득하기란 쉽지 않다. 사업을 지속하면서 활동과 정보들을 꾸준히 누적해 적절한 시기에 언론 마케팅을 전개하는 것이 상당한 설득력을 확보한다는 사실을 고려해 기사 송출의 시기를 결정해 보기 바란다.

6) 동영상, 이미지에도 노출되게 하라

인터넷 검색을 해 보면 카테고리별로 게시물들이 나오는데 최근에는 영상이 가장 상위에 노출되는 경우도 늘고 있다. 유튜브에 영상을 열심히 올리면 구글 검색에서도 뛰어난 노출 효과를 거두는데, 네이버는 네이버TV에 올리거나 네이버 블로그나 카페 글에 영상을 넣는 것만으로도 노출 효과를 거둘 수 있다.

동영상은 실제로 영상답게 찍는 방법과 슬라이드나 사진들을 편집해서 영상을 만드는 방법이 있다. 다양한 편집 앱과 웹 서비스들이 있으니 그것들을 활용하거나 아니면 그냥 스마트폰을 거치대에 놓고 내가 말하고 싶은 것을 열심히 찍은 다음 편집하지 않더라도 러프하게 올릴 수 있다. 물론 편집을 잘하면 더 좋은 반응을 얻을 수 있으므로 혹시 회사 소개나 어떤 주제를 특별하게 만들고 싶다면 몇만 원에서 몇십만 원에 제작해 주는 업체를 통해서 제작하는 것도 의미가 있다. 이렇게 제작한 영상은 유튜브, 네이버TV, 그리고 블로그 내 게시글에 영상 파일로 삽입해서 공략 키워드를 작성하면 검색 시에 동영상 파트에 노출되는 효과를 거둘 수 있다.

이미지는 주로 블로그 게시 글 내에 넣은 이미지가 뜨는데, 이미지 파일명에 공략 키워드를 넣으면 노출이 조금 더 잘된다고 마케팅 전문가들은 말한다. 꾸준히 동일한 영역에 글을 여러 개 올리면 노출에서도 좋은 결과를 얻게 된다고 보는 것이 맞다.

이제 우리 업체명을 검색했을 때 보이는 것들이 잘 정비되었다면 그 다음은 내가 공략하려는 키워드를 검색했을 때 우리 업체의 정보들이 잘 나오는지 점검하면서 점차 온라인 검색 마케팅 영역을 확장해 나아가야 한다. 마케팅에서 가장 중요한 2가지 의사 결정은 첫째 내가 직접 할지 대행업체를 쓸지, 둘째 얼마를 투입하면 얼마의 수익을 거둘 것인지 파악해서 돈이 들어도 할 만한지 가늠할 수 있어야 한다. 돈을 쓰지 않아서 매출이 없는 것보다 돈을 써서 매출을 일으키는 쪽이, 수입이 제로라고 해도 실행하는 편이 나은 경우들이 많다는 점도 기억하길 바란다. 브랜드 인지도를 높이면서 거래 과정을 통해 고객들의 DB가 확보되기 때문이다.

❹ 회사명과 브랜드명이 다를 수 있다

마케팅 트렌드에 맞게 구독자를 만들어 내고 그들을 우리 브랜드에 열광하게 한 후 판매를 통해서 성과를 거둔다는 것은 생각만 해도 설레는 일이다. 그런데 정작 이런 구독자 마케팅을 하라고 하면 다들 선뜻 엄두를 내지 못한다. 구독자 모으기가 만만찮게 힘들다는 이유에서다. 지금부터 어떻게 하면 구독자 마케팅을 성공적으로 전개할 수 있는지 함께 알아보자. 그 첫 번째 단계로 내가 발행하는 채널들의 이름을 정하는 것부터 살펴보겠다.

　나는 여행사 창업 교육을 다년간 진행해 왔으며, 대기업에 SNS 마케팅 강사를 양성해 주기도 하면서 남들보다 앞서 새로운 매체들을 접하고 이용해 왔다. 남들보다 먼저 시도하다 보니 오히려 전략은 조금 미흡했던 경우들도 많았기에 시행착오를 겪었던 이야기가 학습에 적지 않은 도움이 될 것 같다.

내가 운영하는 여행사 이름은 '투어비(TourBee)'였다. 여행하는 꿀벌을 캐릭터로 삼았는데, 새로운 매체들이 등장했을 때 누구보다 일찍 계정을 만들어 열심히 마케팅 작업을 펼쳤다. 페이스북 페이지 이름이 '투어비여행사', 카카오 스토리채널명도 '투어비여행사', 인스타그램과 유튜브도 우리 여행사 이름으로 각각 만들고 부지런히 콘텐츠를 제작해서 올리고 있었다. 하지만 구독자는 쉽게 늘어나지 않았다. 물론 압도적으로 좋은 콘텐츠를 올릴 수 있다면 채널의 이름이 무엇이든 관계없겠지만, 콘텐츠 제작에 뛰어난 능력을 갖진 못했기 때문에 더욱 활성화할 방법을 고민했다.

그러다 깨닫게 되었으니 바로 채널 명칭에 대한 오류를 범했던 것이었다. 사람들이 좋아할 브랜드를 만들기로 작정하고 직원들과 아이디어를 모은 끝에 '여행을부탁해'라는 브랜드로 각종 채널을 다시 정비했고, 이미 2년의 시간이 지나가 버렸지만 이 시행착오를 통해서 지금은 여행을부탁해가 나름대로 자리를 잡아가고 있다.

'투어비여행사'가 익숙하지 않은 작은 브랜드라서 와닿지 않을 수도 있으니 대한민국의 1등 브랜드라고 할 만한 대기업 브랜드를 예로 한 번 설명해 보겠다. 삼성전자가 어느 날 구독자를 유치해서 브랜드에 열광하도록 해야겠다고 결정하고 '삼성전자'라는 페이스북 페이지, 인스타그램, 밴드, 유튜브 계정을 개설했다고 하자. 이제 사람들에게 '삼성전자'를 구독하라고 홍보한다면 서둘러 구독하고 싶을까? 아니면 광고를 실컷 보게 될 것 같아서 구독을 꺼리게 될까? 아마도 후자인 경우가 많을 것이다.

그런데 삼성전자에 근무하는 똑똑한 김 대리가 아이디어를 냈다. 사람들이 관심을 갖고 선호할 만한 채널을 만들어 사람을 모은 다음 그곳에 종종 삼성전자의 광고나 캠페인을 내보내자는 묘안을 제시해서 '스마트폰 100배 활용 꿀팁'이라는 채널을 만들었다면? 이 채널명 아래에 자그맣게 'by 삼성전자'라고 적혀 있다면 어떨까? 관심도 가고 삼성전자라니까 한층 더 양질의 콘텐츠를 제공할 것 같은 기대감이 들지 않을까? 이렇게 사람들을 모은 후에 삼성전자가 원하는 것들을 시도하면 된다.

마치 잡지책을 발행하는 것과 흡사하다. 역술가가 출판사 이름을 삼성출판사로 지어야 성공한다고 해서 잡지책 이름까지 꼭 삼성출판사여야 할 필요는 없는 것과 마찬가지이다. 내 회사의 상호가 잡지책 이름으로 사용하기에도 안성맞춤인 경우가 있겠지만, 혹시 걸맞지 않다면 브랜드를 만들어서 제호로 사용하는 쪽이 마케팅의 성공 확률을 높여 줄 것이다. 물론 회사의 공식 계정을 만들어서 회사 소식을 전하는 것도 필요하겠지만, 우선 사람을 모으는 구독자 마케팅에서는 구독자들이 관심을 갖고 좋아할 만한 잡지책 이름을 정한 후 양질의 콘텐츠를 쌓아 나가는 것이 성공의 지름길임을 명심하자.

언젠가 잡지책 이름이 엄청난 구독자를 모으고 성공하게 되면 거꾸로 잡지책 이름을 회사 상호로 변경하게 되는 사례도 곧잘 접한다. 무엇보다도 사람들이 사랑하고 싶은 브랜드를 만들고 그 브랜드에 열광하도록 만드는 것이 오늘날 마케팅의 핵심이라고 봐야 하겠다.

브랜드명을 정할 때는 가급적이면 특허청에 상표 등록이 가능한지도 염두에 두고 알아보는 것이 더 좋다. 유명해지는 것은 좋지만, 막상 사업적으로 활용하려고 했더니 상표를 등록하지 못해서 그 브랜드를 사용하지 못한다면 아쉬움이 클 수밖에 없다. 사업을 하면서 의지가 되는 협력자들을 곁에 두는 것은 큰 복인데, 변리사도 그중의 한 사람이라고 생각한다.

요즘엔 변리사 없이도 내가 등록하고 싶은 상표와 동일한 상표가 특허청에 등록되어 있는지부터 검색해서 확인해 보고, 특허로(전자 출원을 할 수 있는 사이트)의 안내 동영상을 참고로 직접 상표 출원 서류를 작성할 수 있다. 이렇게 셀프 출원 신청을 하면 비용도 현저히 줄일 수 있으므로 약간의 공부를 해서라도 스스로 해 보길 바란다. 온라인으로 검색 및 출원까지 직접 할 수 있도록 시스템이 잘 갖춰져 있다.

상표 출원을 위한 검색 http://beginner.kipris.or.kr
특허로 사이트 http://www.patent.go.kr

⑤ 여행사들은 왜 밴드 마케팅을 하는가?

중소형 여행사들은 밴드 마케팅을 무척 많이 이용하고 있다. 어째서일까? 몇 가지 이유들과 함께 밴드 마케팅의 활용 전략까지 알아보도록 하자.

첫째, SNS 매체들은 저마다 주요 사용 연령대를 가지고 있다.
인스타그램은 10대, 20대, 30대 순으로 많이 사용하고, 페이스북은 20대, 10대, 30대 순으로 사용하고, 밴드는 50대, 40대, 60대 순으로 많이 사용한다는 통계를 기반으로 어떤 연령대에 어떤 도구들이 적합하겠다는 생각을 할 수 있다. 전통적인 방식의 여행사를 이용하는 고객들의 연령대는 어떻게 될까? 20대, 30대들은 스마트폰으로 스스로 여행을 준비해 떠나는 세상이 왔다. 그러나 50~70대의 여행자들은 여행사의 대면 서비스를 받는 쪽을 선호하곤 한다. 따라서 여행사를 주로 이용하는 연령대에 적합한 밴드를 운영하게 되면 성과로 이어지기 때문에 이를 활용하는 것이다.

둘째, 사람을 담아 두고 달궈 주기에는 밴드가 제격이다.
이제 여행 사업을 막 시작했다고 생각해 보자. 지인들에게 내가 여행사를 차렸다는 단체 문자를 한 번에 300명에게 보내면 내가 여행사를 한다는 사실은 알게 되었겠지만 6개월, 1년이 지나서 그 지인들이 여행을 갈 때 과연 내게 일부러 연락해서 여행을 떠날 사람들이 얼마나 될까? 친구가 내 여행사가 아닌 다른 여행사를 통해 여행을 갔다고 해서 미워하면 사업가답지 못하니 원망하지 마라. 전부 내 탓이다. 사람은 망각의 동물이거늘 하물며 바쁘게 살면서 남이 하는 일을 머릿속에 입력해 두고 있다가 문의하기란 쉽지 않다.

결국 내가 여행 사업을 하니까 여행 갈 땐 무조건 나한테 오도록 확실히 각인시키는 것이 최선이다. 가장 좋은 방법은 매일 아침 내가 여행사를 하고 있으니 여행 갈 때 내게 꼭 물어보라고 문자를 보내는 것이다. 아마도 100일 동안 매일같이 아침마다 보내면 지인들은 평생 나를 잊지 못하겠지만 부작용이 하나 발생할 가능성이 높다. 친한 친구라면 전화를 걸어 욕을 퍼부을 것이고, 보통 지인들이라면 내 번호를 스팸 차단할 것이다.

그렇다고 모두 카카오톡 플러스친구로 친구 신청을 하라고 한 다음에 매일 카톡으로 알림을 보낼 것인가? 종종 이렇게 하는 여행사들을 보곤 하는데, 이는 비용도 낭비지만 사람들은 카톡의 광고 글도 역시 피곤해 하는 법이다. 카톡 광고는 격주에 한 번 정도만 보내는 것이 적당하다고 생각한다.

그러면 어떤 방법이 있을까? 일단 우리 여행사만의 매력적인 제목을 가진 밴드를 하나 만든다. 그런 다음 그 안에 내용을 조금 채워 넣는다. 이제 지인들을 초대하기 시작한다. 문자로, 전화로, 카톡으로 초대 링크를 보내서 가입하도록 유도한다. 이때 제일 중요한 것은 지인들의 명단을 만들어 두고 실제로 가입했는지 하나하나 체크해서 반드시 가입시킨다는 각오를 다져야 한다. '여행을 가 주진 못해도 여행 밴드에 가입은 해 줘야지!'라고 강하게 압박을 가하면서라도 말이다.

이제 지인들이 들어왔다면 할 일은 매일 2~3개의 여행 상품 또는 정보를 올리는 것이다. 현재 밴드는 1,000명 가입자까지는 가입 시 알람이 울리도록 기본으로 설정된다. 내가 글을 올리면 지인들의 스마트폰으로 밴드에 새 글이 올라왔다는 알람이 뜨게 된다. 하루에 두세 번 알람이 울리는 정도라면 문자나 카톡처럼 성가시게 여기진 않는다. 물론 그 알람들을 매번 클릭해서 글을 들여다보지는 않겠지만 매일 이 여행사는 쉼 없이 일하고 있다는 인상을 받게 된다는 점이 중요하다.

그렇게 100일이 지나도 매일 글이 두세 개씩 올라오면 참 성실하다고 인식하게 된다. 그러다가 여행 갈 일이 생기면 밴드 회원으로 가입되어 있는 지인들은 자연스럽게 내게 연락하게 된다. 이것이 밴드 마케팅의 첫걸음이자 가장 효과적인 활용 방식이다. 모르는 사람들을 많이 모아서 마케팅하는 것은 그 다음 단계라는 점을 잊지 말고 꼭 지인들부터 담아서 시작해 보길 바란다.

셋째, 밴드는 운영과 관리가 쉽다.
밴드에 올리는 여행 상품 요약은 누구나 쉽게 할 수 있다. 그것도 일이 될 수 있는 만큼 본사에서 직원이 콘텐츠를 만들어 올리면 각 가맹점들의 밴드로 퍼 나르게 하는 시스템으로 운영하고 있는데, 가맹점들은 하루에 10분 투자로 콘텐츠 세 개를 올릴 수 있다. 또한 여행업계는 이미 밴드에 여행사와 랜드사 사장들이 모여들어 서로 자기 상품을 팔아 달라고 힘쓰고 있기 때문에 그 상품들을 퍼 와서 잘 편집하면 쉽게 양질의 상품과 콘텐츠를 가공해서 올리기 편하다는 점을 밴드 마케팅의 장점으로 들 수 있다.

넷째, 밴드는 회원들과 소통하기 좋은 도구이다.

홈페이지가 온라인 마케팅의 시스템적 효과를 가장 잘 활용할 수 있는 도구라면, 밴드는 고객들 아니 회원들과 가장 소통하기 좋은 도구이다. 우리 여행을부탁해 밴드 회원들은 그동안 들인 노력의 결과로 언제든지 밴드 운영진에게 편하게 긍정적인 피드백을 주고 일대일 채팅을 통해서 여행 문의를 한다. 밴드는 24시간 시간의 제약 없이 문의하기에 좋을 뿐만 아니라 종종 오프라인 모임이나 회원들과 함께하는 여행을 통해서 소통하고 공감하므로 소속감을 높여 나가기에 알맞은 도구이기도 하다.

다섯째, 밴드에는 단체 문자처럼 푸시 알림 기능이 있다.

때때로 중요한 사항을 고객들에게 전달하려고 할 때 휴대폰 문자 메시지가 가장 강력한 도구임에는 틀림없다. 하지만 밴드를 운영하다 보면 개인 연락처를 확보하지 못한 고객들도 많이 생긴다. 이때 밴드의 단체 알림 기능은 활용도가 높은 중요 수단이 된다. 회원 수가 늘어나고 활발히 교류하게 되면 밴드에서 우리만의 여행 상품을 기획해서 모집하고 함께 여행을 떠나는 일이 가능해지는데, 이때 이런 푸시 알림이 큰 도움이 된다.

밴드뿐 아니라 우리가 타깃으로 하는 고객층이 20~30대라면 페이스북 그룹을 활용하는 전략을 쓸 수 있다. 점점 나이를 먹어 가기 마련이라 언젠가 지금의 20~30대가 50대가 된다고 해서 밴드를 사용하게 되지는 않을 것이다. 그렇기 때문에 현재의 20~30대를 위해서는 어딘가에 가망 고객들을 담아서 우리 브랜드를 사랑하도록 달궈 주는 활동을 벌일 계획을 세워야 한다. 하지만 지금 당장 가장 효과적인 마케팅 도구를 하나 꼽으라면 역시 밴드가 손쉽고 유용하다는 점은 확실하다.

6 마켓 4.0에서는 브랜드 옹호자를 만들어야 한다

앞에서도 언급했던 현존하는 마케팅의 아버지라 불리는 필립 코틀러는 『마켓 4.0』이라는 저서에서 빠르게 발전하는 IT 환경 속에서 세상의 트렌드가 급격히 바뀌고 있음을 이야기한다. 특히 4차 산업혁명이 가져다준 변화에 우리가 어떻게 대응해야 하는지를 잘 보여 주고 있기 때문에 사업을 하려는 사람이라면 한 번 읽어 볼 만한 책이다. 간단히 그동안 마켓이 어떻게 변화해 왔는지 언급하고 여행업에서 최종적인 마케팅의 큰 틀에 관한 이야기를 나눠 보자.

마켓 1.0은 기계화가 되면서 잘 만들면 팔리는 제품 중심의 시대이다.

마켓 2.0은 전기를 이용한 대량 생산이 가능해지면서 소비자가 좋아할 것을 만들어 내는 소비자 중심의 시대이다. 이것은 다른 말로 소비가 있는 시장이 어디인지를 파악하고 제품과 서비스를 만들어 내는 시대라는 뜻이고, 이때부터 본격적으로 판매 경쟁이 생기고 마케팅을 제대로 해야 하는 시대로 진입한 것이다.

마켓 3.0은 인터넷으로 촉발된 소셜 네트워크의 확산이 창조한 인간 중심이되 가치와 스토리를 입혀야 팔리는 시대이다. 정보의 홍수 속에서 기억되어야 하는 것이 마케팅의 핵심이다.

마켓 4.0은 ICT(Information and Communication Technology, 정보통신기술)의 발달로 자동화와 지능화가 진행되면서 이루어진 첨단 기술과 인간화라는 융복합의 시대를 말한다. 사람들은 연결되어 있으며, 이 연결된 소비자들이 우리 브랜드에 호기심을 갖게 하고, 몰입하게 하고, 친밀감을 갖게 해야 한다는 것이다.

이런 이론적인 이야기를 하는 이유는 궁극적으로 마케팅에도 큰 흐름이 있고, 여행업은 이런 마케팅에 무척 민감하게 반응하는 분야이기 때문이다. 즉 트렌드에 맞게 마케팅 전략을 전개해야 한다. 여전히 대형 여행사들은 수요가 많을 것으로 예측되는 여행 상품을 만들어서 대량 생산과 대량 판매로 좋은 성과를 내고 있다. 하지만 소형 여행사들은 변화하는 마켓의 특성에 어필할 수 있는 마케팅 방식을 추진해야 살아남는다.

세상의 모든 사람들이 연결되어 있는 시대이기에 이제는 나만의 매력적인 여행 상품을 만들어 그 상품을 좋아할 사람을 찾아내는 일이 예전보다 쉬워졌다. 그렇게 내가 만든 여행 상품의 타깃 고객들을 대상으로 한 팀 한 팀 행사를 진행하다 보면, 딱 이런 상품을 원하던 사람들이 연결 연결되어서 지구 끝 어딘가에 숨어 있는 가망 고객들이 찾아오게 된다. 이런 과정에서 중요한 것은 내가 모은 고객들을 그저 여행 상품을 이용한 고객으로만 여기지 말고 우리 브랜드에 몰입하고 친밀감을 갖도록 만드는 일이다.

그러면 어떻게 해야 할까? 앞에서 밴드 마케팅에 관해 상세히 이야기했는데, 바로 그 밴드 마케팅을 통해 공감하고 함께한 경험들이 브랜드 옹호자를 만들어 내는 과정이다. 우리 여행사에서 운영하는 '여행을부탁해' 밴드에 가입해서 여러 글들과 운영 상황을 살펴보면 쉽게 따라 할 수 있겠지만, 마케팅의 트렌드를 더욱 객관적으로 명확히 이해할 수 있도록 밴드와 유튜브 사례를 들어 설명해 보려고 한다.

2시간 동안 차 한잔 마시는데 400만 원, 4시간 마시면 800만 원?

내가 심리 상담과 심리 치료 전문가라고 가정해 보자. 앞으로 2시간에 400만 원, 4시간에 800만 원을 내고 나와 차를 마시면서 상담 받을 소비자를 찾아내 집중 마케팅을 펼쳐야겠다고 생각했다면? 쉽지 않으리라 예상할 수 있다. 이는 마켓 2.0 방식으로 생각한 것이다. 그러면 내 가치를 어필하고 스토리를 입혀서 나와 차를 마시며 상담하는 것으로 모든 심적 고통이 해결될 수 있다고 마케팅한다고 하면 과연 고객들이 줄을 설까? 이것은 마켓 3.0 방식으로 생각한 것이다.

여기서 마켓 4.0 방식으로 전략을 수정해 보자. 심리 상담과 치료가 필요하거나 관심 있는 사람들을 10만 명 모으겠다는 각오로 오늘부터 열심히 유튜브를 시작한다. 마음의 위로가 되는 책을 리뷰하고, 심리 치료에 대한 강의를 찍어서 올리고, 실제 상담 사례에 대해 이야기한다. 상담 치유라는 내 브랜드를 사람들이 인식하게 되고, 채널을 구독하고, 종종 '감사하게도 이렇게 좋은 내용을 왜 돈도 안 받고 알려 주지?'라고 생각하는 일들이 벌어진다면 구독자가 점점 늘어날 것이다. 그렇게 구독자가 늘어나고 내가 제공하는 무료 콘텐츠로 많은 위로를 받은 사람들이 고맙다고 댓글을 달기 시작한다. 점점 나에게 몰입하고, 나와 친밀감을 생성해 간다. 나를 좋아해 주는 사람들도 나타나게 되면서 일종의 우리들만의 연예인이 되는 것이다.

이제 10만 명의 구독자가 생겼다. 물론 유튜브를 통해서 광고 수익도 발생하겠지만 이는 학습 목적과 별개의 이야기이니 무시하고, 브랜드 옹호자를 만드는 과정에 대해 집중적으로 다루어 보자. 어느 날 내 동영상의 열혈 구독자들을 대상으로 정기적인 오프라인 모임을 시작한다. 참석자들은 오프라인 모임을 통해서 점점 더 나와 신뢰가 쌓이면서 나를 지지하게 된다. 나는 상담 치유를 위한 티타임을 가졌던 사람들에 관해 말을 꺼낸다. 그들이 얼마나 만족했는지를 이야기하면서, 그 4시간의 기적과 같은 티타임은 800만 원이라고 한다면 어떤 결과가 나타나게 될까?

심리 상담과 치료에 관심이 있고 내게 신뢰를 보내는 구독자라면 모두 개인적인 상담을 받고 싶을 것이다. 물론 금액이 걸림돌이 될 수 있겠지만, 10만 명이라는 구독자 중 상담비로 800만 원을 기꺼이 지불할 수 있는 사람이 100명쯤은 충분히 있다. 그렇게 4시간 동안 차를 마시며 마음의 위로를 주는 상담 치유 사업은 성공의 길로 향하는 것이다.

마켓 4.0에서 연결된 사람들과 브랜드 옹호자를 만드는 것의 중요성을 설명하고자 진행의 세세한 부분은 생략하고 이야기한 점을 감안하더라도, 4시간 동안 차를 마시면서 상담을 받는 데 800만 원을 낼 사람을 어렵게 찾아내서 마케팅하는 것보다 마음의 위로를 받고 싶은 사람들 10만 명을 모은 후 거기서 800만 원을 지불할 사람을 찾는 쪽이 확실히 가능성이 높아 보이지 않는가? 지금의 마케팅 트렌드는 유익함을 제공해서 사람을 모으고, 모인 사람들 중에서 소비자들을 앞으로 나오게 하는 방식임에는 틀림없다.

여행을부탁해가 사랑받는 브랜드가 되기까지

여행을부탁해 밴드는 여행 상품 정보를 올리는 한편, 매주 금요일은 여부해(여행을부탁해) 이벤트 데이로 지정해 행사를 꾸준히 진행하고 있다. 회원들은 여행 상품 정보를 홈쇼핑 방송 보듯이 부담 없이 보면서 종종 이런 여행을 가고 싶다고 생각한다. 금요일 이벤트 데이에 참여할 때는 밴드 회원으로서 함께하고 있다는 생각을 갖게 된다. 그러다 응모한 것이 우연히 당첨되기라도 하면 무척 행복하고 감사한 마음에 어쩔 줄 모른다.

일상 속에서 이런 재미를 느끼는 기회가 흔치 않은데, 여행을부탁해 회원들끼리만 떠나는 여행 상품이 생기면 다 같이 여행까지 떠난다. 여행을부탁해 배너를 든 채 사진을 찍고, 우리가 여행했던 사진과 에피소드들을 정리해서 다시 밴드에 올리면 다녀온 회원들은 새삼 친밀감을 느끼게 되고 이번에 함께하지 못했던 회원들은 다음엔 자신도 꼭 참여하고 싶다고 생각한다. 무엇보다 운영진이 대가 없는 선물을 주거나 혜택을 나누는 모습에서 감동을 받기도 한다. 점점 여행을부탁해 브랜드를 사랑하게 되는 것이다.

〈여행을부탁해 회원 여행〉

〈여행을부탁해 금요 이벤트〉

　단순히 여행 상품 문의만 하는 일반 고객들과 달리 여부해 회원들은 개인의 다양한 여행 패턴을 반영한 문의들을 서슴없이 밴드를 통해 주고받고 있다. 처음부터 치밀한 전략을 세우고 이런 일을 해 온 것은 아니다. 진심으로 회원들과 잘해 보고 싶었던 것이 시작이었을 뿐이다.

　이번 주제에서 마케팅 트렌드를 이해하는 데 유튜브와 우리가 운영하는 밴드가 좋은 사례가 될 것 같아서 체계화해 이야기해 보았다. 여행 사업을 시작하는 여러분에겐 앞으로 어떤 사람들을 어떤 방법으로 모으고, 또 어떻게 내 브랜드를 사랑하게 만들 것인지를 심사숙고할 시간이 필요하다.

❼ 당신의 습관이 SNS 마케팅 성공을 부른다

SNS 시대에서 마케팅은 어떻게 해야 잘하는 것일까? 정답을 먼저 이야기하면, 성실한 사람이 성공한다고 말하고 싶다. SNS 마케팅은 직접 하는 방법과 돈을 주고 전문 업체에 일을 맡기는 방법으로 나눌 수 있는데, 소형 사업자로 시작한다면 초기에 직접 하는 수고와 꾸준히 하는 습관이 나중에 엄청난 아군이 되어 돌아온다는 측면에서 이야기해 보겠다.

내가 아는 분 중에 SNS 강의를 하는 여성 강사가 있다. 그녀에겐 48세인 언니가 한 명 있는데, 하루는 회사를 그만 다니고 싶다고 푸념을 했다. 그러자 동생이 언니에게 자신이 가르쳐 주는 대로 1년만 열심히 하면 직장을 그만둘 수 있다고 운을 뗐다. 그 당시 카카오스토리 채널이 성장하고 있을 때였는데, 카카오스토리에 매일 글과 사진을 3개씩 올려 보라는 얘기였다.

언니는 하루에 두 시간 정도 집중하면 할 수 있을 것 같아서 해 보겠다고 하고 새로운 도전을 시작했다. 100일간 마늘과 쑥만 먹으면 곰도 사람이 된다는데, SNS 마케팅을 100일을 넘어 1년 하면 직장을 벗어날 수 있다는 말에 반드시 해내고야 말겠다고 다짐했다.

동생에게 어떤 주제로 하면 좋을지 조언을 구했더니 자신이 가장 즐겁게 할 수 있는 주제를 선택하란다. 언니는 평소 패션에 관심이 많았기 때문에 패션을 주제로 채널을 개설했다. 매일 아침 일찍 일어나서 구글링을 통해 외국 사이트들에서 그날의 가장 핫한 패션 뉴스들을 골랐다. 사진은 저작권에 신경 쓰지 않고 올렸고, 내용은 영어를 한국어로 번역해 만들었는데 번역기가 있어서 그다지 어렵진 않았다.

권장할 사항은 아니지만 저작권에 관해선 국내용 SNS 매체라는 특성상 외국 사진들을 퍼 와도 문제가 될 일이 별로 없다고 보는 편이다. 이런 콘텐츠 채널을 열심히 운영하는 사람들은 그냥 부지런히 해서 성공하는 게 우선이라고 말하곤 한다. 나중에 문제가 되면 그때 벌금을 물면 된다는 식이다.

하루에 3개의 글을 작성할 때 아침, 점심, 저녁으로 나눠서 쓰면 번거로울 것 같아서 새벽에 일어나 한 번에 3개를 다 작성하기로 했다. 집중해서 작업했더니 2시간이 걸렸다. 계속할수록 점점 작업 시간이 줄어들었다. 아마 글이 왜 3개인지 궁금할 것이다. 카카오스토리채널은 구독자에게 새 글 알림이 하루에 3개만 발송된다. 그 이상 글을 써도 낭비일 수 있기 때문에 3개만 작성했다. 또한 아침에 작업했다고 해서 3개를 동시에 올리는 것은 효율성이 떨어지므로 예약 등록 기능을 이용해서 아침에 1개, 점심에 1개, 저녁에 1개가 발행되도록 설정하면 편리하다.

6개월 동안 열심히 하루도 거르지 않고 글을 올렸다. 이때 꼭 기억할 것이 있다. 구독자 유치를 수작업으로 한다면 적어도 초기에 지인들을 구독자로 만드는 일은 반드시 완수해야 한다. 아는 사람들을 한

명 한 명 모아서 100명 이상은 확보해 놓고 좋은 글을 올려야 좋아요
와 공유하기가 이루어지면서 구독자가 늘어날 수 있다. 6개월 동안 글
을 올린 결과 6,000명의 구독자가 생겼다. 그런데 SNS 마케팅은 꾸
준히 하다 보면 어느 순간 티핑 포인트(Tipping point)에 도달한다.
갑자기 급성장하는 날이 오는 것이다.

　하루는 어떤 글을 올렸는데 공유하기가 1,000건에 이르렀다. 공유
하기는 좋아요의 100~200배의 힘이 있다. 공유하기 1,000건은 좋아
요 10~20만 건이나 다름없다는 뜻이다. 누군가 내 글을 공유하기로
가져간다면 그 사람의 친구들에게 노출되는 것이므로 진정한 인맥의
파도를 타는 일이 벌어진다. 그 글 1개로 인해서 이제 하루에 1,000
명씩 구독자가 늘어났다. 그 덕분에 6개월간 6,000명의 구독자였는
데, 7개월 차에 구독자가 4만 명으로 늘었다. 드디어 승기를 잡은 것
이다.

　이때 패션 소품 유통을 하는 어떤 분에게 연락이 왔는데, 자기 제
품에 대한 글과 사진을 줄 테니 올려 달라며 광고비로 30만 원을 주겠
단다. 매일 글을 3개씩 올렸는데 다 만들어진 글과 사진 1개를 올리는
것은 일도 아니었다. 바로 글을 올리고 30만 원을 챙겼다.

　점차 이런 문의가 늘어나기 시작했다. 가만히 따져 보니 하루에 1
개를 올릴 수 있게 된 것이다. SNS는 빨간 날이 없기 때문에 30일 동
안 매일 광고 글 하나를 올리면서 900만 원을 벌 수 있었다. 하지만 너
무 과한 광고 글은 구독자에게 악영향을 미칠 수 있기에 적절한 수위

를 지키며 게재해야겠다고 다짐하면서 마침내 회사를 그만두었다.

나는 블로그를 매일 꾸준히 하면 무언가 될 수 있겠다는 생각으로 열심히 글을 쓰고 관리해 하루 방문자 3,000명을 달성했다. 여행사를 하면서 이 블로그에 원하는 공략 키워드로 글을 쓰고 인터넷 검색 최상위에 노출시켜 블로그 마케팅 효과를 체감할 수 있었다. 이를 토대로 지금은 2개의 블로그를 운영하고 있는데, 이는 여행사 창업 1년 만에 직원 4명을 둔 여행사로 성장시킨 원동력이 되었다.

블로그나 다른 SNS 매체의 서비스 제공자가 네이버나 카카오일 경우 어느 날 내 계정을 차단해 버리는 일이 생길 수 있는 만큼 항상 내용 면에서 수위 조절을 적절히 하면서 조심스럽게 운영해야 한다. 나는 블로그 하나 열심히 운영한 덕분에 광고비 2억을 아낄 수 있었다는 경험을 통해 무엇인가를 성실하고 꾸준히 하는 것의 힘을 실감했다.

내가 잘하고 싶은 채널을 정하고, 그 채널을 잘 운영하고 있는 다른 사람들은 어떻게 하고 있는지 자세히 들여다보고, 나만의 전략을 세워서 꾸준히 열심히 한다면 결국 뛰어난 성취를 이루게 되는 것이 불문가지(不問可知)라 하겠다. 인스타그램, 유튜브, 밴드, 페이스북, 블로그 등에 가능하다면 열정적인 노력을 1년만이라도 기울여 보길 바란다. 만약 정말 잘할 자신이 없다면 나를 대신해서 매일 이런 운영을 해 줄 아르바이트생을 구해서 매달 월급을 주면서라도 계정을 키우는 대안도 고민해 보자.

당신의 습관이 SNS 마케팅의 성공을 부른다는 점을 기억하고, 당장이라도 누군가 잘하는 사람이 있다면 찾아가서 배우고 도움을 받는 것에서부터 마케팅을 학습하고 적용하기 시작해야 한다.

⑧ 밴드 마케팅의 성공 사례를 들려준 선배와의 대화

지금까지 마케팅의 이론, 마케팅 트렌드, 성실함의 중요성 등을 이야기했으니, 본격적으로 구독자 마케팅의 성공 사례로서 여행업에서 가장 이해하기 쉽고, 접근하기 쉬운 밴드 마케팅의 성공 사례를 함께 살펴보자. 실제 성공 사례가 가진 힘은 막연하게 생각하던 것들을 실행하도록 이끌 수 있다. 다만 글을 통해서 살펴볼 때는 정보를 완전히 공개할 수 없기에 명확한 상호나 명칭을 사용하지 못하고, 이해를 돕기 위해서 상상력과 추리력을 가미했다는 점을 사전에 고지하며 시작해 보겠다.

나 역시 처음부터 구독자 마케팅이나 밴드 마케팅에 확신이 있었던 것은 아니다. 초기에 밴드를 열심히 운영해 보자고 했더니 직원들은 "하고 있는 일도 바쁜데 이걸 꼭 해야 하나요?"라고 되물었고, 수작업으로 다른 밴드 회원들을 초대해 오는 일은 별로 하고 싶지 않다는 반응이었다. 결국 나 혼자서 밴드를 만들어 지인들을 끌어모으고 다른 밴드의 회원들에게 초대장을 보내는 일을 시작했다.

나 홀로 밴드 운영을 4개월간 해 가며 회원 수가 460명이 되던 어느 날, 회원 한 분이 다낭 가족 여행을 여섯 명이 가고 싶다고 문의 글을 남겼다. 담당 직원이 상담을 진행했고 계약이 성사되어서 그 가족은 여행을 떠나게 되었다. 이날부터 직원들의 태도가 달라졌다. 우리 직원들이 주로 젊은 층이라서 평소에 밴드를 사용하지 않았고, 밴드에 여행 상품 정보를 꾸준히 올리는 것이 무슨 의미가 있는지, 과연 밴드 회원들로부터 반응이 있을지에 대한 의구심만 가득했는데, 결국 계약이 이루어지니까 '뭔가 되긴 되나 보다' 하는 생각을 가진 것이다. 그때부터 직원들도 밴드 회원들 초대하기에 동참해 주었고, 지금은 검색 노출 마케팅과 밴드 마케팅 이 2가지에 집중하고 있다.

이렇게 구독자를 모으기 위해서 꾸준히 흔들리지 않고 콘텐츠를 만들어 올려야 하는 마케팅 유형은 될 것이라는 확신을 갖는 일이 중요하다. 남의 성공 사례를 통해서라도 '하면 된다'라는 신념을 가질 수 있는 계기가 되었으면 싶다.

하루는 타 밴드들은 어떻게 운영하는지 궁금해서 들여다보다가 아는 선배님이 운영하는 골프 여행 밴드를 발견했다. 1만 명이던 회원이 몇 달 지나서 2만 5,000명까지 늘어났고, 밴드 내에 각종 게시 글과 댓글, 이벤트 등 역동성이 대단했다. 너무 궁금해서 선배님께 전화를 걸어 한 번 찾아뵙겠다고 한 후 한걸음에 달려가 이야기를 나눴다.

선배님께서 말씀하시길 나이는 예순이 다 되어 가는데 평생 해 온 여행사가 직원들 월급 주기도 힘들어지는 상황이 되다 보니 자신도 모바일 환경에 친화적인 무엇인가를 해야겠다고 생각했단다. 앱을 개발할 것도 아니고 가장 손쉽게 할 수 있는 것이 밴드라고 생각했고, 여행 중에서 특히 본인 연령대에도 잘 맞는 골프 여행을 주제로 삼아야겠다고 결정했다. 그렇게 골프 여행 밴드를 시작해서 하루에 1,000명을 초대하지 않으면 잠을 자지 않겠다는 각오로 부지런히 글을 올리고 다른 밴드 사람들 초대하기를 1년. 드디어 회원이 1만 명이 되었고, 그 뒤 6개월은 네이버 밴드 카테고리 내 추천 밴드로 올려져 1만 명이 또 늘어나서 2만 5,000명을 돌파했다는 이야기였다.

그 얘기를 듣다가 "형님! 그때는 다른 밴드에 들어가서 인원 제한 없이 초대할 수 있었으니까 좀 쉬웠을 것 같은데, 지금은 계정 1개로 하루에 50명까지만 초대가 가능해서 힘들어졌어요."라고 했더니, 선배님은 내 말을 듣자마자 한마디했다. "너는 그런 자세로 사업하냐? 1,000명 초대해야 하는데 계정 하나당 50명밖에 안 된다면 당장 나가서 알뜰 폰 20대 개통해서 갖다 놓고, 폰 한 대당 50명씩 초대해 봤자 1시간이면 끝날 텐데 방법을 찾아야지!"

순간 망치로 머리를 맞은 것 같았다. '이런 정신과 사업을 대하는 태도가 선배님을 성공으로 이끌었구나!' 하는 깨달음을 얻고 안이했던 나 자신에 대해 반성했다. 곧이어 수익은 얼마나 되는지 물었더니 하루에 골프 팀 견적 문의가 50팀가량 들어오는데 그동안 골프 여행 노하우가 쌓여서 30팀쯤 성사된다고 했다. 1인당 10만 원이 남는다고 가정할 때 골프 여행 한 팀이 네 명이니까 30팀이면 120명, 금액으로 따지면 하루에 1200만 원을 버는 셈이다. 정확한 수치는 아니지만 직원들 월급 줄 걱정을 하던 육십에 가까운 선배님이 회사를 살려 낸 것이다. 감동적이었다.

그런데 선배님께서 한마디를 덧붙였다. "환성아, 내가 골프 여행만 팔려고 이렇게 열심히 한 줄 아니? 하루는 제주도에서 감귤 농사짓는 후배가 작황이 좋은데 많이 못 팔았다고 하더라. 그래서 내가 300박스 팔아 보겠다고 우리 밴드에 글을 올렸지. 후배가 농사지은 맛있는 감귤 주문 좀 하라고. 1시간 만에 완판되어 버리더라고. 그때 확신했지. 구매력이 있는 골프 여행 회원들을 모았더니 감귤도 팔리는구나. 그럼 골프 용품을 판매하면 어떨까?"

지금도 선배님을 찾아갔던 날의 기억이 생생하다. 이 만남이 나에게 확신을 주었고, 새로운 마케팅 도구들에 대한 관심과 더불어 사람을 모은 후 캐시로 전환할 수 있다는 마케팅 논리에 현실 사례를 더하니 스스로에게 동기 부여가 되었다. 항상 감사한 마음으로 지금도 보고 배우고 있으며 아직 갈 길이 멀지만, 우리 여행사도 열심히 밴드를 운영한 덕분에 우리 브랜드를 사랑해 주는 회원들이 종종 여행을 잘 다녀왔다고 연락을 주기도 하고, 밴드에 자주 출석하지 못한 회원은 그간의 개인 사정을 따로 연락해 올 정도로 여행사인 듯 여행 동호회인 듯 고객들과 교감이 상당히 커졌다는 점에서 희열을 느끼고 있는 요즘이다.

밴드 마케팅을 어떻게 잘할지에 관한 방법론은 뒤로하고라도 이런 정신과 자세를 배우길 바라는 의미에서 선배님과의 대화를 공유했다. 마케팅 방법은 남들이 어떻게 하는지 하루 이틀 관심 있게 지켜보면 익힐 수 있다. 밴드를 구독자 방식의 마케팅 도구로 활용하는 경우에는 '홈쇼핑 방송'이라고 생각하고 운영하면 된다. 좋은 상품을 잘 정리해서 올리기만 해도 훌륭한 콘텐츠로 변모한다. 사람들은 여행을 좋아하고, 특히 여행 상품의 사진과 상품 가격대 등을 즐겨 보곤 한다는 점만 알면 쉽게 접근할 수 있다. 더 상세한 전략과 실행에 관해서는 글로 담기엔 부족함이 있기에 현장에서 뵙고 함께 학습할 기회를 가졌으면 하는 바람이다.

❾ 여행에미치다의 성공을 마케팅 관점으로 해석해 보자

여행 관련 콘텐츠 사업으로 가장 성공적으로 성장한 브랜드를 꼽으라면 '여행에미치다'가 아닐까 싶다. 이들의 성공은 뉴스를 통해서도 많이 알려져 있는데, 조금 다른 관점에서 살펴보고자 한다. 여행에미치다의 성장 프로세스를 사업가적인 관점에서 학습해 보려고 한다. 나는 당연히 여행에미치다 멤버가 아닌 만큼 관찰자 입장에서 논리를 펼치는 것이므로 사실보다는 관점이라는 측면으로 이해해 주길 바란다.

한동안 여행에미치다라는 커뮤니티가 페이스북 그룹으로 성장하는 모습을 보고 있었다. 많은 사람이 이 페이스북 그룹에 여행 질문을 하면 실시간으로 답을 달아 주기도 하며 무척 뜨겁게 활성화되는 모습이었다. 당시 페이스북 그룹은 포털 사이트의 카페와 달리 회원이 가입 요청을 해서 가입하는 방식보다 '납치'라는 방식으로 회원을 그룹에 데려올 수 있었다. 즉 내 페이스북 친구가 5,000명이라면 이 5,000명을 전부 그룹에 담을 수 있었다. 만약 페이스북 친구를 5,000명씩 가진 사람이 10명 모이면 5만 명짜리 페이스북 그룹을 만들기에 용이했던 것이다.

이런 아이디어에서 출발한 것인지는 정확히 알 수 없지만 일단 페이스북 그룹을 만들고 친구를 회원으로 데려와서 자발적 동의가 없는 수만 명의 회원이 있는 그룹이 되었다고 가정하자. 이제 마케팅적인 관점에서 어떻게 하면 이 그룹을 활성화시킬 수 있을지 살펴보자.

그룹에 사람들이 모여 여행에 대한 주제로 이야기를 나누면서 이를 계기로 서로 활발히 교류하게 된다. 소위 '광장 마케팅'의 논리가 발생한다. 광장에 많은 사람을 모아 놓고 놀게 만들면 그곳에 상권이 형성된다는 논리인데, 이것이 그룹에서도 똑같이 작동한다.

다만 페이스북 그룹은 한 가지 단점이 있는데, 회원 가입 형태로 운영되다 보니 확장성이 취약해서 공개적인 확장형 도구가 별도로 필요하다고 느낄 것이다. 페이스북에 페이지라는 일종의 블로그 같은 도구가 있는데 페이스북 회원이라면 누구나 구독하게 할 수 있고, 좋아요와 공유하기를 통해서 확장이 쉽게 되는 채널이다. 그런데 페이스북 페이지가 성공하려면 기존의 모든 SNS 도구가 그렇듯이 양질의 콘텐츠를 담고 있어서 사람들이 퍼 나르고 싶어지는 수준이 되어야만 한다.

여행에미치다가 페이스북 그룹 활성화 이후 페이스북 페이지를 성장시키려던 어느 날 우리나라 SNS 마케팅의 트렌드를 선도하는 회사에 근무하는 후배가 나를 찾아왔다. 종종 그 친구에게 최신 마케팅 트렌드를 배우곤 하는데, 그날 내게 "대표님! 앞으로 동영상의 시대가 옵니다. 지금부터 무조건 동영상을 만들어서 올리세요. 거기에 승부수를 걸어야 합니다!"라고 강조하는 것이었다.

나는 그 후배와의 만남 이후부터 여행 관련 동영상 콘텐츠를 제작하는 것에 대해 고민했다. 동영상을 전문적으로 제작할 수 있는 직원을 뽑는 것은 회사 운영상 어려움이 있어서 직접 만들어 보기로 했다. 하지만 내가 직접 영상 하나를 만들어 유튜브에 올려 보니 콘텐츠 창작과 동영상 제작이 생각보다 힘들어서 결국 포기하고 말았다. 이때 내게 동영상을 열심히 만들어 올리면 성공한다는 확신이 있었더라면 무리를 해서라도 동영상을 제작하는 담당 직원을 채용했으리라 생각한다. 하지만 아직 동영상이 SNS를 평정하기 전이었던 터라 이런 의사 결정을 내린다는 것은 쉽지 않았다.

그러다가 우연히 여행에미치다를 보고 깜짝 놀랐다. 여행에미치다 페이스북 그룹에서 '내 버킷 리스트 여행 영상 만들기'라는 콘셉트를 밀고 있는 것이 아닌가! 과연 이런 영상을 만들어 올리라고만 하면 사람들이 자진해서 만들어 올릴까? 역시 모든 일은 마중물이 필요하다.

내가 조금 일찍 이런 사실을 깨달았다면 다음과 같은 전개가 가능했을 것이다.

우선 영상을 잘 만들어 올릴 만한 아르바이트생을 구한다. 그런 다음 나와 내 지인들의 여행 영상을 제작하기 시작한다. 그러면서 사람들에게 여행 사진을 글과 함께 보내 주면 영상으로 제작해 주겠다고 홍보한다. 그렇게 멋진 버킷 리스트 여행 영상을 30개 정도 만들어서 일주일에 두 개 정도씩 올려 주는 것이다. 어떻게 되겠는가? 이 영상을 보고 자극 받은 회원들도 앞다투어 영상 만들기에 동참하고, 그중에는 뛰어난 영상 기획과 편집 실력을 가진 사람들도 있을 것이다. 보통 여행 사진 정도는 근사하게 찍는 사람들도 많이 있다.

처음에 영상을 제작해서 올리는 것이 저절로 벌어지는 일은 아니더라도 이렇게 돈을 들여서 먼저 첫발을 내딛음으로써 사람들이 참여하도록 만드는 것이 바로 마케팅 전략이다. 마치 식당 앞에 줄을 길게 세우면 그 뒤로 사람들이 줄을 서는 것처럼 말이다.

이제 여행에미치다 페이스북 그룹에 멋진 버킷 리스트 여행 영상들이 올라오기 시작한다. 하지만 역시 그룹은 그룹 내 인원으로 한정된다. 열림 방식의 채널을 통해서 확산시키면 더 널리 알릴 수 있다. 영상을 올린 사람들에게 그룹 운영진이 메시지를 보내서 올린 영상을 더 많은 사람이 함께 볼 수 있게 페이스북 페이지에 올려도 괜찮겠느냐고 물어본다. 뭐라고 답할까? 애초에 자랑하고 싶어서 올린 영상인데, 당연히 좋다고 대답할 것이다.

그러면 페이스북 페이지에 힘들여 영상을 제작해 올리는 창작의 고통 없이도 팔로워(Follower)들이 열광할 여행 영상이 올라오기 시작한다. 결국 페이스북 페이지의 좋아요와 공유하기를 통해서 페이지 구독자가 급증한다. 그룹보다 페이지의 구독자가 커다란 확장성을 가지고 폭발적으로 늘어나는 것이다. 이제 기업들이 자사 브랜드와 상품을 홍보할 목적으로 협찬을 제의해 온다. 비즈니스 모델로 전환이 가능해지는 순간이다. 이 스토리는 여행에미치다의 실제 사례가 아니라 여행에미치다를 지켜봐 왔던 내가 시나리오를 구성해 본 것이다.

여행은 사람들에게 호감도 높은 업종이며, 특히 SNS에 친화적인 아이템이다. 콘텐츠가 강력히 어필하는 업종이라는 점을 기억하자. 여행업계에 플랫폼을 구축하려는 수많은 청춘들이 내게 이따금 사업에 관련된 상담을 하려고 연락이 온다. 수강료를 받고 상담하면서 언제나 이런 논리를 이야기해 준다. 세상은 모두 자연스럽게 성장하고 성공하는 듯이 보이지만 때로는 이런 마중물을 사업자 스스로 만들어 내야만 한다.

여행 상품 중개 플랫폼을 만들었다면서 각 여행사에 여행 상품을 올려 달라고 하거나 무료로 자기 여행 상품을 홍보하고 판매할 수 있다고 말하는 업체가 있다. 하지만 여행 상품을 올리는 것도 하나의 일이고 노력이 필요한데, 아직 성공한 플랫폼도 아닌 곳에 선뜻 올리게 되진 않는다는 점을 기억하자. 사람들이 자진해서 자신의 콘텐츠를 우리 플랫폼에 올리고 싶도록 하기 위해서는 플랫폼 사업자 측에서 돈을 들여 마중물 역할을 수행할 콘텐츠를 만들어 올리는 전략이 필요하다는 것이다.

성실하고 꾸준히 활동해야만
SNS 마케팅에서 성공한다!

인스타그램
유튜브
페이스북
블로그
네이버 밴드

"여행사 혼자 차려 볼까?"

여행 상담력 키우는
실전 노하우

여행 상담력 키우는 실전 노하우

❶ 스테이크도 먹어 본 사람이 잘 판다

여행사 창업 교육을 하면서 수강생에게 하고 싶은 여행업이 무엇이냐고 물어보면 곧잘 골프 투어, 신혼여행, 크루즈 여행 등 특정 테마를 전문으로 여행업을 하고 싶다고 답한다. 이유는 그 분야가 그래도 전문성을 가지고 일하기 좋다고 보기 때문이고, 나름대로 자신이 잘할 수 있어서 그렇다고 말한다. 한 가지 재미있는 사실은 본인은 이런 여행을 가 보지 않았으면서 그 테마를 전문으로 하고 싶다는 사람들을 종종 볼 수 있다는 점이다. 세상일이 그렇듯이 스테이크도 먹어 본 사람이 잘 파는 법이다. 지금 현재 여행사를 운영하고 있지 않다면 여행이라는 스테이크를 제대로 먹어 볼 수 있는 절호의 기회라고 생각하고 본인이 전문으로 하고 싶은 여행을 테마로 직접 다녀 보길 권한다.

오늘 갑자기 내가 골프 여행에 전념하면 돈을 벌 수 있겠다는 생각으로 골프 여행 전문 여행사를 운영하기로 했다면, 단순히 자료를 수집하고 적당한 협력사를 알아보고 판매를 잘하는 것만으로는 부족하다. 적어도 골프 여행으로 유명한 여행사들이 어디인지 파악하고, 그들의 대표 상품들을 정리해서 앞으로 골프 여행 열 곳을 가 보겠다는 자세를 가져야 성공 확률이 높아진다. 아무래도 고객 입장으로 여행을 체험하면서 선배 여행사들은 어떻게 마케팅하고, 모객하고, 행사를 진행하고, 고객들을 감동시키는지 직접 확인하는 것이 제일 좋은 공부법이라고 생각한다.

이렇게 다녀온 여행들을 하나하나 꼼꼼히 정리하고 나만의 여행 상품으로 정립하면 당연히 상담력도 막강해지고, 그 여행 경험을 스토리텔링(Storytelling)으로 풀어내면 고객을 모집하기가 더 수월해진다. 최근 여행업에서 고객들이 선호하는 방식의 마케팅은 '직접 가서, 먹어 보고, 해 보고 나서 이렇게 여행 상품을 구성했다.'라고 말하는 것이다. 그런 측면에서 맛보고 온 여행은 단순한 소비가 아닌 선투자라고 봐야 한다.

이런 관점에서 볼 때 다른 여행들은 어떨까? 신혼여행은 결혼하지 않으면 못 가지 않느냐고 반문할 수 있겠지만 신혼여행과 흡사한 럭셔리 리조트 여행이 어떤지 경험해 보라는 뜻이다. 크루즈 여행의 경우 일본, 동남아, 지중해 정도를 다녀오면 확실히 특별한 기획과 월등한 판매가 가능해진다는 점에 공감하게 된다.

다만 여행을 다녀올 때는 그냥 여행자 입장이 아니라 여행사 대표라는 생각을 가지고 여행 준비부터 여행을 마치고 돌아와서까지 모든 경험을 글과 사진, 영상으로 잘 정리해 두어야 향후 마케팅 소스로 활용할 수 있다. 현지에서 만난 사람들과도 같이 사진을 찍고 에피소드를 담아 오면 고객들은 그런 모습에 열광한다. 선배 한 명이 여행 상품 개발차 태국에 갔을 때 교통 딱지를 떼이고 나서 경찰과 찍은 사진을 상품 광고에 넣어 '상품 개발 도중에 교통 딱지 받고 인증 샷 한 장!'이라고 적었더니 웃음도 유발하면서 고객을 위해 직접 현지에 가서 상품을 개발한다는 인식을 심어 주었던 일도 스토리텔링의 한 가지 사례라 하겠다.

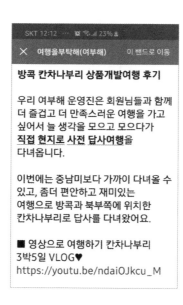

〈여부해 밴드 상품 개발 여행 후기〉

〈여행을부탁해 상품 개발 여행〉

　여행사 창업에 돈이 별로 들지 않기 때문에 많은 사람이 섣불리 덤벼들기도 하는데, 적어도 내가 집중하고 싶은 여행을 수차례 다녀오는 경험, 내가 집중하고 싶은 여행 지역에서 2~3주 정도 자료 수집을 하는 노력, 나만의 특화된 여행을 만들기 위해서 상품 개발 여행에 나서는 수고를 죄다 창업 비용으로 여기고 일정 금액의 투자금이 들어간다고 이해하면 좋겠다.

　물론 고객들이 원하는 여행을 모두 다 해 보고 나서 여행사를 운영하는 사람은 없다. 종종 여행 상담 중에 '거기 가 봤어요?'라고 묻는 고객들이 있다. 이때 여행사 직원은 뭐라고 대답해야 할까? 가 보지 않고도 상담을 능숙하게 진행하려면 어떻게 해야 할까? 이런 질문들에 대해 유용한 학습 방법을 다음 글에 정리했는데 도움이 되길 바란다.

❷ 안 가 봐도 상담할 수 있어야 여행업 실력자

고객들이 여행 상담 중 그 여행지를 가 봤냐고 물으면 "많은 여행지를 가 봤지만 거기는 저도 아직 가 보지 못했습니다. 하지만 그동안 수백 건의 상담과 계약을 통해서 고객들이 원하는 것과 만족스러운 여행을 진행하는 데는 노하우가 쌓여서 고객들에게 항상 고맙다는 인사를 듣고 있습니다."라고 답해야 한다. 더군다나 안 가 본 여행지임에도 고객과 상담하면서 탁월한 전문성을 바탕으로 신뢰를 이끌어 내기까지 한다면 더 이상 바랄 것이 없다. 물론 언젠가는 모든 여행지를 다 가 볼 수 있길 기원한다.

그러면 어떻게 해야 여행 지역 상담을 잘할 수 있을까? 고객이 문의해 왔을 때 응대하기 위해서 바쁘게 알아본다고 실력이 쌓일까? 사실 어느 정도는 실력이 붙기도 한다. 하지만 한평생 벼락치기를 해 봐서 잘 알고 있듯이 애써 입력한 내용도 시험이 끝나고 나면 거의 남지 않는 법인 데다가 수박 겉핥기식에 머물 가능성이 높다. 뭐니 뭐니 해도 가장 좋은 방법은 평소에 꾸준히 학습하는 것이다.

일단 학습도 목표를 정해야 잘할 수 있는데, 1년은 52주로 구성되어 있다. 설 연휴와 추석 연휴에는 가족들과 편안히 휴식을 취한다고 생각하고, 1년에 50주 동안 학습해 나갈 계획을 세우면 된다. 소위 '주 단위 여행지'를 선정해서 그 주에는 그 여행지만 집중 학습하는 식이다.

엑셀(Excel) 프로그램을 열고 주별로 내가 학습할 여행지를 정리해 보는 것에서부터 시작한다. 1주 차는 다낭, 2주 차는 발리, 3주 차는 방콕과 연계 상품 등 순서를 정해 놓고 본격적으로 임한다. 이번 주 여행지가 정해졌다면 학습 과정에도 순서가 있다.

주차	여행지	완료일	주차	여행지	완료일
1	태국-푸켓		26	유럽-서유럽	
2	태국-방콕, 파타야		27	유럽-동유럽	
3	태국-치앙마이		28	유럽-북유럽	
4	필리핀-마닐라, 보라카이		29	유럽-이베리아, 모로코	
5	필리핀-세부, 보홀		30	유럽-발칸	
6	필리핀-클락		31	그리스	
7	홍콩, 마카오, 심천		32	터키	
8	싱가폴		33	이집트	
9	말레이시아-쿠알라룸푸르		34	인도네시아-발리	
10	말레이시아-코타키나발루		35	인도네시아-자카르타	
11	말레이시아-랑카위, 페낭		36	미얀마	
12	중국-북경		37	라오스	
13	중국-상해, 항주, 소주		38	코카서스 3개국	
14	중국-장가계, 계림		39	아이슬란드	
15	중국-백두산		40	남미	
16	중국-산야		41	중미	
17	일본-도쿄 지역		42	러시아	
18	일본-오사카, 교토, 나라		43	호주	
19	일본-큐슈		44	뉴질랜드	
20	일본-오키나와		45	팔라우	
21	일본-홋카이도		46	두바이	
22	미국-괌, 사이판		47	오로라여행	
23	미국-하와이		48	크루즈여행	
24	미국-뉴욕, LA, 시카고		49	골프여행	
25	미국-알래스카		50	트레킹여행	

〈주별 여행지 학습 계획표〉

첫째, 지도를 보고 위치를 파악한다.

둘째, 대형 패키지사의 상품들 중에서 대표 상품 5개 이상을 정독한다.

셋째, 유튜브에서 영상을 검색해서 시청한다.

넷째, 여행 블로거들의 여행기를 10개 이상 읽어 본다.

다섯째, 여행사 설명회에 참석하거나 상담을 받아 본다.

여섯째, 관광청을 활용한다.

첫째, 지도를 보고 위치를 파악한다.

구글 지도를 검색하든 포털 사이트에서 이미지 검색으로 그 여행지의 관광 지도를 검색하든 일단 이 여행지가 대한민국으로부터 어느 쪽에 위치한 나라인지, 주요 관광 도시들은 어디쯤 있는지 지도를 통해서 파악하면 머릿속에 그 여행지에 대한 그림이 대충 그려진다. 사람은 글보다 이미지를 더 잘 기억한다는 점에서 지도를 그려 넣는 작업이 중요하다.

둘째, 대형 패키지사의 상품들 중에서 대표 상품 5개 이상을 정독한다.

대형 패키지사의 홈페이지에 들어가면 여행 지역별로 상품들이 분류되어 있는데, 우선 가격대를 보면 상중하 식으로 보통 3가지 정도로 구성됨을 알 수 있다. 항공과 호텔의 수준에 따라서 가격대가 달라지므로 어느 정도의 가격대를 형성하고 있는지 파악한다. 그 후 상품들 중에서 '베스트' 혹은 'MD 추천 상품'처럼 여행사가 주력하고 있는 상품들을 5개 이상 찾아서 정독한다.

내용을 살피다 보면 주로 가는 곳은 대부분 비슷하다고 느낄 것이다. 일정상으로는 항공 시간대와 현지에서 이동의 편리성 정도가 차이 나는 부분들이다. 이런 일정 외에 고객들이 궁금해 하는 사항은 주로 포함 내역/불포함 내역, 현지 선택 관광으로는 무엇이 할 만한지, 쇼핑센터는 몇 회 방문하는지, 쇼핑할 때 살 만한 품목과 사지 말아야 할 품목이 무엇인지 같은 내용들이다. 이렇게 여행 상품들을 하나하나 읽다 보면 점점 머릿속에 윤곽이 잡힌다.

셋째, 유튜브에서 영상을 검색해서 시청한다.

유튜브 영상을 찾을 때 '다낭 하나투어' 식으로 여행 지역명과 하나투어를 검색어로 치면 하나투어에서 만든 '하나투어 스티커'라는 영상이 유명 관광지마다 대부분 뜬다. 이 영상은 여행 지역 상담을 위한 학습 자료로 유용한데, 하나투어가 여행 지역을 소개할 때 영상에 자막으로 어디인지 보여 주고, 특히 여행 상품들의 주요 방문지 위주로 영상을 제작했기 때문에 여행 상품을 상담할 때 필요한 곳들을 쉽게 살펴보고 이해할 수 있다.

이외에도 요즘은 브이로거(V-logger)들이 만들어서 올린 영상들도 많고, 영어로 검색하면 외국인들의 영상을 보면서 유명 여행지들이 어디인지 파악하고 그곳의 느낌을 생생하게 접할 수 있다. 영상만 찾아봐도 내가 여행을 다녀온 것 같은 착각이 들 정도의 자료들이 즐비하다.

넷째, 여행 블로거들의 여행기를 10개 이상 읽어 본다.

여행 블로거들의 여행기를 10개 이상 읽어 보면 공통되게 방문하는 장소들과 맛보는 음식들이 등장한다. 이런 것을 정리하면서 학습하면 여행 지역 학습의 능률이 훨씬 높아진다. 또한 하나투어에서 운영하고 있는 '투어팁스(Tourtips.com)'에서는 좀 더 전문가답게 정제된 여행기뿐만 아니라 테마를 가지고 쓴 여행기와 여행 지역의 무료 가이드북들도 볼 수 있어서 상당히 유용하다.

다섯째, 여행사 설명회에 참석하거나 상담을 받아 본다.

인터넷으로 자료를 구하기 힘들어 학습이 어렵다면 이미 잘하고 있는 선배 여행사에서 진행하는 설명회에 참석하거나, 필요한 경우 상담을 받아 보면 도움이 된다. 다만 여행사를 하면서 다른 여행사 설명회에 참석하거나 상담을 받으러 간다면 부담스러울 수도 있고 그 여행사에 미안한 일이기는 해도 필요하다고 판단되면 시도해 볼 만하다. 전문성이 요구되는 여행에서는 이 방법이 좋은 학습 툴이 될 것이다. 여러 여행사에서 무료 상담만 잔뜩 받는다면 염치없는 일이 될 수 있으니 가능한 한 상담 후에 도움받은 여행사를 통해서 여행도 다녀오고, 나중에 여행사를 창업하게 되면 인사드리러 한 번 방문하면 좋을 것 같다.

또한 여행 사업을 시작하기 전에 주변 여행사들을 몇 군데 다니면서 상담을 받아 보면 타 여행사들이 어떤 식으로 영업하는지 알 수 있으므로 시장 조사 차원에서도 의미가 있다.

여섯째, 관광청을 활용한다.

전 세계 모든 여행지의 관광청이 한국에 있는 것은 아니지만, 있는 관광청은 이용해 보는 것이 이득이다. 관광청은 특성상 여행자와 여행사 모두에게 적극적으로 도움을 주는 곳이므로 학습하려는 지역의 관광청이 있으면 방문해서 상담을 받거나 자료를 요청해 받아 보자. 잘 활용하면 남보다 빠르게 값진 정보를 확보할 수도 있다.

❸ 여행 상담 전문가가 되는 실전 화법

"가을에 네 명이서 해외여행 가려면 어디가 좋아요?"

어느 날 고객이 이렇게 질문한다면? 이런 경우에 고객에게 막연한 질문을 던지며 상담하게 되면 한도 끝도 없이 길어질 뿐이다. 고객의 욕구를 알아내기 위해 최대한 적절한 질문을 해서 선택의 폭을 좁히는 것이 여행 상담의 효율을 높이는 길이다.

자신이 고객 입장으로 여행사에 가서 상담을 받았을 때 별다른 전문성을 느끼지 못했던 경험이 있을지도 모른다. 막상 내가 여행사 직원이 되어 고객과 상담하려고 하면 무척 낯설고 어떻게 상담하는 것이 효과적인지 알지 못하는 경우가 있다. 따라서 여행 상담의 실전 화법을 이해하고 익히는 것은 큰 의미가 있다. 알맞은 질문과 경청을 통해서 고객과 더 가까워지고, 더 신속하게 업무를 처리할 수 있다. 기본적인 화법의 내용을 살펴보면 아래와 같다.

기본적인 화법의 내용

❶ 인사와 자기소개

❷ 고객 성명 질문

❸ 여행지, 여행 일자 질문

❹ 여행 형태 질문: 패키지여행? 에어텔(Airtel, 항공권과 호텔만 예약하는 여행 상품)? 신혼여행?

❺ 구성원: 여행을 누구와 함께(어린이, 고령자 유무 등도 확인) 가시죠?

❻ 이유: 이번 여행지를 이쪽으로 정하신 특별한 이유가 있나요?

❼ 경험: 기존에는 어떤 여행들을 다녀오셨나요?

❽ 중점 사항: 가격, 호텔 수준, 지역 등 어디에 중점을 두시나요?

❾ 예산: 특별히 생각하시는 예산 범위가 있으신가요?

❿ 정리: 말씀해 주신 내용을 간단히 다시 정리해 볼게요.

⓫ 2차 상담의 데드라인(Deadline)을 약속하자.

⓬ 가예약을 받거나 계약금을 받으면 대성공

이 내용들을 좀 더 자세히 살펴보고 알아 두면 상담력 강화에 도움이 될 것이다.

❶ 인사와 자기소개

대부분의 여행사 직원은 고객이 방문하면 인사를 나누고 바로 고객에 대한 질문을 시작한다. 모든 고객 상담 업종이 그렇듯이 고객에 대해서 알려고 듣기 전에 자신을 먼저 알리는 것이 서비스 마케팅의 시작이다. 우선 자신의 명함을 건네며 간략히 자기소개를 한 뒤 상담을 시작하면 좋다.

❷ 고객 성명 질문

대부분 고객 상담을 위한 양식지를 갖고 상담을 시작한다. 그 양식지에 고객 상담 내용을 메모하기 위해서이다. 이때 양식지에 고객 정보를 적는 칸이 있으면 습관적으로 고객 성명과 연락처 등을 대수롭지 않게 물어보곤 한다.

하지만 요즘 고객들은 개인 정보에 민감하고, 아직 무엇을 결정한 상황이 아니기 때문에 불쑥 성명과 연락처를 물어보면 부담을 느낄 수 있다. 그래서 '쿠션어(부드러운 쿠션을 깔아 주는 역할을 하는 말)'가 중요한데, 보통 '혹시~'라는 표현을 많이 사용한다. "고객님, 상담을 위해서 혹시 성함을 먼저 여쭤봐도 될까요?"라고 물어보는 조심스러운 표현으로 상담을 시작한다. 아직 연락처는 묻지 않도록 한다.

고객 상담 양식서

담당자 : _____

고객명		휴대폰	
출발일		이메일	
여행지		여행형태	
여행객1		여행객2	
여행객3		여행객4	
특이사항		특이사항	
*PNR 및 상담 내용			

*PNR : Passenger Name Record 고객 예약 정보 또는 기록

❸ 여행지, 여행 일자 질문

"고객님, 혹시 여행지나 여행 시기를 정하셨나요?"

고객이 미리 여행 지역을 정하고 온 경우라면 상담 시간이 단축될 수 있다. 여행 시기를 미리 묻는 것은 여행 지역의 날씨가 한국과 반대인

곳일 수도 있고, 시기가 황금연휴 기간이라면 가격 차이도 크게 나는 데다 항공권 구하기도 힘들 수 있다는 점에서 중요하다.

❹ 여행 형태 질문: 패키지여행? 에어텔? 신혼여행?
"고객님, 이번엔 혹시 어떤 여행을 원하세요? 가이드가 동행해서 여행하는 형태의 패키지여행을 원하시나요, 아니면 항공과 호텔, 현지 교통편 등을 예약해서 편하게 자유 여행을 하실 수 있도록 도와드릴까요?"

여행업 초기에는 여행 지역을 듣는 순간 상담하는 여행사 직원이 패키지여행인지, 에어텔식의 자유 여행인지를 본인이 정하고 상담하는 실수를 저지르는 경우가 있는데, 상담하다 보면 고객이 원하는 여행의 형태가 다르다는 사실을 뒤늦게서야 깨닫게 되어 버린다. 여행의 형태는 고객에게 먼저 물어봐서 원하는 방향을 잡고 상담해 나가야 한다.

❺ 구성원: 여행을 누구와 함께(어린이, 고령자 유무 등도 확인) 가시죠?
"고객님, 혹시 이번 여행은 누구와 함께 가시죠?"
여행의 구성원을 파악하는 것은 여행의 지역 선정과 형태에까지 영향을 미칠 수 있다. 특히 고령자가 있다면 얼마 동안 걸을 수 있는지, 오르막길이 많아도 괜찮은지 등 별도로 확인해야 할 사항들이 생긴다.

국내에서는 휠체어를 타지 않는다고 해도 현지에 가서 넓은 평지를 오래 걸어야 하는 경우에는 피로감을 느낄 때 휠체어를 이용하는 것도 미리 준비할 수 있는 서비스이므로 체크해 둔다. 휴양지의 해변이나 수영장에서 충분한 휴식을 취하는 것이 지루하지는 않을지 등도 상담 내용이 될 수 있다.

또한 젖먹이 유아가 동행한다든지 아직 나이가 어린 아동을 동반해서 여행을 간다면 너무 긴 이동은 힘들다고 볼 수 있다. 만약 돌을 갓 지난 아장아장 걷는 아이가 있다면 현지에서 부부가 편안히 레포츠를 즐길 수 있도록 베이비시터(Babysitter)를 구할 수 있는지도 확인해 둔다. 항공사 기내식도 사전 신청이 가능하다면 신청을 도와드리는 등 해야 할 일들이 늘어나는 것이 유아 및 소아 동반의 여행이다.

❻ 이유: 이번 여행지를 이쪽으로 정하신 특별한 이유가 있나요?
"고객님, 혹시 이번 여행지를 이쪽으로 정하신 특별한 이유가 있나요?" 고객이 여행지를 정했다고 이야기하더라도 선정한 이유를 물어볼 필요가 있다.

고객들은 종종 막연하게 여행지를 결정할 때가 있는데, 실제로 여행의 목적과 부합하지 않는 경우들이 생긴다. 스쿠버 다이빙을 좋아해서 바닷가로 간다고만 생각하지 서핑 시즌이라서 파도가 높고 스쿠버 다이빙에는 맞지 않을 수 있다는 점까지는 살피지 못하는 것이다. 겨울철에 따뜻한 해변의 휴양을 떠올린 채 동남아는 1년 내내 여름이라는 생각으로 다낭에 가겠다고 하는 경우도 많은데, 여행 전문가가 상담을 통해서 현지 날씨가 쌀쌀할 수 있다는 점을 알려 주면 여행 목적지가 바뀌기도 한다.

❼ 경험: 기존에는 어떤 여행들을 다녀오셨나요?

"고객님, 기존에는 어떤 여행을 하셨나요? 자유 여행도 많이 하셨나요? 어떤 지역을 다녀오셨어요?"

고객들은 본인의 여행 경험은 고려하지 않고 막연하게 여행 지역과 여행 형태를 결정하기도 한다. 고객의 여행 경험을 알면 이번 여행 지역을 패키지여행으로 할지, 에어텔식 자유 여행으로 하면 좋을지 등을 결정하는 데에 도움이 된다. 자유 여행 경험이 없는 고객을 알아서 여행하기 힘든 지역으로 별다른 준비 없이 보낸다면 심한 고생을 할 수도 있다. 반면에 자유 여행 경험이 많은 고객에게 에어텔 형식으로 충분히 여행할 수 있는 지역을 패키지여행으로 안내한다면 만족도가 떨어질 수 있다.

여행 지역의 경험도 상담에서 중요한 역할을 하는데, 고객이 푸켓을 다녀왔었고 이번에 코타키나발루 여행을 상담한다면 푸켓보다 코타키나발루의 시내가 좀 더 차분하고 이슬람 문화권답게 조용한 편이라고 설명하고, 유흥보다는 편히 쉬는 형태의 여행지라고 설명할 수 있어야 한다. 푸켓의 피피섬이나 산호섬은 관광객이 너무 많아서 손때가 많이 탔다면, 코타키나발루 앞의 섬들은 자연적인 환경이 더 뛰어나고 한결 여유롭다고 비교해 줄 수도 있다.

기존의 여행 경험과 여행 지역에서 겪은 일들을 토대로 상담하면 고객 입장에서도 이해하기 쉽고 더욱 합리적인 결정을 내릴 수 있기에 여행 상담에서 가장 중요한 부분이라고 본다.

❽ 중점 사항: 가격, 호텔 수준, 지역 등 어디에 중점을 두시나요?

"고객님, 혹시 이번 여행에서 좀 더 중요하게 생각하는 사항들이 있으신가요?"

여행의 성격상 가격, 호텔 수준, 여행 지역 등 어떤 점에 중점을 두는지 물어본다. 실속 있는 여행이라면 편리한 위치의 쾌적한 호텔이 적합할 수 있고, 높은 호텔 수준을 원한다면 위치가 중심에서 떨어져 있어도 괜찮다고 할 수 있다. 여행자들은 여행 때마다 우선시하는 욕구가 달라질 수 있다.

❾ 예산: 특별히 생각하시는 예산 범위가 있으신가요?

"고객님, 예산은 얼마 정도 생각하세요?"

여행 상담 중에 고객에게 던지는 질문 가운데 가장 난처한 것이 아닐까 싶다. 고객은 정보를 미리 알지 못한 상태로 상담하는 경우가 많다. 그런데 예산은 어느 정도로 생각하느냐고 물으면 상당히 곤란해한다. 이때도 역시 쿠션어를 사용하는 것이 중요하다.

"고객님, 혹시 미리 알아보거나 생각하신 예산이 있으신가요?"라고 물어야 한다. 최근에는 내방해서 대면 상담을 많이 하지 않기도 하거니와 상담할 때 모니터로 여행 상품별 가격대를 같이 보면서 상담하므로 이런 실수는 없으리라 믿는다. 항상 고객 상담 중 예산에 관해서는 가이드라인을 설명해 주면서 어느 정도 선을 원하는지 물어봐야 한다는 점을 기억하자.

❿ 정리: 말씀해 주신 내용을 간단히 다시 정리해 볼게요.

상담 내용을 요약해서 고객에게 재확인하는 일은 업무상 실수를 줄일 수 있고, 고객에게는 '내 말을 귀담아듣고 잘 이해하고 있구나.'라는 신뢰감을 줄 수 있는 방법 중 하나이다.

⓫ 2차 상담의 데드라인(Deadline)을 약속하자.

고객 상담을 마무리할 때 고객과 데드라인을 정하는 일은 무척 의미가 크다. 바쁜 업무 중에 약속을 정해 놓지 않으면 자꾸 급한 다른 일에 밀리다가 결국 처리하지 못하고 고객도 놓쳐 버리는 일이 벌어지곤 한다. 또한 데드라인을 정해 두면 집중력 있게 업무를 진행하면서 고객 상담과 계약을 처리할 수 있다. 이때 연락을 위해서 휴대폰 번호와 이메일 주소를 받는 정당한 이유가 생기기도 한다.

⓬ 가예약이나 계약금을 받으면 대성공

최근에는 인터넷을 통해서 고객도 비행기 좌석 상황을 쉽게 확인할 수 있지만, 가능하면 상담 중에 마감이 임박했으니 일단 예약해 놓는 것이 안전하다고 안내해 '가예약' 형태라도 미리 예약을 받아 둔다면 다른 여행사가 아닌 우리 여행사 고객이 될 가능성이 월등히 커진다.

비행기 좌석을 실시간으로 이용하는 경우라면 더욱 중요한데, 상담 후 시간이 지나면 그때그때 여행 상품 가격이 달라지곤 한다. 따라서 상담 중에 여권상의 영문 이름을 알려 주면 먼저 가예약을 해 놓고 향후 확정짓는 방식으로 가격 상승의 불이익을 피할 수 있다고 설명하면서 예약을 받아 두도록 하자. 이것이 성과를 높이는 길이다.

보이게 일하라! 매일매일 연락하자!

. . . .

여행 상담에서 가장 중요한 점을 하나 꼽으라면 매일매일 보이게 일하라는 것이다. 여행업에는 대기자 예약이라는 제도가 있다. 원하는 항공권이나 상품이 완판되면 대기자로 예약을 걸 수도 있다. 실제로 여행사 직원들은 매일 아침 출근하면 대기자 확인부터 시작한다. 고객 상담 후 하루가 지나도 대기자, 이틀째도 대기자, 사흘째도 대기자, 그러다 나흘째에 확정되면 그제야 고객에게 연락해서 자리가 확정되었다고 알리는 경우가 있다.

하지만 고객 입장에서는 하루 지나도 연락이 없고, 이틀째, 사흘째에도 연락이 없으면 '나를 잊었나?' 하는 불안감에 다른 여행사를 알아본다. 마침내 나흘째 연락을 받으면 이미 다른 여행사와 계약했다고 하기 일쑤이다. 여행사 직원은 매일 그 자리를 확정지으려고 애썼는데 고객이 왜 말도 없이 다른 곳과 계약했는지 서운해한다.

이런 경우에는 '나는 당신의 여행을 위해 하루도 빠지지 않고 노력하고 있습니다.'라는 사실을 적절히 알려 주는 센스가 필요하다. 전화든 문자든 카톡이든 간편한 방법으로 연락해 주는 것이다.

첫째 날 여전히 대기자임을 알리고, 둘째 날 본사에 확인해 봤더니 가능성이 있다고 하니까 조금만 더 기다려 달라고 전한다. 셋째 날 곧 확정될 것 같다고 이야기한다. 넷째 날 드디어 확정되었다고 연락해서 축하드린다면 고객은 하루도 빠짐없이 나를 위해 열심히 일해 준 여행사 담당자에게 고마운 마음이 가득할 것이다.

....

고객은 당신의 상품과 서비스를 냉정히 평가할 것이다.
그러나 당신의 고객을 위한 노력에는 박수를 보낼 것이다.
– 행동 경제학자 댄 애리얼리(Dan Ariely)

....

❹ 직원 교육의 완성은 상담 롤플레잉

고객 상담은 여행사에서 가장 중요한 업무 중 하나이다. 이런 상담 업무는 단순히 사장이 직원에게 정보를 전달하듯이 가르치면 끝나는 것이 아니라 실제로 직원이 고객을 상담할 수 있게 훈련되어야 한다. 지식만으로도 상담을 잘해 내는 탁월한 직원이 있다면 다행이지만, 직원이 고객과 상담하면서 스스로 고객 상담 요령을 깨달아 가길 바라는 방식은 고객을 대상으로 연습하는 것이나 다름없으므로 종종 큰 손실을 가져오기도 한다.

그런 만큼 직원을 교육할 때는 지식을 전수해 주는 시간 이후에 바로 상담 실습을 해 보는 '롤플레잉(Role-playing, 역할극)' 시간을 가지길 권한다.

롤플레잉을 할 때는 우선 사장이나 선배가 교육생(신입 사원)을 대상으로 여행사 직원 역할을 맡고 교육생이 고객 역할로 여행 상담을 시작해 본다. 그러면 교육생은 고객 입장으로 경험하면서 자연스럽게 '전문가는 이렇게 상담을 하는구나.' 하고 배우게 된다.

이후 다시 역할을 바꿔서 교육생이 여행사 직원 역할을 하고, 가르치는 사람이 고객 역할을 맡는다. 이때 직원 역할을 하는 교육생은 상담하면서 스스로 잘된 점과 잘못된 점을 깨닫는다.

실제로 고객을 대면해서 상담하기 전에 몇 번의 롤플레잉을 경험하면 직원의 자신감이 충만해지고, 고객 상담에서 좋은 성과를 거둘 수 있으므로 꼭 롤플레잉을 실시해 보길 바란다.

롤플레잉을 잘하기 위한 순서

 1) 해당 업무 지식과 정보의 교육
....
 2) 해당 업무의 간략한 상담 스크립트(대본) 제공
....
 3) 롤플레잉을 통한 고객 입장 체험
....
 4) 롤플레잉을 통한 직원 입장 체험
....
 5) 롤플레잉 경험을 스스로 피드백(Feedback)

롤플레잉을 할 때 영상을 촬영해서 교육생에게 제공하면 자신의 상담 영상을 보면서 상담 시 자세, 시선 처리, 표정, 말투 등 스스로 잘못된 점을 깨닫고 개선하게 된다. 영상 촬영은 스마트폰 거치대만 있으면 쉽게 가능하므로 잊지 말고 촬영해 보자.

여행 상담의 실전 화법을 익히면
알맞은 질문과 경청을 통해서
고객과 더 가까워지고
신속하게 업무를 처리할 수 있다.

나는 왜 특수 지역 전문 여행사를 하게 되었는가?

빛나는여행 김승덕 대표

안녕하세요? 최근 5년 내에 여행사를 창업해서 성공적으로 활동하고 계신 대표님께 그 성장 과정에 관한 이야기를 들어 보고 싶습니다. 편하고 솔직하게 이야기해 주시면 좋겠습니다.

저는 3년 전 빛나는여행을 만들어 운영하고는 있지만, 아직 성공적이라고 말할 수는 없습니다. 다만 그동안 운영해 온 경험을 통해서 새롭게 여행 사업을 시작하시는 분들에게 조금이나마 도움이 되는 이야기를 전할 수 있을 것 같습니다.

....

기존에는 어떤 일을 하셨나요?

사회생활 초기에는 청소년 수련원에서 청소년 지도사(교관)로 일했습니다. 생각해 보면 그 일도 학생들을 리드해서 행사를 진행하는 것이니까 여행 인솔과 관련이 있었구나 싶습니다.

....

왜 여행사를 창업하고자 하셨나요?

2000년도에 필리핀에 어학연수를 갔다가 우연한 기회에 여행사에서 일하다 보니 여행업에 몸을 담게 되었고, 그 후로 인도 전문 여행사에서 일하며 인도에 16년간 있었습니다. 자녀 양육 문제도 있고 해서 한국으로 귀국을 결정하고 무슨 일을 어떻게 하면 좋을지 생각하다가 그래도 계속 여행업에 종사해 왔으니 여행사를 해 보자고 결정했습니다.

....

왜 많은 분야 중에서 특수 지역 여행사를 시작하셨나요? 특히, 인도 전문 가가 남미 여행을 중점적으로 운영하고자 한 점이 궁금합니다.

필리핀에서 우연한 기회에 투어 가이드 일을 하다가 인도로 이주해 살면서 여행사 일을 시작했는데, 당시에는 한국 여행사들이 인도 역시 특수 지역으로 분류하고 있었습니다. 한국으로 돌아와 여행사를 시작하려고 할 때 아무래도 주특기인 좀 더 난이도가 있다고 하는 특수 지역을 전문으로 해야겠다는 생각을 했습니다.

특수 지역 상품을 인도뿐 아니라 여러 지역으로 늘리면서 자연스럽게 남미, 아프리카, 코카서스 등지로 확장하다가 그중에서 남미 여행이 인기가 많아지고 수익성이 높다고 판단되었기에 다른 지역보다 남미 지역을 중점적으로 다루게 되었습니다.

만약 남들 다하는 여행을 취급했다면 경쟁력을 확보하기 어려웠을 텐데, 다행히 이런 특수 지역 여행을 다니는 분들이 여행사 입장에서 보면 구매력도 있고, 탄탄한 여행객층이라서 한층 희망적으로 여행업을 펼쳐 나갈 수 있었다고 생각합니다.

여행 상품을 만드는 빛나는여행만의 노하우나 철학이 있다면요?

별달리 우리가 잘한다고 생각하지는 않습니다만, 기존에 만들어져 있는 상품을 판매하는 판매점 형태로 일하지 않고 스스로 고객의 입장에서 좋아할 만한 여행을 상품으로 만들고 판매해 온 것이 우리 빛나는여행의 경쟁력이 되었다고 봅니다.

고객을 편하게 모시는 여행 상품을 개발하는 것에서 한걸음 더 나아가 단체 여행이지만 보다 자유 여행을 하는 듯한 느낌을 담아 드리기 위한 일정을 항상 고민하고 있습니다. 거기에 여행 경비도 한결 저렴하면 더 좋겠지요.

다행히 최근 고객들의 반응을 보면 역시 완전히 다 포함된 기존의 패키지여행보다는 현지에서 조금씩 자유 시간을 드리는 형태의 여행을 선호한다는 사실을 실감하고 있습니다.

....

여행 상품을 만들고 나서 처음에 고객들을 어떻게 모을 수 있었나요?

다른 뾰족한 영업 방법을 몰라서 단순하게 생각했어요. 홈페이지에 좋은 상품을 만들어서 올려놓고 키워드 광고를 통해 모객했습니다. 모든 여행사가 그렇게 하지 않나요?

....

여행 사업을 시작하려는 후배들을 위해서 여행 사업에서 중요하다고 생각하는 점을 조언해 주신다면요?

여행은 서비스업이지요. 특히 여행 서비스는 고객들에게 설렘과 즐거움,

기쁨 같은 느낌을 파는 일이라고 생각합니다. 고객들에게 어떻게 해야 더 즐거운 여행이 될 수 있을지를 고민하는 것이 여행업을 하는 사람으로서 당연히 우선시해야 할 일이라고 생각합니다.

....

여행 사업을 하면서 유난히 힘들었던 일이 있었나요?
인사가 만사라고 하는데, 저 역시 좋은 직원을 채용하고 직원들이 행복하게 열심히 일하도록 만드는 것이 쉽지만은 않네요. 하면 할수록 회사 내 인적 자원 관리가 가장 힘든 일이라 여겨집니다.

....

여행 사업을 하면서 정말 여행업이 할 만하다고 느껴졌던 적이 있었나요?
어느 날 여행업이 제 운명인 것처럼 느껴졌습니다. 제가 여행을 좋아하기도 하지만 다른 사람들의 여행 준비를 도와주는 것도 즐겁습니다. 만약 그런 마음이 없었다면 지금 여행업을 하고 있을지 의문입니다.

....

향후 어떤 여행사로 성장하고 싶은가요?
너무 추상적인 이야기처럼 들리겠지만, 고객들과 직원들을 모두 만족시킬 수 있는 여행사가 되었으면 좋겠습니다. 이런 밸런스를 만들어 가는 것이 여행 사업을 하는 사장의 소명이 아닐까 합니다.

....

마지막으로 후배들에게 조언을 해 주신다면요?

여행자들이 정말 좋아할 만한 여행을 만드는 사람들이 되었으면 하는 바람
입니다. 여행자들을 앞세우지 않고 그저 돈이 될지 많이 팔릴지에만 집중하
는 경우가 있는데, 당연한 말이겠지만 진짜로 여행 자체가 해볼 만한 여행
인지를 고려하며 여행의 본질로 진입해야 한다고 믿습니다. 그래야 오히려
좋은 결과를 기대할 수 있으리라 생각합니다.

**감사합니다. 가장 좋은 스승은 방금 경험한 사람이라는 말이 있습니다. 대
표님의 소중한 인터뷰가 여행 사업을 시작하려는 사람들에게 큰 도움이 될
것입니다.**

고객의 입장에서 좋아할 만한 여행을
상품으로 만들고 판매하는 것이
빛나는여행의 경쟁력이다.

"여행사 혼자 차려 볼까?"

Starting a Travel Agency

여행 형태별 업무를 위한
넓고 얕은 지식

STEP 08

여행 형태별 업무를 위한
넓고 얕은 지식

① 효율적인 패키지여행 상담과 업무 진행

여행사를 하게 되면 일반적으로 주위에서 가장 많이 문의해 오는 것이
패키지여행이다. 통상적으로 소형 여행사는 대형 여행사들이 직접 만
들어서 주기적으로 출발시키는 패키지여행 상품을 판매하는 역할을
담당하고 있다. 어떻게 하면 수많은 여행사들의 상품을 효율적으로 상
담하고 성과를 만들 수 있을까?

   앞서 이야기한 대로 평소에 꾸준히 학습해서 주요 인기 여행지에
대한 기본 지식을 갖추면 상담에 능숙해지는 것은 맞지만, 패키지여행
상담에서는 기본 스킬이 필요하므로 도움이 될 방법을 소개해 보겠다.

214

1단계: 고객이 선호하는 여행사 브랜드에서부터 상담을 시작하라!

처음부터 여러 여행사 상품을 찾아 두고 상담하기 시작하면 고객도 여행사 직원도 머릿속이 복잡해져서 실제 계약으로 이어지기는 힘들다.

　먼저 여행사를 하나 정하고 나서 상품을 찾아 나가는 상담이 효율성을 높인다. 고객이 선호하는 브랜드가 있다면 그곳의 상품으로 시작하면 된다. 때때로 고객이 원하는 프로그램이나 특정 여행지에 유난히 강점을 가진 여행사가 존재하는 경우도 있으므로 오히려 여행사 직원이 고객에게 기준이 될 여행사 브랜드를 추천하고 상담을 시작한다.

2단계: 선호하는 브랜드가 없다면 인지도 높은 브랜드로 상담을 시작하자!

고객이 선호하는 브랜드가 따로 없다면 대한민국에서 가장 인지도 높은 패키지여행 브랜드사를 기준으로 상담하자고 제안한다.

　1등 여행사는 고객들이 원하는 여행 상품을 대부분 갖추고 있으므로 선택의 폭이 넓고, 인지도 덕분에 상담하기 편하다. 1등 여행 브랜드를 기준으로 고객이 원하는 시기와 여행 프로그램 일정, 구성 요소들을 고객의 입장에서 찾고 상품이 선정되는 과정을 통해서 고객이 원하는 사항을 한층 더 깊이 파악할 수 있다. 고객에게 적합한 상품을 정했다면 이제 비교 상담으로 진입해 보자.

3단계: 1등 브랜드와 비교해서 더 나은 상품이 있는지 찾아본다.

요즘 고객들은 하나의 정답만을 원하지 않는다. 무엇인가 비교해 보고 결정해야 합리적이라고 믿는다. 1등 여행사의 상품 중에서 고객이 원하는 사항에 가장 부합하는 상품을 찾았다고 해서 그 상품을 계약하라고 종용하면 고객의 마음이 꺼림칙할 수 있다. 고객에게 1등 여행사 상품과 견주어 같은 가격에 더 구성이 뛰어난 상품이 있는지, 같은 조건에 가격이 더 저렴한 것이 있는지 확인해 보겠다고 하고 자동차 보험 견적서를 비교하듯이 몇 군데 여행사의 상품들을 안내하도록 한다.

그러나 10여 개의 모든 여행사 상품을 찾아서 비교하고 상담한다는 것은 능률이 떨어질 수밖에 없다. 효율적인 진행을 위해서는 믿고 선택할 수 있는 여행사들을 몇 개 정해 놓고 상품을 찾아서 상담하는 방식이 유용하다. 이때 고객들이 상품 소개 페이지에서 읽을 수 있는 표면적인 내용들 외에 고유의 팀 컬러, 여행 후 고객들의 만족도 평가, 여행 전문가 입장에서 보는 차이점 등을 덧붙이면 좋다.

이런 과정들 속에서 고객에게 맞는 최선의 상품을 찾는 것은 좋지만, 경우에 따라 우리 여행사에 이익이 발생하지 않는 여행 상품을 판매한다면 이 또한 어려움에 처하는 것이니 만큼 적절한 수익도 올리고 고객에게도 만족감을 줄 수 있도록 알맞은 밸런스를 찾아가는 것이 여행사 운영의 노하우라고 할 만하다. 종종 가격이 조금 높은 상품이라도 여행사에 수익이 더 남는다면 그 상품을 선택하고, 현지에서 작은 선물을 증정한다거나 일반 패키지 여행사들이 하지 않는 고객 감동 서비스를 제공하는 것이 고객들에게 더 큰 만족을 선사할 수 있다는 생각을 갖는 자세도 필요하다.

　패키지여행의 한계를 지적하자면, 너도나도 판매하다 보니 서로 가격 할인 경쟁으로 치닫는 상황이 벌어진 끝에 여행사들이 설 자리를 잃어버릴 수 있는 위험이 내재하고 있다. 따라서 가격 할인이 아니라 고객 서비스의 향상을 위해서 부단히 노력하길 당부하고 싶다.

❷ 인센티브 여행의 상담과 업무 진행

'인센티브 여행'이란 회사에서 인센티브 수당 대신에 여행을 보내 주는 것으로 이해하면 쉽다. 회사가 아니라도 보통 10명 이상의 고객들이 단체로 여행을 가겠다고 문의했을 때, 그들에게 맞춰 만드는 것을 인센티브 여행이라고 한다. 여행업계에서는 이를 줄여서 '인센'이라고도 부른다. 인센티브 여행의 특징은 여행 갈 인원이 정해진 상태에서 여행을 만들어 달라고 요청한다는 점이다. 일반적으로 여행사들이 가장 반기는 형태의 업무다. 이런 업무는 어떻게 진행해야 할까?

1단계: 고객이 원하는 여행의 내용을 질문을 통해서 최대한 자세히 파악한다.

고객이 원하는 여행이 어떤 여행인지 가능한 한 상세히 알아내기 위해서 적절한 질문을 던져야 한다. 언제, 어디로 가고자 하는지, 기존에는 어떤 곳들을 다녀왔는지, 이번 여행에서 중요시하는 것이 무엇인지, 그리고 결정된 예산은 있는지 등 자세히 물어볼수록 원하는 여행에 맞춰서 구성할 수 있다.

2단계: 패키지여행 상품 중에서 유사한 것이 있는지 찾아서 전달한다.

고객의 요청대로 바로 여행 상품을 구성해서 보낼 수 있다면 그렇게 해도 된다. 하지만 대개 인센티브 여행을 만들 때 1~3일 정도가 소요되는데, 문제는 상품을 만들고 나서 고객이 기대하는 수준에 부합하지 못하면 곤란해지기 때문에 되도록 기존의 패키지여행 중에 비슷한 상품이 있는지 찾아서 고객에게 전달하는 것도 방법이다. 이때 단독 행사는 패키지와 가격 차이가 클 수 있다는 점과 패키지보다 호텔, 식사 등을 업그레이드하고 상품 구성 요소를 조정하고자 한다는 점을 알려줘야 한다. 이렇게 예시 일정을 보면서 상담하고 조율하는 과정이 고객의 욕구에 적합한 상품을 만들어 낼 확률을 높일 수 있다.

3단계: 견적 요청은 3가지로 나눠서 전략을 구사해야 한다.

첫째, 대형 패키지 여행사에 턴키(Turnkey)로 견적을 요청한다. 이는 업무를 보는 입장에서 가장 편한 방법이고, 향후 현지에서도 각종 사고와 문제들로부터 한결 안전하게 행사를 진행할 수 있다. 아무래도 대형 여행사들이 현지 상황에 대한 대처에서 노련하기 마련이다. 반면에 일반적으로 가격 경쟁력이 떨어지는 편이다. 이는 대형 여행사와 랜드사(현지 여행사)도 수익을 취해야 하기 때문이라고 볼 수 있다. 다만 고객들은 소형 여행사의 100만 원짜리 상품보다 유명 브랜드 여행사의 105만 원 상품을 선호하는 경우도 있는 만큼 이렇게 가격 차이가 난다는 사실을 고객에게 설명해 주면 오히려 좋아하기도 한다.

둘째, 그룹 항공과 랜드사 견적을 받는다. 그룹 항공은 항공권을 발권해 주는 BSP 여행사(국제항공운송협회(IATA)에서 승인을 받은 여행사)에서 주로 견적을 내 준다. 항공권을 제외한 업무는 랜드사에서 지상비(Land Fee, 현지 여행 경비)를 산출해서 일정과 견적을 보내 준다. 일반적으로 이렇게 상품을 구성하는 것이 가격 경쟁력을 높이는 방법이다. 따라서 어떤 랜드사가 우수한 랜드사인지, 믿을 만한지를 파악해야 하는데, 그동안의 내력과 업계의 평판 및 추천으로 선택하게 된다.

셋째, 랜드사에 항공 업무까지 일임하는 경우도 있다. 아직 한국에 지사를 두고 있지 않은 항공사들은 세일즈 실적이 뛰어난 랜드사나 항공권 판매를 잘하는 여행사에 항공권 홀세일(Wholesale) 업무를 위탁하기도 한다. 이렇게 항공권 홀세일 대행을 맡은 랜드사일 경우에는 항공과 랜드사 견적을 한 번에 요청하는 것이 편리하다.

이와 더불어서 2가지를 더 알고 있으면 좋다. 먼저 한국사무소 없이 현지 회사만 있는 랜드사와 거래하면 아무래도 보다 저렴하다고 예상할 수 있다. 하지만 금전 사고가 자주 일어나곤 하기 때문에 아직 신뢰가 쌓인 경우가 아니라면 큰 행사를 거래하는 것은 조심해야 한다. 또한 인센티브 여행의 가격 경쟁력을 위해 자신이 만들고자 하는 인센티브 여행과 가장 비슷하면서 저렴한 패키지여행을 찾은 다음, 해당 여행사에 연락해서 원하는 조건으로 구성을 바꾸고 업그레이드한 단독 행사가 가능한지 문의해 볼 수 있다. 이 방법은 여행 상품의 연간 판매를 목적으로 저렴하게 다량 확보해 둔 항공권을 이용하는 것이다.

이렇게 패키지여행을 인센티브로 전환해서 단독 행사로 진행하려면 얼추 인원이 30~40명쯤 되어야 성사 확률이 높다. 여행사가 패키지여행에 쓸 좌석을 40석 잡아 놓았는데 15석만 사용하겠다고 하면 나머지 25석으로 패키지여행을 진행했을 때 효율성이 떨어진다고 판단해서 거절할 수 있기 때문이다.

❸ 신혼여행의 상담과 업무 진행

여행사 창업 후 실무를 하다 보면 자신의 고유 브랜드를 가지고 독특한 여행 상품들을 판매하고 싶다는 욕구가 생길 수 있다. 그런 경우에 두 명 단위로 구성되는 신혼여행은 진행하기 적절한 영역임에 틀림없다. 또한 여행사를 처음 시작하는 사장님이 결혼 적령기라면 주위에 결혼을 앞둔 가망 고객이 많을 테니 사업의 중심을 신혼여행에 두는 것도 좋다.

다만 마케팅의 전개는 생각보다 쉽지 않으리라는 점을 분명히 알고 있어야 한다. 이미 웨딩 컨설팅 업체들이 대거 신혼여행 시장에 진입해 있고, 웨딩 박람회와 더불어서 허니문 박람회 같은 마케팅 활동을 대대적으로 펼치고 있는데 그들의 광고비 규모에 도전장을 내밀기는 결코 쉽지 않다. 하지만 신혼여행을 만족스럽게 다녀온 고객들은 평생 내 고객이 될 가능성이 크기 때문에 나만의 경쟁력을 확보할 수 있다면 도전해 볼 만하다.

신혼여행은 모든 업무에서 2인 단위로 포커스가 맞춰지므로 어렵지 않게 여행 상품을 세팅하고 판매 운영할 수 있다. 홈페이지에 여행 상품을 올린다면 상품 개발은 나중에 하는 것으로 하고, 먼저 시즌별로 랜드사들이 배포하는 신혼여행 상품과 가격을 받아서 내 수익을 붙이고 각종 선물 세트를 구성해서 판매를 시작하면 된다. 최근에는 항공권을 미리미리 구매하는 편이 더 저렴하다는 이유로 상품에서 아예 항공권을 제외하고 게시하는 경우도 있다. 항공권을 포함한 상품보다 상대적으로 저렴해 보이기도 하고, 젊은 고객들은 스마트폰으로 항공권 정도는 싸게 구하는 데 어려움이 없기 때문이다.

항공권도 예약 판매해야 한다면 항공권 업무를 직접 보든지 아니면 신혼여행 항공권을 전문으로 취급하는 업체들을 이용하면 된다. 주로 예식을 치르고 탑승하기 편한 스케줄의 허니문 플라이트(Honeymoon Flight)라고 불리는 항공권들이 이에 해당한다.

신혼여행 상담에서는 여행의 성격을 이해하는 것이 우선이다. 지금 잠시 눈을 감고 신혼여행지 사진을 한 장 떠올려 보자. 무엇이 보이는가? 아마 대부분은 바닷가를 상상했을 것이다. 이를 휴양형 신혼여행지라고 하는데, 형태별로 상담의 핵심 요소를 이제부터 정리해 보겠다.

❶ 휴양형 신혼여행지

대표적인 곳이 몰디브와 모리셔스 같은 바다 한가운데에 떠 있는 리조트로 상상만 해도 설레고 가 보고 싶은 장소이다. 그런데 신혼여행 상담 중에 여행사 직원들은 커플에게 사귄지 얼마나 되었는지를 묻는다. 바다 한가운데 떠 있는 리조트에서 4박을 하는 경우 사귄 기간이 짧은 커플들은 시간 가는 줄 모르지만, 오래 사귄 커플들은 지겨웠다는 반응을 보이기 때문이다. 뛰어난 경치와 시설은 첫날 하루만 지나면 느낌이 무뎌진다. 그런 면에서 무조건 바다 위에 떠 있는 여행지가 최선은 아닐 것이다. 항상 예비부부들의 성향과 욕구를 잘 파악해서 가장 적합한 신혼여행지를 추천해야 한다.

❷ 휴양형 + 다운타운 신혼여행지

낮에는 휴양을 즐기다가 저녁이 되면 커플이 함께 손잡고 거리를 거닐며 데이트하고 멋진 레스토랑이나 바에서 행복한 시간을 가질 수 있는 환경이 대체로 만족도가 더 높다. 그래서 이런 여행지가 가장 선호되는 신혼여행지라고 볼 수 있다. 예전에는 보라카이의 인기가 높았는데 리조트에서 잘 쉬고, 아름다운 해변에서 놀고, 아기자기한 레스토랑과 카페 등 핫한 곳들이 몰려 있는 번화가인 디몰(D-mall)에서 영어를 못해도 교통편 없이 마치 테마파크 내에서 놀듯이 여행할 수 있었기 때문이다. 하지만 작은 섬이다 보니 럭셔리 리조트가 별로 없고 최근에는 보라카이의 맛집에 들어서면 한국어와 중국어만 들릴 정도로 해외 감성이 사라져서 그다지 선호되지 않는다.

이런 휴양형과 다운타운이 조화를 이룬 여행지로는 태국의 코사무이, 인도네시아의 발리, 하와이, 멕시코의 칸쿤 등이 있고, 이 중에서 한국인이 가장 많이 가는 곳은 하와이를 꼽을 수 있다. 이외에도 많은 지역이 있는데, 럭셔리 리조트와 돌아다닐 곳들이 얼마나 있는지, 자연과 도심의 모습이 어느 정도의 밸런스를 이루고 있는지를 알아 두면 더 원활한 상담이 될 것이다.

신혼여행에서 4박을 한다면 주로 다운타운 쪽 접근이 편리한 곳에서 실속형 리조트 2박 후 럭셔리 리조트 2박을 하기도 하고, 발리 같은 곳은 해변의 리조트에서 2박 후 우붓(숲과 논이 어우러진 예술인의 마을)의 풀 빌라에서 2박을 하는 식의 콘셉트로 믹스하는 숙박도 선호되고 있다.

❸ 관광형 신혼여행지

관광형 신혼여행지라고 하면 어디가 떠오르는가? 바로 드라마나 영화의 배경으로 자주 등장하는 유럽이다. 평소에는 시간 내기가 힘들어서 가기 어려운 만큼 신혼여행지로 동남아가 아닌 로맨틱한 분위기의 유럽을 꿈꾸는 신랑 신부들이 많다. 유럽 신혼여행은 주로 가는 지역이 정해져 있기 때문에 생각보다 업무가 수월한 편이다.

유럽 신혼여행지 베스트로는 파리+프라하, 파리+스위스, 스위스+프라하, 파리+이탈리아(로마), 이탈리아 일주, 스페인 일주, 그리스

산토리니 정도가 손꼽힌다. 최근에는 발칸 지역도 많이 가는 편이다.

그런데 이런 신혼여행을 직접 개발해서 진행하려면 무척 수고스럽고, 예비부부들도 결혼 준비로 머리가 아픈 와중에 여행 상품 구성 요소들을 함께 들여다보는 것이 피곤할 수 있다. 그래서 정형화해 놓고 판매하거나 상품으로 이미 나와 있는 것들을 이용하는 쪽이 성사 확률은 더 높다.

대형 패키지 여행사들이 '신혼여행 세미 패키지'라는 상품을 내고 있는데, 예를 들어 파리에 도착하면 공항에 가이드가 마중 나와 호텔까지 이동하면서 간단히 여행 일정과 주의 사항을 설명해 준다. 하루는 가이드 투어를 몇 커플이 함께 다니고, 하루는 자유 여행을 하게 된다. 파리에서 스위스로 가는 기차역까지 가이드가 배웅해 주고 스위스에 도착하면 현지 가이드가 나와서 숙소로 이동하며 스위스 여행을 소개해 준다. 그러면 신혼부부는 스위스 여행을 두 사람만의 자유 여행으로 즐길 수 있다. 마지막 날 공항까지 가이드가 배웅해 주는 것으로 일정이 끝나게 된다.

이렇게 일정이 정해져 있고 도시 내에서 자유 여행을 즐길 수 있게 안내해 주는 여행은 대형 여행사뿐 아니라 이런 여행만 전문적으로 각 여행사에 공급하는 유럽 신혼여행 전문 랜드사들이 있기 때문에 일하기 편하다. 물론 두 사람만의 특별한 여행을 만들어 주고 싶다는 생각을 할 수 있겠지만, 실제로 진행해 보면 신혼부부의 의욕과 욕구로 인해 일정 변경이 계속 이어져서 한 번으로 끝날 업무를 여러 차례 수정하는 경우들도 있으니 이런 욕구가 충만한 고객들은 스스로 준비해서 자유 여행으로 떠나는 것이 낫다고 본다.

❹ 관광형 + 휴양형 신혼여행지

관광지 느낌과 휴양지 느낌을 동시에 주는 여행지는 신혼여행으로 만족도가 높을 수 있다. 하와이도 이런 감각의 여행지라고 볼 수 있겠지만, 대표적으로 이런 밸런스를 유지하는 곳은 호주라고 생각한다. 호주는 주로 신혼여행으로 시드니와 골드코스트를 가는데, 시드니에서는 유럽의 도시 같은 정취의 여행을 즐기고 골드코스트로 넘어가면 휴양 리조트 형태의 숙박 시설에 머물면서 휴양지의 풍광을 만끽하는 것이다.

아무래도 동남아보다 더 깔끔하고 고급스럽다는 느낌을 받고, 사진도 더 예쁘게 나온다고 말하곤 한다. 다만 계절이 우리나라와 반대이다 보니 여름에 결혼하는 커플에게는 추천하지 않는 것이 좋다. 봄 가을이라면 시드니는 좀 덜 덥고, 골드코스트는 여름 해변의 날씨를 보이는 더할 나위 없는 여행 시기이다.

신혼여행도 점점 특별한 여행을 선호하는 경향이 나타나고, 점차 비행기 티켓과 호텔만 직접 예약해서 떠나는 신혼부부들이 늘고 있으므로 이런 점을 감안해서 신혼여행을 위한 나만의 독창적인 전략을 준비해야 여행사로서 성장의 기회를 만들 수 있을 것이다.

❹ 골프 여행의 상담과 업무 진행

골프 여행은 손쉽게 자사 브랜드로 여행 상품을 만들어서 판매하기 좋다. 네 명이 한 팀으로 구성되기 때문에 신혼여행처럼 자체 상품화에 알맞고, 우리 여행사를 통해서 한 번 만족스러운 여행을 다녀오면 우리 브랜드를 확실히 인식하게 된다. 게다가 그나마 온라인 마케팅이 치열하지 않은 분야이면서 각종 모임이나 오프라인상에서 골프를 좋아하는 사람들과 자주 어울린다면 좀 더 수월하게 성과를 만들어 낼 수 있다.

다만 골프 여행을 많이 다닌 고객일수록 점점 현지를 자신이 잘 안다고 생각해서 현지 가이드나 직원들과 직접 연락해 직거래하는 것을 자랑처럼 이야기하다가 결국 알아서 항공권을 구입하고 스스로 골프 여행을 해결하기도 한다. 그렇긴 해도 여전히 여행사에 도움 되는 상품군임에는 틀림없다.

종종 현지 지인을 통해서나 아니면 직접 골프장에 연락해서 미팅한 후 골프장 판매 권한 계약을 체결하는 기회를 만날 수도 있다. 이렇게 골프장과 직접 거래하기 시작하면 다시 각 여행사를 대상으로 홀세일이 가능하므로 매력 있는 분야이기도 하다.

지금부터 일반적으로 고객 상담과 진행은 어떻게 이루어지는지 이야기해 보자. 먼저 고객들이 골프 여행을 문의해 올 때 '골프를 치지 않는 사람은 업무가 불가능할까?'라는 의문이 생길 수 있다. 우리 회

사 직원들은 나이가 젊고 아직 골프를 치지 않지만 골프 여행을 상담
하면 성사율이 높다. 골프를 치지 않아도 학습을 통해서 얼마든지 상
품에 대해 상담하고 판매할 수 있다. 하지만 집중적으로 골프 여행을
영업한다고 가정하면 역시 같이 골프를 치면서 어울리는 쪽이 더 높은
성과를 낼 것이다.

골프와 골프 여행의 기본 이해

· ·

골프를 친다면 골프에 관해 따로 학습할 필요는 없다. 만약 치지 않는
다면 골프를 좋아하는 지인과 1시간 정도의 티타임만 가져도 충분히
이해할 수 있다. 보편적으로 골프는 4인이 라운딩을 하고 골프 여행도
4인이 최적의 조합으로 여행을 가는 구조이다. 그런데 아시아 지역의
골프장들은 2인이라도 라운딩이 가능한 곳이 많다. 또한 캐디 없이 직
접 카트를 몰고 다니고, 공 바로 앞까지 가서 치는 곳들도 제법 있다.
이런 점들을 조금만 이해하면 골프 여행을 상담 판매하는 데 큰 어려
움은 없다.

　가까운 곳으로 향하는 골프 여행은 특히나 자신의 골프 클럽(골프
채)을 가지고 떠나곤 하는데, 이때 어떤 항공사를 이용하는지 확인해
서 수하물 규정을 잘 안내해 줘야 한다. 공항에서도 골프 백은 대형 수
하물로 따로 부치기 때문에 어디서 수속을 하고 어디서 수하물을 보내
는지도 상세히 안내하는 편이 좋다. 또한 골프 여행 고객들에게는 보

통 골프공이나 골프 백 항공 커버(골프 백 위에 씌워서 보호하는 역할)를 선물로 증정하기도 한다.

최근에는 골프 여행도 항공권은 개별 항공권으로 저렴하게 미리 구입하는 방식으로 행사를 진행하곤 한다. 결국 항공권과 현지 골프 여행의 결합이고, 항공권은 별도로 판매하는 경우도 흔하다. 겨울철 성수기에는 오히려 항공권 포함으로 판매하면 수익성을 더 높일 수 있다.

골프 여행의 숙소는 골프텔이 좋은가? 다운타운이 좋은가?

. . . .

골프 여행 시 저렴하면서 골프를 더 많이 치고 싶은 경우에 주로 골프텔(골프장에 있는 숙소)로 구성된 상품을 추천하곤 한다. 그러나 해외로 골프를 치러 가면 공만 열심히 치는 전지훈련의 느낌뿐 아니라 해외여행의 기분도 내길 원한다는 점에서 골프텔과 다운타운 숙소의 선택을 위한 상담이 요구된다. 그러면 골프텔과 다운타운 숙소의 차이점을 생각해 보자.

우선 골프텔의 장점은 무엇일까? 보다 저렴하고 번거롭게 이동하지 않고 걸어 나가서 바로 라운딩할 수 있으므로 골프에 집중하기 좋다. 그렇다면 단점은 무엇일까? 만일 골프텔이 18홀뿐인 골프장에 있다면 어떨까? 4일간 골프 여행을 가서 3일 내내 같은 곳에서 골프를 치는 것은 모처럼 해외까지 가서 지루한 훈련 같다고 느낄 수 있다. 따라서 골프텔을 이용하더라도 3일 3색(3일간 3가지 골프 코스)이 가능한 54홀 이상의 코스를 가진 곳을 우선시한다. 예를 들어서 일본 홋카이도 루스츠 리조트는 골프텔에 숙박하면서 총 72홀의 4개 코스로 구성된 골프장에서 다양하게 라운딩을 즐길 수 있기 때문에 대형 여행사들이 집중 판매하는 곳이다. 한편 골프장이 주로 외곽에 위치하는 만큼 골프텔은 저녁에 나가 놀기에는 알맞지 않을 수 있다. 골프 여행의 특성상 낮에 라운딩을 즐긴 여행객들이 저녁에는 술과 유흥을 찾는 경향이 강한데, 그런 점에서 골프텔은 조금 불편하기도 하다.

다운타운의 숙소에 숙박하면 매일 다른 골프장에 가서 칠 수 있다는 것과 저녁에 유흥을 즐기기 편하다는 것이 장점이다. 좋은 호텔을 선택해서 숙박할 수 있는 반면에 시내에서 골프장까지 이동 시간이 많이 걸린다면 매일 오가는 길이 피곤해질 수도 있다.

한 가지 유의할 점으로 골프 여행은 2인 1실을 기본이라고 생각해선 안 된다. 상담할 때 늘 2인 1실을 원하는지, 1인 1실을 원하는지 물어봐야 한다. 지역별로는 호텔이 아닌 풀 빌라 독채를 빌려서 골프 여행 일행들이 모두 함께 숙박하길 원하는 경우도 있다.

계절별 골프 여행의 기본

골프 여행은 기본적으로 계절에 따라서 선호하는 지역이 달라진다. 우리나라 겨울철은 따뜻한 동남아로 골프를 치러 가는 성수기에 해당한다. 이때는 다양한 지역들에 대한 니즈가 있어서 폭넓게 상담 판매가 가능하다. 반면에 우리나라 여름철에는 시원한 곳에서 골프를 치고 싶어 한다. 여름철에 선호하는 골프 여행지를 간략히 정리해 보자.

1) 홋카이도: 워낙에 설경이 유명해서 그런지 사람들은 홋카이도를 시원하다고 생각한다. 그래서 많은 한국인 골퍼가 여름에 홋카이도의 골프장을 즐겨 찾는다. 홋카이도는 겨울을 제외하고 봄, 여름, 가을까지 줄곧 사랑받지만 저렴하지 않은 일본의 골프 여행지이다.

2) 백두산: 백두산에서 무슨 골프를 치느냐고 생각할 수 있는데, 백두산 가까운 지역에 골프장이 있어서 이 골프 여행을 처음 런칭한 업체는 정말로 엄청난 인기를 끌었다. 여름에 시원한 곳을 찾아가는 골퍼들에게 백두산 골프는 백두산 관광까지 즐길 수 있다는 점에서 매력적이다.

3) 치앙마이: 여름에 시원하게 골프를 치는 곳들은 주로 고지대에 위치하곤 한다. 치앙마이는 태국 북부에 있는 아름다운 여행지로 한때 일본인들이 은퇴 이민으로 가장 선호하는 지역이었다. 태국 골프 여행을 선호하는 사람들이 그나마 시원하게 골프를 즐길 수 있는 곳이 치앙마이다. 전세기로 떠나는 골프 여행으로 최고의 인기 여행지였던 치앙마이는 최근에 항공료와 현지 행사 비용들이 다소 인상되긴 했지만 1년 내내 꾸준한 인기를 누리고 있다. 여름에는 스콜성 소나기가 자주 내린다는 점을 감안해야 한다.

4) 베트남 달랏: 베트남에도 지대가 높아 시원한 골프 여행지로 꼽히는 '달랏'이라는 곳이 있다. 2016년 KLPGA(한국여자프로골프협회) 투어 개최지로 여러 골프장이 자리 잡고 있는 인기가 높은 여름 골프 여행지이다. 주로 가는 세 군데 골프장들 모두 컨디션이 좋다고 정평이 나 있기 때문에 한결같이 선호되는 곳이다. 게다가 달랏은 베트남이 프랑스 식민지였던 시대에 휴양지로 개발되어 리틀 프랑스라고 불렸던 곳으로 유럽풍의 아름다운 모습이 가득해 골프와 여가를 동시에 만족시키는 여행지로서 사랑받고 있다.

여름 골프 여행지들은 계속해서 시원한 곳들을 찾아 상품화하는 노력 덕분에 골프 여행 지역이 넓어지고 있는 추세이다. 한 번 골프 여행에서 만족한 고객들은 지속적으로 우리 여행사를 이용해 줄 가능성이 높다는 점에서 관심을 갖고 집중해 볼 만한 분야이다.

골프 여행 상품의 체크 포인트

보통 골프 여행은 라운딩 비용과 카트 비용이 포함된다. 여기에 캐디 팁이 별도인지 확인해야 하고, 클럽이나 슈즈의 렌털비 등도 체크해 두는 것이 좋다. 경우에 따라서는 클럽 하우스와 그늘집에서 먹을 수 있는 식사나 간식들을 체크해서 알아 두면 유용하다. 라운딩 비용은 18홀을 기본으로 하기도 하고 무제한인 경우도 있는데, 18홀을 기본으로 한다면 9홀이나 18홀을 추가할 때 비용도 알아 둬야 한다. 골프장 부킹

만 판매할 때는 시내에서 골프장까지의 픽업 서비스 비용을 별도로 체크해 둬야 한다. 일을 하다 보면 다 알게 되는 사항이지만 기본적인 체크 리스트를 작성해서 정보를 취합하고 게시하는 것이 중요하다.

골프 여행 시 유흥에 관한 질문 응대 방법

골프 여행 상담을 하는 담당자가 여성일 때 종종 남성 고객들이 남자 직원은 없냐고 질문하는 경우가 있다. 저녁에 여성들이 접대하는 술집의 정보를 물어보려는 의도인데, 이는 술뿐만 아니라 그 후 2차에 대한 이야기도 알아보려는 것이다. 여행 분야에서 골프 여행을 주로 진행하다 보면 피할 수 없는 내용인데, 상담 중 용어에 주의하며 단순한 정보 제공이라는 자세로 대화를 나눠야 한다. 아니면 아예 골프 여행 자체를 취급하지 않는 편이 나을 수도 있다. 때로 고객들이 '언니는 얼마예요?'라고 질문하기도 하는데, 이때 '파트너' '2차' 등의 용어로 통일해서 현지 정보를 알려 주는 정도로 대응한다.

　일찍이 여행이 좋아서 여행업을 시작했던 당시에는 내가 매춘업을 하는 것인지 하는 회의감이 든 적도 있다. 하지만 고객들의 질문에 여행 전문가로서 기본적인 응대를 하는 수준은 지켜야 할 경우가 있다 보니 이런 정제된 용어를 이용하기로 한 것이다. 여행사가 파트너를 예약해 주거나 하면 이야말로 해외 원정 매춘 알선에 해당하기 때문에 아무리 고객이 요청한다고 해도 현지 정보 제공 이외의 업무를 해서는 안 된다는 주의 사항을 꼭 기억하길 바란다.

　요즘은 골프 여행 모객을 골프 동호회처럼 운영하거나 골프 조인 (Join)에 집중해서 여행 인원수를 맞춰 주는 서비스로 성장하는 업체들이 많이 있다. 아무래도 함께 어울려 놀이를 하는 성격이므로 자사의 전략을 잘 세워서 진행하면 되는데, 초기에는 다른 골프 여행사들을 이용해서 몇 번의 여행을 다녀오는 직접 체험을 통해 공부하는 방법도 추천하고 싶다.

❺ 자유 여행의 상담과 업무 진행

자유 여행! 예전에는 주로 학생들의 배낭여행이라고 생각했지만, 스마트폰이 등장한 뒤부터 급격하게 성장한 분야가 바로 자유 여행이다. 여행업 시장이 해마다 8%에 달하는 성장을 지속하고 있음에도 여행사들은 계속 힘들다고 하소연하는 이유는 여행사가 아닌 여행 관련 IT 회사들이 이런 자유 여행 고객들을 모두 가져갔기 때문이다. 그렇다면 여행사보다 관광 IT 플랫폼을 만드는 사업을 시작하는 것이 맞지 않을지 고민해 볼 필요도 있다.

　하지만 자유 여행 시장이 커지면서 자유 여행을 선뜻 떠나지 못했던 사람들도 100% 자유 여행은 아니더라도 그런 분위기의 여행을 가고 싶어 하고, 직접 자유 여행을 준비할 여력이 없는 사람들은 전문가에게 자유 여행을 설계해 달라고 요청하는 시장도 생겨난 만큼 여행사들의 자유 여행 고객도 실제로는 늘었다고 보는 것이 맞다. 그러면 자유 여행 업무를 어떻게 효율적으로 진행할 수 있을까?

언뜻 생각할 때 한두 명이 여행을 가는데 그들의 요구 사항들에 하나하나 맞추려면 상담료를 별도로 받아야만 업무가 가능한 것처럼 보일지 모른다. 오히려 30명짜리 단체 행사는 원하는 사항을 자세히 듣고 견적과 일정을 건네주면 선택할지 말지 결정하는 프로세스를 통해서 고효율의 성과를 달성하게 되는데 비해, 한두 명의 여행은 몇 번이고 상담을 주고받으며 언제 마무리될지 모를 정도로 길게 이어지면서 피로감이 쌓이고 좀처럼 효율성을 추구하기 힘들 수도 있다. 따라서 자유 여행이야말로 좀 더 체계적인 접근이 필요하다. 요즘은 이런 자유 여행객들을 위한 서비스들이 발달해 있으니 평소에 학습해 두고 몇 회 정도의 반복을 통해서 고효율은 아니더라도 적어도 우리 회사를 사랑하는 고객층을 확보할 수 있다는 자세로 접근해 볼 만하다.

여행의 기본 상담 방법은 앞서 '여행 상담 전문가가 되는 실전 화법'에서 다루었으니 그 내용을 참고하길 바란다. 이번에는 자유 여행객을 대상으로 상담하고 업무를 진행하는 프로세스에 집중해서 이야기해 보겠다.

자유 여행 상담과 업무 진행 방법

....

1) 원하는 여행과 가장 비슷한 여행 상품을 찾는다.

평소에 자유 여행 또는 에어텔 상품들을 잘 출시하는 여행사들의 상품을 탐색해 두자. 대형 여행사들도 에어텔이라는 형태의 상품을 홈페이지에 다량으로 게시해 놓고 있으므로 종종 찾아보면 도움이 된다. 물론 이미 상품으로 잘 나와 있는 에어텔 상품을 이용하도록 추천하는 것도 편리한 방법일 수 있는데, 생각보다 제약이 많이 붙는다. 보통 항공, 호텔 등 세부 내용들을 변경할 때 항공이라면 항공권의 조건에 따라서 업무를 보는데, 대형 여행사에 게시되어 있는 에어텔이라는 자유 여행 상품은 타 상품들과 마찬가지로 예약 후 세부 내용 변경 시 상품의 변경이나 환불에 대해 무리하게 청구하는 경우가 발생해서 낭패를 볼 수도 있기 때문에 꼼꼼히 확인하고 진행해야 한다.

고객이 원하는 것과 가장 유사한 상품을 찾았다면 이제 그 상품을 베이스로 상담한다. 주로 많이 가는 여행지들을 상담하다 보면 어느 정도 정형화된 패턴을 알게 되고, 그 패턴 내에서 상품을 구성하게 된다. 이때 꼭 내가 직접 만들어야 한다는 강박 관념을 버리길 바란다. 여행사 업무로 고객에게 좋은 여행을 만들어 주려고 노력한다는 가치는 나도 높이 사지만 그만큼의 대가를 지불할 고객들이 흔치 않기에 계속해서 업무의 효율을 추구해야 한다.

2) 원하는 조건들을 이야기 나눈 후 세부 조정한다.

고객이 원하는 패턴의 자유 여행 상품을 찾았거나 조금 변형해서 제안할 수 있는 경우에 세부적인 사항은 상담을 통해서 조정해 나가면 된다. 선호 항공, 숙박 스타일과 수준 등을 정해야 한다. 세부적인 사항들을 이야기하다 보면 오히려 기존 여행 상품들 중에서 세미 패키지 스타일로 구성된 상품을 선택하게 되는 케이스도 있다. 패턴을 구분해 보면 아래와 같다.

> A. 에어텔: 항공권 + 호텔 + 현지 교통 티켓 + 입장권 등으로 구성
> ....
> B. 에어텔 + 픽업 + 가이드 케어: 자유 여행인데 공항 픽업/샌딩과 첫날 또는 하루 동안 가이드의 안내 포함
> ....
> C. 패키지여행 + 하루 자유 시간: 패키지여행인데 하루 일정은 자유 시간으로 구성

3) 기본 일정을 작성한다. 항공편은 최대한 빨리 결정짓도록 한다.

이제 기본적인 일정을 작성한다. 모든 고객에게 멋진 양식으로 문서를 작성하는 것은 시간 낭비가 될 수 있으므로 아직 상담 단계라면 그냥 텍스트로 1일차, 2일차 하는 식으로 날짜 구분을 하고 그날의 기본적인 추천 일정 정도를 타이핑한 후 이메일이나 메신저로 주고받으면서 조율해야 빠르게 진행할 수 있다.

물론 대단히 중요하거나 한 번에 완성도 있는 프로그램을 제공해야 하는 경우에는 문서를 완벽하게 작성해야겠지만, 일반적으로 고객이 원하는 여행 일정이 확정되기 전까지는 가볍게 상담하는 방식에 고객들도 만족해한다.

실제로 우리 여행사는 문서, 이메일, 카톡 등으로 상담 내용을 정리해서 보내는데, 여러 사람이 함께 정보를 봐야 하는 경우나 상담 내용이 비공개여야 하는 상황이 아니면 회사의 여행 카페에 일정, 사진, 링크 등을 넣어서 가볍게 공개 글로 등록한 후 고객에게 보내기도 한다. 이런 방식은 자료가 누적되고 시간이 지나도 그 자료를 쉽게 찾을 수 있다는 점에서 활용도가 높다.

4) 항공권, 호텔, 현지 교통, 데이 투어 등 필요한 조합들을 최대한 넣는다.

고객이 원하는 여행 패턴과 일정이 어느 정도 정해졌다면 이 내용을 하나의 여행 상품처럼 만드는 과정이 필요하다. 문서 작업을 잘해서 제공하는 것만으로도 고객들은 자유 여행을 상품으로 만들어 제공받았다고 느끼기 때문에 상담료를 상품 가격에 부과하기 편해진다. 이때 되도록 고객이 원하는 사항들을 최대한 넣고, 불필요하다고 여겨지는 것들을 제외하도록 선택안을 제시한다.

이런 상품화 작업 때는 추천 일정표에 항공, 호텔 및 포함 사항들을 확실히 정리해 넣으면서 여행하는 방법이나 여행지의 간략한 정보들을 추가하면 만족도가 올라간다.

5) 여행자 보험, 로밍 등 추가 상품 판매를 통해서 부가적인 매출을 확대하자.

자유 여행 시에도 고객에게 필요한 것들을 제공하고 부가적인 매출을 올릴 수 있는 요소들이 있다. 그중에서 대표적인 것이 여행자 보험, 로

밍(포켓 와이파이), 비자 등의 업무이다. 또한 각종 할인 쿠폰을 제공하고 고객이 그 쿠폰을 사용해서 소소한 수익이 발생하는 경우도 있다.

6) 눈에 보이는 유형성을 최대한 제공하라.

모든 상담이 완성된 단계에 들어서면 일목요연하게 정리된 일정표와 여행 정보, 항공 e티켓, 숙박 바우처(Voucher), 각종 교통 패스 등 완비된 내용들을 프린트해 클리어 파일에 가지런히 넣어서 고객에게 발송하면 좋다. 요즘은 전부 온라인으로 가능하기 때문에 이메일로 보내주는 것으로도 충분할 수 있지만, 적어도 거래가 이루어졌을 때 눈에 보이고 만져지는 것을 전달받고 그것을 손에 들고 여행을 떠나면 여행사의 서비스에 대한 만족도가 달리 느껴지곤 한다. 마치 돈을 온라인상의 숫자로만 볼 때와 실제로 만질 때의 차이라고 비유할 수 있지 않을까 싶다.

7) 이번에 기획된 여행을 상품으로 등록하라.

이제 마지막으로 잊지 말고 실행해야 할 일이 있다. 다음번에 이와 비슷한 고객의 요청이 있을 때 또 처음부터 일을 시작하면 효율성이 떨어져서 이런 개인의 자유 여행을 돕는 여행사 서비스는 여행사가 처리할 수 없는 업무가 되어 버린다.

그러나 이번에 상담한 결과물을 그대로 여행 상품처럼 홈페이지나 자사 블로그/카페에 잘 정리해서 올려 두면 다음 상담 시 바로 이 내용을 전달하면서 다녀온 고객들이 만족한 프로그램이라고 소개할 수 있으므로 업무 효율성이 높아진다. 게다가 해당 여행을 다녀온 고객에게서 후기와 여행의 개선점까지 받아서 같이 올려놓으면 고객의 신뢰는 더 커질 수 있다. 그런 면에서 맞춤 여행을 진행한 후 홈페이지에 게시하고 후기를 받는 방법과 카페에 게시하고 후기를 받는 방법이 유용하다.

고객의 여행을 돕기 위해서 여행업을 시작했다면 이런 한 분 한 분의 여행을 정성을 다해서 돕는 것은 보람 있고 만족스러운 일이다. 따라서 매번 새롭게 업무를 시작하지 않도록 제대로 정리하고 게시해 두는 방식으로 정말 자신이 원했던 여행업의 가치를 실현할 수 있을 것이다.

❻ 호텔 예약, 비자, 여행자 보험, 현지 서비스 업무

여행사라고 하면 막연히 개인 고객에게 여행 상품을 판매하는 것만 생각했을 수 있다. 사실 업계에서는 해외 출장 업무가 많은 기업체와의 거래가 전통적으로 수익성이 높고, 안정적인 거래처를 통한 매출이라는 점에서 주목받아 왔다.

이렇게 출장을 기반으로 업무가 진행될 때는 항공권 업무 외에 호텔 예약, 현지 교통편, 현지 가이드나 통역 서비스, 하다못해 여행자 보험 등을 통해서 부가적인 수익을 만들 수 있다.

호텔 예약 업무

호텔 예약은 예전에는 여행사들만의 전산 프로그램을 이용하거나 호텔 예약을 전문적으로 취급하는 회사에 연락해서 예약을 진행했다. 요즘에는 고객들도 알 만한 호텔 예약 전문 브랜드로 상담하고 예약해야 신뢰감을 심어 주면서 진행할 수 있다. 고객에게 익숙한 브랜드들 중에는 여행사와 거래가 원활한 곳과 그렇지 않은 곳이 있다. 만약 홈페이지나 온라인 서비스를 통해서 고객이 직접 예약하도록 구성하려고 한다면 먼저 온라인 여행 예약 사이트(OTA) 하단에 있는 파트너 계정을 생성하고 업무 제휴를 문의해서 진행하면 된다. 대부분의 OTA가 자신들의 솔루션을 웹이나 앱에 장착해서 판매하는 일에 호의적이다. 다만 그런 예약 시스템들을 다 모은다고 해도 결국 사용자들이 우리 웹이나 앱을 사용하게 만드는 것이 관건이다.

호텔 예약은 온라인으로 고객들처럼 호텔을 찾아 가격을 비교해서 예약해 주면 보통 5~10%의 커미션을 받을 수 있다. 당연히 호텔 가격이 높고, 숙박 일수가 길어지면 업무량에 비해서 효율성이 높아진다는 점은 쉽게 짐작이 간다. 요즘은 고객들도 여행사만큼 정보에 밝기 때문에 정보가 필요해서 연락하진 않는다. 좀 더 편하고 전문성 있게 자신의 수고를 덜어준다는 측면이 강한데, 경우에 따라서는 해외 한인 민박을 예약해 주고 1박당 예약 대행비를 받는 업체도 있다. 이처럼 꼭 판매가에서 커미션을 받는 것이 아니라 여행사에서 서비스(수고)한

만큼 적정선의 업무 비용을 청구하는 방식도 생각해 볼 만하다.

해외 OTA들을 통한 예약은 가격 경쟁력을 확보하기에 좋은 편이다. 하지만 기업의 출장 스케줄은 변동이 많고 문제 발생 시 대응이 신속해야 하므로 우리 여행사도 한국의 호텔 예약 시스템 회사와 거래하곤 한다. 아무래도 한국어로 직접 전화 통화하면서 일할 수 있는 예약 시스템 회사가 문제 해결에서 대처가 빠르기 때문이다. 이런 경우에는 고객에게 가격이 조금 비싸더라도 한국 시스템 회사를 사용하는 이유를 설명하고 동의를 얻어서 진행하면 고객들도 수긍할 것이다.

비자 업무

비자 업무는 어떻게 진행하는지 무척 궁금할 것이다. 고객의 여권 하나를 받아서 직접 대사관 영사과에 가야 한다면 얼마를 받고 일할 수 있을까? 세상 모든 일이 그렇듯이 비자 업무도 도매상이 있다. 우리 여행사가 특정 비자를 일정 수량 판매할 수 있다면 이 비자 도매상이 사무실로 방문해 비자 접수 서류를 가져가서 대사관 영사과에 접수해 주고, 발급이 되면 우리 여행사로 발급된 여권과 서류를 가져다준다. 한 업체가 모든 비자를 다 경쟁력 있게 처리하진 못하기 때문에 중국 비자 전문 업체와 그 외 국가별 비자 업체들을 자사가 주력하는 파트에 따라 나눠서 거래하게 된다. 만약 특정 국가의 비자를 자주 발급받아야 한다면 직접 대사관에 접수하고 발급받는 것도 고려해 볼 수 있다.

여행자 보험 업무

....

여행자 보험 역시 도매상이 있는데, 한 건 한 건의 여행자 보험 가입은 여행자 보험 전문 업체 측에서 여행사 직원들이 직접 여행자 보험 가입을 할 수 있게 전산 프로그램을 제공하는 경우도 있다. 반면에 여행사들도 그런 업무는 효율성이 높지 않다 보니 요즘은 고객에게 링크를 보내 주고 고객이 직접 가입하는 방식으로 시스템을 제공받아 사용하곤 한다.

여행사에서 단체 행사를 진행하는 경우에는 수십 명의 여행객을 한번에 가입시키려면 업무상 상당한 부담이 되는데, 이때는 명단과 내용만 보내면 일괄적으로 보험 가입 업무를 대행해 주는 여행자 보험업체들을 이용한다. 여행자 보험은 상황과 업체별로 차이는 있지만 부가세를 포함해서 10~20% 정도의 커미션을 지급하곤 한다. 여행자 보험으로 돈을 벌고자 한다면 온라인 시스템으로 고객들이 직접 가입하도록 해서 경쟁력을 확보하거나 여행사들을 상대로 홀세일이 가능한 구조화가 갖춰져야 하기 때문에 일반적인 여행사들은 자사 고객들을 가입시키는 정도로 일하고 있다.

현지 서비스 업무

....

현지 서비스라고 하면 현지 데이 투어, 현지 가이드 섭외, 통역 섭외,

공항 픽업 서비스, 교통 패스, 입장권 등을 뜻한다. 이런 현지 서비스들만 특화해서 성공한 회사들이 많은데, 자유 여행 시대에 여행객들에게 유용한 현지 서비스들을 단품으로 판매하는 형태이다. 여행사 직원과 길게 상담할 필요 없이 웹이나 앱으로 내용을 살피고 선뜻 구매를 결정할 수 있는 품목들로, 이런 사업에 성공한 업체들은 일종의 현지 서비스를 중개하는 회사들이다. 가장 유명한 한국 회사로는 '마이리얼트립'이 꼽히고 최근에는 '에어비앤비'를 비롯한 거의 모든 글로벌 OTA에서 이런 서비스를 제공한다.

일반 여행사 입장에선 이런 현지 서비스를 요청하는 고객에게 차별화된 서비스를 제공하기가 쉽지 않다. 물론 현지 투어는 현지 투어 업체에 문의해서 커미션을 준다고 하면 판매 커미션을 벌기 위해서 달려들 수도 있지만, 결국 시스템화로 승부를 보는 상황이다. 어쨌든 기업체나 일부 고객들은 이런 일을 직접 하지 않고 여행사에서 일괄적으로 처리해 주길 원하는 경우도 있는 만큼 여행사가 일반인보다는 이 분야를 더 상세히 파악하고 있을 필요는 있다.

특히 앞서 이야기했던 자유 여행을 맞춤 여행으로 만들어 주고자 할 때 현지 서비스들을 잘 조합해서 제공하면 만족도가 높아지므로 좀 더 관심을 가지면 도움이 될 수 있다. 더욱이 여행 사업의 트렌드를 따라가려면 끊임없이 현지화 전략을 펼쳐서 성장하겠다는 생각을 갖고 꾸준히 준비하는 노력도 중요하다.

"여행사 혼자 차려 볼까?"

Starting a Travel Agency

STEP

09

항공 업무를 알면
보이는 것들

항공 업무를 알면 보이는 것들

① 왕복 항공권을 구입해서 절반만 쓰면 반은 돌려주나요?

기타 업무에 비해 항공권 업무가 그 기초를 이해하는 것부터 시작해서 자세히 알게 되면 될수록 여행업에 자신감이 붙고 더 나은 결실을 거두고 기회를 만들 수 있다는 점은 다년간 여행사 창업 교육을 진행하면서 수료생들의 창업 성과를 보고 깨달은 사실이다. 항공권 업무와 상관없이 단체 행사와 여행 상품 기획으로 훌륭한 성과를 내고 있는 분들도 있지만, 기본적으로 항공 업무를 잘 알면 업무에 자신감이 생기고, 잘 모르면 자꾸만 능력이 부족하진 않은지 하는 불안을 느낀다고 본다. 그런 만큼 초기에 항공권 업무를 열심히 학습해 두는 것이 향후 항공권 업무를 직접 하지 않더라도 의미가 있다고 생각한다.

항공권의 기본 이해는 전통적인 방식의 항공권에 대한 이야기로 시작해 보겠다. 항공권 요금은 동일한 도시를 왕복하는 왕복 항공권을 이용하면 할인해 주는 방식을 적용해 왔다. 이런 요금 체계를 기준으로 몇 가지 사항을 살펴보자.

1) 모든 항공편은 자국의 도시를 시작점으로 목적지를 왕복한다.
너무나 당연한 듯이 들리지만 사실 고객들은 이 점을 생각하지 못하고, 서울에서 파리를 왕복하려고 하는데 태국 비행기인 타이항공은 논스톱으로 가는 비행기가 없느냐고 질문하기도 한다. 타이항공을 이용한다면 반드시 서울에서 방콕을 왕복하는 비행기를 탑승해서 방콕까지 가고, 다시 방콕에서 파리를 왕복하는 비행기로 환승해서 파리에 가야 한다. 그렇다면 서울에서 파리를 논스톱으로 왕복하는 항공사는 몇 개나 있을까? 자국의 도시를 출발점으로 왕복하는 개념이기에 대한민국 항공사인 대한항공, 아시아나와 프랑스 항공사인 에어프랑스(Air France)가 있다.

2) 동일 도시를 왕복하면 할인된다고 하는데, Zone(지역)의 개념도 있다.
동일 항공사를 이용해서 파리를 왕복하면 할인을 받는다고 했는데, 파리로 갔다가 유럽 여행을 마치고 로마에서 돌아온다면 '유럽존(Europe Zone)'이라고 유럽을 동일한 요금 지역으로 간주해 어떤 도시로 들어갔다가 다른 도시에서 리턴해도 동일한 요금을 적용한다. 미국의 경우에는 서부 요금, 중부 요금, 동부 요금이 있다. 이런 항공 요금의 규정은 실제로 일을 하면서 쉽게 파악하게 된다.

	CHECK-IN FARE WITHIN SAME ZONE	Zone 1	Zone 2	Zone 3	Zone 4	Zone 5	Zone 6	Zone 7	Zone 8	Zone 9	Zone 10	Zone 11	Zone 12	Zone 13	Zone 14
Zone 1	Cancun	—	—	—	$310	$320	$360	$390	$400	$375	$400	$500	$500	$650	—	—
Zone 2	Los Cabos, Guadalajara, Mazatlan, Puerto Vallarta, Ixtapa/Zihuatanejo, Manzanillo/Costa Alegre	—	—	—	$210	$220	$260	$290	$350	$275	$300	$400	$400	$600	—	—
Zone 3	San Diego, Palm Springs, Phoenix, Tucson	—	$310	$210	—	—	$190	$200	$300	$190	$225	$315	$390	$550	$440	$360
Zone 4	Los Angeles, Orange County, Burbank, Ontario, Long Beach, Santa Barbara	—	$320	$220	—	—	$150	$200	$300	$190	$225	$300	$380	$550	$440	$350
Zone 5	San Francisco, Oakland, San Jose, Las Vegas, Reno, Sacramento, Fresno	—	$360	$260	$190	$150	—	$220	$250	$150	$220	$280	$370	$500	$470	$300
Zone 6	Boise, Sun Valley, Idaho Falls, Pocatello	$150	$390	$290	$200	$200	$220	$150	$225	$150	$200	$315	$385	$500	$520	$290
Zone 7	Calgary, Edmonton, Kalispell, Bozeman, Billings, Butte, Great Falls, Missoula, Helena	$200	$400	$350	$300	$300	$250	$225	$200	$220	$225	$320	$405	$550	$520	$300
Zone 8	Seattle/Tacoma, Portland, Spokane, Bellingham, Eugene/Springfield, Eureka/Arcata, Lewiston, Klamath Falls, Medford, North Bend/Coos Bay, Pasco, Pendleton, Port Angeles, Pullman/Moscow, Redding, Redmond/Bend, Walla Walla, Wenatchee, Yakima	$150	$375	$275	$190	$190	$150	$150	$220	$150	$150	$250	$300	$420	$495	$290
Zone 9	Vancouver, Kelowna, Victoria (includes Kamloops)	—	$400	$300	$225	$225	$220	$200	$225	$150	—	$250	$320	$460	$550	$300
Zone 10	Juneau, Glacier Bay/Gustavus, Ketchikan, Petersburg, Sitka, Wrangell, Yakutat	$100	$500	$400	$315	$300	$280	$315	$320	$260	$250	$100	$185	$320	$500	$390
Zone 11	Anchorage, Fairbanks, Bethel, Cordova, Dillingham, King Salmon, Kodiak (excludes Adak and Dutch Harbor)	$150	$500	$400	$390	$380	$370	$385	$405	$300	$320	$185	$150	$230	$495	$390
Zone 12	Barrow, Kotzebue, Nome, Prudhoe Bay	$150	$650	$600	$550	$550	$500	$500	$550	$420	$450	$320	$230	$150	$700	$550
Zone 13	Chicago, Washington DC, Beatrice, Miami, Orlando, New York/Newark	—	—	—	$440	$440	$470	$520	$520	$495	$550	$500	$495	$700	—	—
Zone 14	Denver	—	—	—	$360	$350	$300	$290	$300	$290	$300	$390	$390	$550	—	—

〈Zone 요금의 예〉

3) 왕복 항공권은 왜 최장 1년만 있을까?

왕복 항공권은 정상적인 개념으로는 1년 왕복만 존재한다. 왜 그럴까? 항공 사업 초기에 미국에는 AA(American Airlines, 아메리칸 에어라인), 유럽에는 BA(British Airways, 영국항공)가 대형 항공사였다. 당시에 이들이 항공 예약 시스템을 개발했는데, 결국 미국의 AA가 여러 항공사들에게 항공 예약 시스템을 공급하게 되었고 현재 AA 매출의 대부분이 항공 운항이 아닌 솔루션 사용료에서 나온다는 사실을 기억했으면 한다. 항공사를 운영하면서 항공 운항 매출이 전부가 아니듯, 여행 사업을 하면서 여행사 운영 매출만이 전부가 아니고 일하면서 깨닫고 경험한 모든 것이 사업의 아이템이라는 점을 잠시 생각해 보면 좋겠다.

다른 이유 없이 AA가 항공 예약 시스템을 만들었을 때 연도를 쓰지 않고 월/일만 사용했기 때문에 1년 왕복이 최장 기간이 되었다. 현재는 왕복 항공권의 개념이 약해지다 보니 중요한 사항은 아니지만 여행업을 하는 사람으로서 상식으로 알아둘 만하다.

4) 항공권 요금이 저렴해지는 조건들

1년 내 왕복하는 항공권과 6개월 내 왕복해야 하는 항공권 중 어느 쪽이 저렴할까? 말할 필요도 없이 선택의 폭이 좁은 것이 저렴하다. 3개월 내, 45일 내, 1개월 내, 21일 내, 14일 내, 7일 내, 4일 내 돌아와야 하는 조건들이 붙을수록 싼 것이 당연한 논리이다. 종종 항공권 업무를 보다가 초기에 실수하는 것 중 하나가 리턴 시한만 보고 요금 안내를 했는데, 자세히 보니 '미니멈 스테이(Minimum Stay) 룰'이 있다는 것을 알게 되는 경우이다. 보통 유럽 같은 장거리 노선은 왕복 할인 요금을 적용할 때 '4일 이상 체류 시'라는 조건이 붙는 것을 보게 되는데, 이는 여행이라는 사실의 단서로 여길 수 있다. 그런데 파리에 갔다가 이틀 만에 돌아온다면 그 할인 요금을 적용받을 수 없다.

요즘은 항공 요금이 저렴해지는 조건이 더 다양한데 6개월 전 발권, 3개월 전 발권, 45일 전 발권 등 미리 발권할수록 요금이 낮아진다. 그런가 하면 구매(발권) 후 환불이 안 된다거나 50% 환불, 30% 환불 등 환불이 적게 되면 될수록, 변경이 안 되면 안 될수록 요금은 내려간다.

5) 할인받은 왕복 항공권을 구입해서 편도를 환불 요청하면 절반을 돌려받을까?

호주는 젊은이들에게 실전 영어를 익히며 돈도 벌 수 있는 워킹 홀리데이(Working Holiday)로 인기 있는 지역이다. 그런데 종종 불법 체류를 감행하는 경우도 보게 된다. 호주는 여행 목적으로 갈 경우 비교적 간단하게 전자 여행 허가(ETA, Electronic Travel Authorization)로 관광 비자를 발급해 주고 있으며 90일간 체류가 가능하다. 비자가 필요한 국가들 대부분이 그렇듯이 비자 기간 내에 그 나라를 떠나는 티켓을 제시해야만 입국할 수 있다. 따라서 호주에 들어가서 나오지 않을 작정인, 즉 불법 체류를 계획하는 고객들이 편도 항공권만 구입해서 가겠다고 할 때 여행사는 왕복 항공권이 필요하다고 안내하게 된다. 그러면 보통 고객들은 저렴한 항공권을 구입해서 호주에 입국한 다음 편도 요금을 환불하려고 생각한다.

이런 경우 '편도 티켓 환불 시 돌려받는 금액이 없거나 현저히 적을 수 있습니다.'라는 사실을 사전에 고지해야 한다. 고객이야 구입한 티켓의 절반만 탑승했으니 이용하지 않은 절반의 금액을 돌려주리라 생각할 수 있지만, 항공사 입장은 다르다.

항공사에서 편도 티켓은 일반적으로 정상 항공 운임인 1년 왕복 티켓의 절반으로 계산한다. 만약 호주행 1년 왕복 항공권이 170만 원이라고 하면, 편도 티켓은 약 85만 원이라는 개념이다. 그런데 45일 내 왕복하는 조건으로 티켓을 저렴하게 85만 원에 구입했다면 호주에 입국해서 절반만 썼다고 환불을 요청하더라도 항공사는 정상 요금의 편도 티켓을 사용한 것으로 간주하기 때문에 환불되는 금액이 아예 없는 일이 벌어진다. 항공권 업무를 하는 여행사 입장에서는 고객에게 늘 변경과 취소에 대해서 티켓 발권 전에 충분히 안내해야 하는 중요한 이유가 된다.

② 같은 이코노미석인데 왜 가격이 다 달라요?

인터넷 항공권 시대가 되기 전에도 이코노미석에 탑승해서 물어보면 다들 구입한 항공료가 제각각이었다. 그 이유가 무엇인지 궁금증을 가져 보았는가? 막연히 '미리 사면 싸게 줘야지'라고 생각하기보다는 체계적인 마케팅 가격 정책이 반영되어 있는 만큼 사업가적 관점으로 학습해 볼 만하므로 공유해 보겠다.

그동안 A항공사만 파리를 논스톱으로 왕복 운행하고, 이코노미석을 100만 원에 100석씩 판매하고 있었다고 가정해 보자. 당신이 B라는 항공사를 창업해서 파리행 항공권을 판매하기 시작했다면 얼마에 판매할 것인가? 수업 중에 이 질문을 던지면 많은 분이 95만 원에 판매하겠다고 대답한다. 그런데 어느새 C라는 항공사가 나타나서 80만 원에 파리를 왕복한다고 광고한다면 어떻게 될까? 아래 계단식 요금 체계의 그림을 보면서 한 번 생각해 보자.

C라는 항공사는 항공 요금을 그림처럼 20석씩 5단계의 요금으로 나누었다. 교육 목적상 균등 배분한 것임을 감안하기 바란다. 80만 원으로 광고를 내고 있으니 이제 고객들은 C항공사로 몰릴 것이다. 약간의 손실이 생기는 항공 요금일 수도 있지만 사람들은 파리행 항공권은 C항공사가 저렴하다고 인식하게 되면서 자연스레 C항공사로 쏠리는 현상이 발생한다. 그런데 80만 원짜리 티켓이 다 팔려서 90만 원이라고 한다면? 별다른 망설임 없이 여전히 C항공사에서 구매하게 된다. 이 정도면 손실이 아닌 수익이 발생할 만한 금액이다. 그러다가 90만 원 좌석이 다 팔려서 100만 원이라고 한다면? 일부는 다시 A항공사를 찾아갈 수도 있다. 이럴 때를 대비해서 A항공사는 마일리지 혜택 등을 제공하고 있었을 것이다. 하지만 일부는 그냥 C항공사에서 티켓을 구매한다.

그러면 여기서 가장 중요한 질문인데, 과연 누가 C항공사의 110만 원, 120만 원의 항공권을 구매할 것인가? 여러분이 일행 여덟 명의 가족 여행을 가려고 C항공사에서 80만 원, 90만 원의 항공권을 구입했다고 해 보자. 어느 날 다른 가족 한 명이 추가로 함께 여행을 가겠다고 한다. 문의해 보니 C항공사는 120만 원짜리 항공권만 남아 있다고 한다. 이런 경우 그 한 명만 현재 100만 원인 다른 항공사를 이용하라고 할 것인가, 아니면 그냥 C항공사로 함께 가자고 할 것인가?

이는 C항공사가 여행자들에게 저렴한 항공사로 자리 잡고, 이미 많은 판매를 통해 시장 점유율이 꽤 늘어난 상황에서 벌어지는 일이라고 생각해 볼 수 있다. 마케팅에서 가격이 차지하는 중요도가 높은 경우에는 이렇게 가격을 싸 보이게 하는 전략으로 시작해서 고객들을 확보해 나가는 것이 큰 효과를 거둔다. 또한 저렴한 요금으로 시작해서 가격을 끌어올리기 때문에 경제적 효율성도 확보하게 된다.

모든 항공권에는 부킹 클래스(Booking Class)라는 예약 등급이 있다. 이 등급에 따라서 마일리지가 얼마나 적립될지, 유효 기간이 얼마나 되는지, 예약 변경/취소가 가능한지, 수수료가 얼마인지 등이 결정된다. 항공 예약 시스템으로 항공권을 예약할 때 얼마짜리 좌석이 얼마나 남았는지를 보고 예약하게 되는데, 같은 이코노미석도 부킹 클래스 H, L, E, M, B식으로 표시해서 요금대별 좌석 현황을 확인하고 예약을 잡을 수 있다. 이는 항공 예약 시스템을 학습하면 알게 되는 내용이지만, 부킹 클래스를 이해하는 데 도움이 되므로 잠시 언급했다.

❸ 소셜 커머스는 싸고, 여행사는 비싸서 장사를 못하나요?

하루는 지인의 아내가 여행 문의를 해 왔다. 사이판 PIC 리조트로 가족 여행을 가고 싶다면서 날짜와 상품을 이야기했다. H여행사 상품이 있는데, 105만 원이라고 했더니 왜 이렇게 비싸냐고 따졌다. 이유인 즉 동일한 H여행사의 항공과 리조트까지 포함 내역도 똑같은 여행 상품이 소셜 커머스(Social Commerce)에 88만 원으로 올라왔다는 것이었다. 여러분이라면 이런 상황에서 어떻게 할까? 어쩌면 '인터넷 시대가 되니까 역시 여행사는 안 되는구나.'라고 실망했을지도 모른다.

하지만 앞에서 언급한 항공 요금의 계단식 체계를 이해하고 있다면 LCC(Low Cost Carrier, 저가 항공사)들이 가격의 계단을 깊이 파고 내려가서 저렴해 보이는 전략을 구사하고 있으며, 그 가장 저렴하다는 최저가는 좌석수를 많이 배정하지 않는다는 사실을 파악해야 한다.

최근에 많은 여행 상품은 대형 여행사에서 상품 구성을 할 때 '실시간 항공권 + 현지 행사(주로 호텔)' 형태로 만들어 판매하고 있다. 결국 소셜 커미스에 나온 여행 상품도 실시간 항공권을 이용해서 최저가가 88만 원이겠지만, 실제로 예약을 하려고 들어가 보면 금세 88만 원은 사라지고 없을 것이다. 그 항공 좌석을 구입할 기회를 가진 사람은 전 세계에서 4명뿐일지도 모른다. 문의했던 고객 역시 그 여행 상품을 88만 원에 잡지 못했고, 그 위의 두 단계 가격대도 놓치고 말았다. 지인의 아내라는 점에서 살짝 할인해 드리겠다고 말해 둔 터라 내게 다시 연락이 왔는데, 미안했다며 예약을 해 달라는 요청이었다. 이렇게 비슷한 가격대라면 여행사에서 예약을 진행하는 쪽이 담당자를 통해 예약을 진행하고 여행에 대해 문의할 수 있다는 장점이 있다.

이런 식의 최저가 경쟁 사례는 흔히 접할 수 있다. 3년 전 에어서울이 일본 요나고로 첫 비행을 시작한다는 뉴스와 함께 일본 돗토리현으로 여행 가려는 사람들이 몰리기 시작했다. 친누나가 일본어 스루 가이드인데, 그 뉴스를 보자마자 내게 연락이 왔다. 소셜 커머스에 요나고 특가가 떴으니 그걸 예약해서 전 가족이 여행을 가자는 제안이었다. 누나가 직접 가이드를 하겠다는 말과 함께. 그래서 소셜 커머스 사이트에 접속해 항공권 가격을 봤다. 28만 9000원이라는 특가가 반짝거리고 있었지만 '진짜 특가인가?' 하는 의심이 들었다. 여행사 사장인 내가 H여행사 시스템을 들여다봤더니 상시 판매가가 27만 3000원이었다. 특가라고 무심코 예약했다면 후회할 뻔했다. 이처럼 동일한 항공권이나 상품이 다른 웹이나 앱, 또는 소셜 커머스에 저렴하게 나왔다고 해도 포기하지 말고 끝까지 확인해 보면 실제로 일반 여행사들이 제공하는 수준보다 싸지 않은 경우들도 자주 있다.

요즘은 항공권이나 호텔들을 가격 비교해서 보여 주고 예약하도록 유도하는 앱 서비스들이 즐비하다. 최저가인 것 같지만 조금만 알아보면 실제로는 최저가가 아닌 경우가 적지 않다. 그 첫째 이유는 세상의 모든 요금을 죄다 찾아서 보여 줄 수는 없다는 점이다. 둘째는 호텔이나 항공사, 예약 시스템 회사들이 자체로 진행하는 프로모션들도 있을 수 있어서 무조건 보이는 것이 전부는 아닌 법이기 때문이다. 그런 만큼 고객이 상담 중에 인터넷에서 본 가격을 말하면 결제 바로 직전 단계까지 계속 확인해 보고 다시 연락을 달라고 요청하는 것도 방법이 될 수 있다.

내가 여행사를 한다고 하면 곧잘 싸게 되냐고 물어보곤 하는데, 이제 가장 저렴한 것은 고객이 직접 인터넷과 앱으로 찾고 비교하고 예약과 결제하는 과정을 통해서 자신의 노동력이 사용되어야만 가능하다고 말해 준다. 여행사에서 직원이 일을 하면 인건비가 들어가기 마련이므로 오히려 고객이 그 비용을 지불해야 할 수도 있다. 이미 항공권은 거의 커미션이 없는 구조로 진입했고, 여행사들은 고객에게 TASF(Travel Agent Service Fee, 여행 업무 취급 수수료)를 청구해서 받고 있다. 예를 들어 고객이 여행 견적을 내달라고 해서 4시간을 매달려 일했는데, 견적을 받고는 아무런 연락이 없기 일쑤이다. 과연 여행사는 인건비를 어떻게 해결해야 할까?

이런 상황에서 최근에 여행 견적을 내 주는데도 돈을 받는 곳들이 생겨나고 있다. 결국 여행 사업이 가격이 아닌 서비스로 경쟁하고, 그 대신 서비스에 대한 정당한 서비스 비용을 고객에게 받는 시대로 가는 추세라고 본다. 인터넷과 경쟁하는 것이 아니라 이런 흐름이야말로 사람이 서비스하는 업종에는 더욱 어울리는 방식일 것이다.

인터넷 예약 시스템의 가격에 대한 Tip

1) 해외 예약 시스템의 경우 한화로 보여 주는 금액과 실제 카드 청구 금액이 다를 수 있다. 예약 시스템 회사는 가장 낮은 환율을 적용해서 자사 사이트가 저렴해 보이려고 하고, 카드사는 달러로 청구된 금액에 높은 환율을 적용하고자 하기 때문이다.

2) 호텔 예약 시스템, 특히 한국 시스템은 세금과 부가세를 포함한 통합 요금 고지 방식을 법으로 규정하고 있는데, 해외 사이트들은 한국의 법으로 규제할 수 없기 때문에 세금과 부가세를 별도로 표기하다 보니 가격이 더 저렴해 보이곤 한다.

3) 저렴한 항공권을 발견해도 여러 가지 이유로 예약과 결제까지 이어지지 않는 경우도 있다. 이런 일은 시스템적인 에러나 가격의 반영이 즉각적이지 않아서 발생하기도 한다.

4) 한국에서 조회한 금액이 해외에서 조회한 금액보다 비싸거나 조회한 후 다시 들어가면 가격이 높아진 경우들이 있는데, 이는 사용자가 조회하는 위치 또는 사용자의 쿠키(인터넷 웹사이트의 방문 기록 등을 저장한 정보 파일)값 때문에 시스템 회사들이 지역과 대상자에 따라서 가격을 다르게 보여 주는 것이다.
특히 쿠키값으로 인해 항공료가 높아진 것 같다면 조회 기록을 지우거나 내 스마트폰이 아니라 다른 사람 폰으로 조회해 보는 것도 방법일 수 있다.

❹ 항공권으로도 돈을 벌 수 있나요?

항공권 커미션이 사라지는 시대에서 여행사는 항공권 업무로 돈을 벌 수 있을까? 개인 여행자들은 스스로 스마트폰을 이용해서 항공권을 구매하고, 더 이상 여행사를 이용하지 않는 추세를 보인다. 결국 개인 여행자들을 잡으려면 시스템 사업으로 진입해야 한다는 점은 자명하다.

　보통 기업에서는 해외 출장을 가기 위해서 스케줄을 정하고 항공권과 호텔 예약 및 현지에 필요한 교통, 가이드, 통역 등의 예약 업무를 진행해야 하는데, 이런 업무를 보기 위해서 채용된 직원은 거의 없을 것이다. 그런데 하던 일의 연장선상에서 갑자기 여행 업무를 맡게 되면 어떨까? 출장 예약 업무에 서툴러서 실수를 저지르게 되고, 싸다고 해서 덜컥 예약하면 변경이나 취소가 안 되는 탓에 변동성이 많은 출장 업무에서 으레 손실을 보기도 쉽다.

　따라서 기업들은 그런 스트레스와 직원의 인건비를 감안해서 여행사에 출장 업무를 일임하게 된다. 기업 출장을 전문으로 취급하는 여행사들은 대기업에 파견 직원을 앉혀 놓고 일할 정도로 좋은 수익원이 될 수 있는 영역이다. 어떤 방식으로 일하고 어떻게 매출을 올리는 것일까?

　기업들이 출장을 갈 때 항공권은 주로 변경이나 환불이 되는 것을 선호한다. 그런데 이런 항공권을 예약 판매하면 여행사들은 TASF를 대개 7% 정도 청구한다. 30만 원짜리 항공권을 판매하면 2만 1000원을 청구하고, 300만 원짜리 항공권을 판매하면 21만 원을 청구하게 된다. 생각해 보면 단순 왕복 항공권의 경우, 30만 원짜리 항공권과 300만 원짜리 항공권이 같은 업무인데 왜 퍼센티지로 수수료를 청구하는지 이해가 되지 않을 수 있다. 그래서 여행사들은 전략에 따라 최저 수수료 3만 원, 그 이상은 항공료의 5%, 최고 수수료 10만 원으로 진행하기도 한다. 물론 항공권 관련 업무의 난이도가 높아지면 15만 원에서 30만 원까지 TASF를 청구할 때도 있다. 국가에서 정한 법이 있는 것이 아니고, 여행사와 기업이 협의해서 계약하고 이행하는 것이다. 기업과의 거래에서 항공권 업무로 수익성을 만들어 가는 만큼 아직도 가능성이 존재한다고 생각한다.

한편, 소규모 기업들의 경우 항공권을 웹이나 앱으로 예약해 출장을 떠나곤 하는데 여행사와 거래하면 좋은 이유들을 정확히 인지하지 못했기 때문일 수도 있다. 그런 점에서 항공권 업무를 진행할 때 여행사와 거래하면 유리한 이유를 아래에 정리해 보겠다.

> 항공권 구매 시 여행사와 거래하면 좋은 10가지 이유
>
> **1) 항공권 예약 후 급한 결제로 인한 실수를 줄일 수 있다.**
> - 인터넷 항공 예약은 실제 예약인지, 테스트용 예약인지 구분할 수 없으므로 결제를 바로 해야 하고, 사용하지 않는 좌석은 빨리 되돌려받아야 한다. 하지만 여행사와는 상담을 통해서 진행하기 때문에

인터넷 실시간 예약보다는 예약과 결제에 시간적 여유가 조금 있는 편이다.

2) 일행이 2명 이상일 때 조금 더 저렴한 요금을 찾아내기도 한다.

- 웹이나 앱으로 항공 예약 시 2명의 요금을 조회하면 2명을 동시에 확정하기 위해서 저렴한 좌석이 하나밖에 없을 경우 그보다 높은 요금으로 2명을 확정해서 알려 주게 된다. 그에 비해 여행사는 각각 저렴한 좌석과 그보다 높은 요금을 한눈에 조회하고 안내할 수 있다.
- 출발일에 여유가 있다면 대기자 예약을 통해서 보다 저렴한 요금으로 좌석을 확보하기도 한다.

3) 단체로 여행을 갈 때 단체 항공권 업무는 여행사 이용이 편하다.

- 단체로 해외에 갈 때 다수의 인원 예약을 개인이 혼자 진행하게 되면 엄청난 스트레스를 받곤 한다. 이럴 때 여행사에 맡기면 쉽게 일을 처리할 수 있다.
- 항공 좌석을 미리 확보해 놓고 모집을 통해서 인원을 채워야 하는 경우에는 그룹 항공권부터 확보하고 명단을 채워 나가는데, 이는 여행사 고유의 업무이다.

4) 인터넷 항공 검색 엔진의 최저가가 꼭 최저가가 아닐 때도 있다.

- 최근에는 여행사 직원들도 여행사용 항공 예약 시스템뿐 아니라 고객용 항공 예약 시스템으로 요금을 조회하면서 일한다. 때로는 세

계 1위라는 항공 예약 시스템도 여행사가 알아본 요금보다 높은 요금을 제시하곤 한다. 특정 시스템이 전 세계 모든 항공권의 요금 체계를 빠짐없이 정확히 반영하기 힘들기 때문이다.

- 내가 이용하려는 항공 패턴이 일반 패키지여행과 비슷한 스케줄이라면 여행사에서 패키지여행에 사용하려고 확보한 항공권을 저렴하게 판매하는 경우도 있으므로 한 번 문의해 볼 만하다.
- 인터넷 항공권은 지금 조회한 가격이 가장 저렴할 확률이 높다. 고객들이 종종 인터넷으로 항공권을 확보해 놓은 다음 여행사에 문의해서 여행사 직원 고생만 시키는 경우도 있는데, 항공권을 알아볼 때는 여행사와 자신의 스마트폰을 동시에 활용해 보길 권한다.

5) 복잡한 여정의 항공권 업무가 인터넷으로 잘 해결되지 않을 때엔 역시 여행사가 낫다.

- 해외 출장을 가려는데 복잡한 여정으로 인해 인터넷으로 진행하기 어렵다면 여행사를 이용하는 쪽이 확실히 편리하다. 복잡한 일정이라면 여행사도 일을 더 해야 하는 만큼 여행사 수수료가 더 붙겠지만 출장 갈 때 항공권 업무로 골치를 앓기보다는 여행사에 일을 맡겨 보길 권한다.

6) 여행에 필요한 각종 정보들을 여행 전문가가 조언해 준다.

- 최근에는 공항에서 체크인하기 위해서 여권을 제출했다가 비자가 필요한데 없다는 이유로 출국을 못하거나 중요한 정보를 놓쳐 버려서 낭패를 보는 경우들이 있다. 인터넷으로 항공권을 구매할 때 중

요 정보를 인식하기가 쉽지 않기 때문이다. 하지만 여행사에서는 항공권을 예약할 때 중요한 사항들을 직원이 체크하면서 안내하므로 실수를 줄일 수 있다.

- 실제로 해외 출장을 열 번 정도 가면 한 번은 각종 실수로 인해 금전적이거나 사업적인 어려움에 직면하곤 한다. 평소 여행사에 수수료로 내는 것이 그런 실수 비용을 줄이고 전문성 있는 여행 비서를 이용하는 대가이고, 한결 편하게 해외를 다니는 방법이라고 볼 수 있다.

7) 여권 정보 입력 대행뿐만 아니라 미국행 항공권의 경우 미국 내 연락처 입력까지 대행해 준다.

- 개인이 직접 이런 모든 일을 할 수도 있지만 역시나 귀찮은 업무일 수 있다.

8) 마일리지 사전 적립 요청을 대행해 준다.

- 항공 마일리지는 대개 3개의 항공사 제휴 그룹으로 구성되어 있다. 대한항공이 속해 있는 '스카이팀', 아시아나가 속해 있는 '스타얼라이언스', 일본항공이 속해 있는 '원월드'가 대표적이다. 특정 항공사의 마일리지 멤버십이 없더라도 이 3개 항공사 제휴 마일리지가 적립되도록 사전에 적립 요청을 입력해 준다.

- 최근에는 사전에 마일리지 적립 요청을 하지 않은 경우, 여권 정보로 마일리지 멤버십 번호를 서치해서 적립해 주는 일이 줄어들고 있다. 이런 정보도 개인 정보 동의를 거쳐서 조회해야 하므로 공항 체크인 카운터 직원들은 본연의 업무에 집중하고자 처리해 주지 않고

별도의 멤버십 창구를 찾아가 줄을 서서 마일리지 적립 업무를 봐야 하는 번거로움이 생기곤 한다.

9) 사전 좌석 요청 및 어린이 식사 요청이 가능하다.

• 사전 좌석 요청은 항공권 발권 이후에 가능하다. 여행사에 요청할 수도 있으며 항공사에 요청해도 된다. 저가 항공사들은 자체 홈페이지에서 별도의 비용을 지불하고 좌석 요청을 해야 하는 경우도 있다.

• 어린이 승객을 위한 식사 및 각종 서비스를 신청하는 것도 여행사나 항공사에 할 수 있는데, 아무래도 항공권을 구입하면서 동시에 해결하면 조금 더 편하다.

10) 여행 중에 발생할 수 있는 일정 변경·취소 등을 여행 비서를 통해 간단하게 해결할 수 있다.

• 현지 여행 중 항공 이용과 관련된 문제는 해당 항공사와 해결하는 것이 첫 번째이다. 그러나 항공사와 직접 업무를 처리하기 쉽지 않은 상황에서는 여행사에 연락해서 도움을 요청하는 쪽이 빠르다. 일종의 여행 비서를 두고 있는 격인데 여행 중 카톡으로 논의할 수도 있고 필요한 도움을 요청해 놓고 일을 볼 수 있다.

이런 여행사와의 항공권 거래를 통한 이점들을 캠페인을 통해 고객에게 알림으로써 어느 정도의 성과를 높일 수는 있겠지만, 사실상 시스템의 발달로 인해 여행사의 직원을 통해 항공권을 판매하는 시장은 축소될 수밖에 없다. 그러나 여전히 항공권 업무는 여행업의 꽃이며 매력적인 분야이기에 이와 관련해 수익이 발생했던 사례를 2가지 이야기해 보겠다.

호주 멜버른에 사는 딸이 어머님을 모시고 한국에 다녀오려고 한다고 연락이 왔다. 멜버른 출발 인천 왕복 티켓을 문의했는데, 최성수기라서 요금이 비싼 상황이었다. 고객을 대신해서 글로벌 항공 예약 시스템인 S사 요금을 조회했더니 최저가가 154만 원이라고 나왔고, 여행사용 시스템을 조회했더니 127만 원이 나왔다. 고객에게 139만 원에 판매해서 12만 원을 수익으로 남겼지만, 고객은 자신이 글로벌 항공 예약 시스템을 믿고 154만 원에 구입하려던 항공권을 139만 원에 구입할 수 있어서 정말 감사하다는 장문의 글을 보내왔다. 돈도 벌고 보람도 있는 일이었다.

인도 델리로 여행을 가려는 남성 고객이 있었다. 여자 친구에게 선물 겸 여행을 가는 것이라는데, 역시 최성수기로 항공료가 비쌌다. 논스톱 아시아나항공이 105만 원, 홍콩을 거쳐 가는 캐세이퍼시픽항공이 95만 원이라서 고객은 어쩔 수 없이 캐세이퍼시픽을 선택하겠다고 했다. 그런데 이 고객의 여행 패턴이 6박 8일로 전형적인 인도 패키지여행과 비슷했다. 혹시 몰라서 패키지여행에 좌석을 조인해서 사용할 수 있는지 알아봤는데, 6인 이상 모집이 되면 이용이 가능하다는 답을 들었다. 고객에게 3~4일의 여유를 달라고 부탁하고 대기 예약을 해 놓았는데, 아시아나항공 논스톱으로 1인당 67만 원에 구입할 수 있게 되었다. 고객에게 캐세이퍼시픽항공사 요금으로 아시아나항공을 이용할 수 있게 해 드리면 어떠냐고 물었더니 연신 고맙다고 인사했다. 나는 이 항공권 업무 한 건으로 56만 원을 벌었고, 고객은 원하는 아시아나항공을 이용할 수 있게 되었으므로 서로가 만족하는 계약 성사였다.

여행 업무에서 항공권 업무는 점점 수익성이 약화되고 OTA들에 시장을 빼앗기고 있는 현실이지만, 고객 응대 업무를 실시간으로 열심히 하겠다고 마음먹고 항공권 업무를 꼼꼼히 학습하고 노력한다면 종종 이런 값진 케이스를 만날 기회도 생길 수 있으므로 평소에 최선을 다하길 당부하고 싶다.

여행사 조금 해 보니…

여우투어 정재희 대표

안녕하세요? 오늘은 여행업에 종사하지 않던 사람이 어떻게 여행사를 시작하게 되었고, 어떻게 여행사로 자리를 잡았는지에 관해서 따끈한 이야기를 들어 보려고 합니다.

기존에는 어떤 일을 하셨나요?

패션 관련 유통 회사에서 슈퍼바이저, 영업 관리직으로 일했고, 그와 관련된 매장을 직접 운영하기도 했습니다.

....

왜 여행업을 시작하겠다고 생각하셨나요?

제가 부산에서 서울로 출퇴근을 하고 있었는데, 업무 스트레스와 체력의 한계에 부딪혀 20여 년간 하던 일을 그만두고 3년 동안 전업주부로 지내게 되었습니다.

틈틈이 혼자 하는 여행을 즐기면서 새롭게 시작할 수 있는 일이 뭐가 있을까 고민하던 가운데 "너 여행 좋아하는데, 그걸로 돈벌이나 해 봐라!"라는 절친이 던진 한마디에 "그럴까?" 하고 대답한 것이 첫 계기가 되었습니다.

여행 사업을 시작하면 남달리 잘할 가능성이 있었나요?

오랫동안 해 왔던 슈퍼바이저나 영업, 매장 운영 등이 서비스 관련직이었으므로 여행업도 같은 맥락으로 봤습니다. 종목만 바뀌었을 뿐, 남들보다 풍부한 여행 경험을 토대로 업무와 관련된 지식만 제대로 갖춘다면 고객을 대하거나 영업적인 활동과 여행 상품 판매에서는 나름의 경쟁력이 있다고 자신했습니다.

....

여행 사업을 시작하기 위해서 어떤 노력을 하셨나요?

여행업과 관련된 교육을 이수했습니다. 항공 예약발권 자격증도 취득하고, 여행업 마케팅 수업과 여행사 실무 교육도 듣고, 여행사 창업 과정 교육도 이수했습니다. 특히 부산-서울을 오가며 주말마다 조환성 대표님의 1인 여행사 창업 과정도 이수했는데, 결정적으로 여행 사업을 시작하는 데에 가장 큰 도움이 되었습니다. 이외에도 패키지여행이 어떤 식으로 진행되는지 알고 싶어서 하나투어, 모두투어, 롯데관광, 롯데JTB, KRT, 참좋은여행, 홈쇼핑 여행 상품 등 10개의 홀세일 업체 패키지여행을 다녀왔고, 직접 기획하고 진행하는 일정으로 나 홀로 유럽 여행과 지인들을 통한 소규모 그룹의 인솔을 맡아 여러 차례 진행 후 피드백도 받았습니다.

....

어떤 여행 사업을 펼쳐 나가고 싶으셨나요?

특정 테마를 주제로 한 기획 상품으로 고객을 모시고 나가는, 소규모 그룹

만을 위한 세미 자유 여행을 전문 사업으로 진행하고 싶었습니다. 동행하면서 쌓인 공감대로 오랫동안 좋은 관계로 이어 갈 수 있는 여성 고객층을 주로 확보해서 평상시에도 소통할 수 있는 친구 같은 여행사를 만들고 싶었습니다.

....

현재 주로 어떤 업무들을 하고 있나요?

국내외 여행 상품 판매, 항공 예약, 중국 비자 업무, 허니문 등 현재는 여행업과 관련된 모든 업무를 다루고 있습니다. 또한 코레일관광개발과 협력하여 기차로 이동한 고객을 지정된 철도역에서 모시고 떠나는 부산 및 경상, 전라권 국내 버스 여행도 진행 중입니다.

이 중에서 특히 코레일에 상품을 공급하게 된 것은 아주 우연한 기회를 통해서였습니다. 하루는 국내 버스 여행으로 1박 2일 동해 일정을 요청한 35명의 단체팀이 있었는데, 국내 여행을 진행해 본 경험이 없던 저로서는 정말 난감한 상황이었습니다. 며칠 동안 인터넷을 뒤져서 국내 여행 전문 업체에 전화를 걸어 여행사와도 거래를 하는지 물어도 보고 견적도 요청해 봤지만, 뭔가 석연치 않은 부분들이 많았습니다.

그래서 다시 버스 회사를 알아보기 시작하다가 부산 지역 내에 자가 차량을 소유하고 있는 기사님 몇 분이 연합해서 운영하고 있는 밴드를 발견하게 되었습니다. 차량이 필요할 때마다 이분들에게 의뢰하면 되겠다 싶어서 실무자와 연락해서 일정을 진행하게 되었습니다. 45인승 버스를 소유하고 계신 기사님과 몇 차례의 거래가 있은 후, 이 기회를 통해서 국내 여행에도 관심을 가져 볼까 싶어서 같이 술자리를 마련하게 되었습니다. 서울에서 한동안 섬여행과 기차 여행을 전문으로 국내 여행을 진행해 본 적이 있다는 이야기를 듣고 그분의 도움으로 코레일 측과 연결이 되었습니다.

이미 부산 지역에는 코레일과 협력하는 업체가 있었는데, 그 회사와 차별화를 가져가기 위해 요트 체험이 접목된 여행 상품을 제안했고, 다소 금액은 높지만 식사와 숙소 퀄리티 면에서 뛰어난 일정이다 보니 다행히 상품 담당자와 이야기가 잘 되어서 코레일 협력사로 거래를 시작하게 되었습니다. 무슨 일이든 열심히 하다 보면 뜻하지 않았던 길이 열리기도 한다는 값진 경험이었습니다.

여행 사업을 하면서 유난히 힘들었던 일이 있었나요?

해외 패키지여행 상품 판매 후 고객의 불만족 사항이 발생하는 경우에는 책임 소재를 피하기에도 애매하고, 고객 배상에 대한 책임을 떠안기에도 난감한 경우들이 많습니다. 최근에도 기체 결함으로 인해 여행 당일 공항에서 출발이 취소되었지만, 뚜렷한 보상이 이루어지지 않아서 한 달 동안이나 고객과 상당한 불편함과 곤란을 겪었던 일이 있습니다.

여행 사업을 하면서 정말 여행업이 할 만하다고 느낀 적이 있었나요?

단체팀이 성사될 때면 가능한 한 인솔까지 맡아서 함께 나가는 편입니다.

천차만별의 고객 성향에 늘 100% 만족을 드린다는 건 불가능한 일이지만 진심을 다해 노력하는 모습을 제대로 봐 주시고, 이후 지속적인 소통이 이루어지면 뿌듯하기도 합니다.

처음엔 '사모님'이라고 부르던 고객과 10일 이상의 여행을 통해서 친구가 된 적도 있고, 집에까지 불러 주신 고객도 계시고, 사무실에 찾아오셔서 밥도 사 주시고 하루 종일 놀다 가시는 고객도 계십니다. 궁금한 점에 답을 드릴 때마다 최고라고 아낌없이 표현해 주시는 분들과 언제부턴가 '언니'라고 부르기 시작한 고객까지 여행업을 하면서 내 사람이 생겨난다는 것이 좋습니다. 물론 큰 팀을 받아서 수익이 높을 때 최고로 할 만하다고 느끼기는 합니다만(웃음).

....

향후 어떤 여행사로 성장하고 싶은가요?

테마와 퀄리티가 있는 세미 자유 여행을 전문으로 하는 부산 최고의 여행사로 성장하고 싶습니다. 창업한 지 1년 8개월째인 현재는 여전히 부족하고, 앞으로도 배우고 익혀야 될 것들이 많다고 생각됩니다. 기본기를 더 탄탄히 다져서 필요한 어느 순간 우뚝 설 수 있는 내공을 쌓기 위해 오늘도 열심히 달리면서 준비하고 있습니다.

....

여행업을 시작하려는 후배들에게 조언을 해 주신다면요?

단순히 여행이 좋아서 사업을 시작하려는 것은 신중하게 생각해 봐야 할 부분입니다. 고객도 여행을 좋아합니다. 본인보다 더 많이 여행한 고객들도 넘쳐납니다. 여행업은 그러한 고객들을 상대로 더 풍부한 지식과 기술로 영업하는 일입니다. 하고 싶은 일에 대한 막연한 기대로 시작하기보다는 현재의 여행 트렌드를 제대로 파악하고, 그 흐름이 과연 생각하는 여행업 분야와 접목되어 수익을 올릴 수 있을지에 관한 구체적인 사업 계획을 먼저 세워 보라고 당부하고 싶습니다.

해외여행을 수백 번 했다 하더라도 여행을 한 횟수와 사업을 경영하는 것은 별개의 문제입니다. 내가 사업을 할지, 단순히 여행 상품 상담을 할지에 대한 기본적인 구분 없이 시작하게 된다면 생각보다 현실은 호락호락하지 않습니다.

감사합니다. 가장 좋은 스승은 방금 경험한 사람이라는 말이 있습니다. 대표님의 소중한 인터뷰가 여행 사업을 시작하려는 사람들에게 큰 도움이 될 것입니다.

"여행사 혼자 차려 볼까?"

여행사의 직원 채용과
성장 전략

여행사의 직원 채용과 성장 전략

　많은 소규모 여행사의 사장님이 하는 하소연 중에 하나가 바로 좋은 직원을 뽑기도 힘들고, 어렵게 뽑아도 오래 남아 있지 않는다는 점이다. 사장 입장에서는 몇 달간 직원에게 월급 주면서 교육시키다가 관둬 버리면 소위 '월급 도둑'이라고 부르는 상황이 전개된다. 이런 일이 몇 번 되풀이되면 회사는 몇천만 원의 손실만 보고, 결국 직원 채용과 성장이라는 개념 자체가 사라지고 그냥 혼자서 일하거나 가족 체제로 전환해야겠다는 생각으로 정리되기도 한다. 또는 제대로 된 직원이 아니라 언제 그만둬도 상관없다는 식으로 바쁜 업무 처리나 도울 직원 혹은 아르바이트생을 뽑겠다는 자포자기 상태가 되는 경우도 있다.

　대부분의 여행사 사장들은 성실하고 우수한 직원을 뽑아 업무도 뛰어나면서 능동적으로 회사 일에 참여하는 직원으로 성장시키고, 이후에도 이런 직원들이 늘어나 회사의 성장과 성공을 함께 나누고 싶다는 생각을 하고 있다. 그런 점에서 어떻게 직원을 잘 뽑고 성장시킬 것인지에 관해 이야기를 나눠 보자.

❶ 지금 직원을 뽑아야 할까?

여행업뿐 아니라 모든 사업에서는 매출이 예상되면 으레 직원을 채용해서 일을 맡겨야 한다고 판단한다. 하지만 매출이 확인되기 전에 직원을 고용한 탓에 고정비 부담으로 힘겨워 하는 경우도 적지 않다. 그렇다면 어떻게 매출을 확인하고 직원을 채용해야 할까?

가장 좋은 방법은 협력사를 이용하는 것이다. 사장인 내가 영업해서 고객 문의를 이끌어 냈다면, 이제 그 다음 단계인 고객 상담과 업무 진행을 누군가 해야 한다. 이때 협력사와 고객 상담 업무를 대행하도록 계약을 체결하고 성과를 내게 하면 단기적으로 고정비 부담이 없다는 장점이 생긴다. 대개 이런 고객 상담 업무를 대행할 협력사를 구하는 일은 어렵지 않은데, 만약 힘들다면 직원 채용을 고려해야 할 수도 있다. 업무 대행을 맡기는 방식으로 일을 시작하면 고정비 부담이 없는 대신 업무를 대행해 준 회사와 수익을 나눠야 한다. 점점 고객이 늘어나고 매출이 증가하는 것을 확인하고 나면 이제 직원을 채용할지 결정하는 편이 좀 더 안정적으로 성장하는 데 유리하다.

매출이 어느 정도 파악되어서 직원을 채용할지 결정할 시기에 이르면 그 직원을 활용해서 얼마나 매출을 올릴지 따져 봐야 한다. 그 직원이 할 일이 무엇인지 정확히 정리해서 매출을 예상해 보자는 얘기다. 왜 직원 채용에 대해서 이렇게 심사숙고하고 시작하길 권장하느냐 하면, 직원이 사무실에서 일한다는 말은 곧 고정비인 임대료와 직결되기 때문이다.

여행사에서 직원을 채용한다면 보통 데스크 업무를 보는 직원을 뜻할 것이다. 사장 혼자서 여행사의 사무 업무를 다 잘해 낼 자신이 있다면 오히려 영업 사원을 채용하는 것도 방법일 수 있겠지만, 이 책을 읽고 있는 많은 분이 여행 업무의 초기 단계에 속한다고 볼 때 능숙하게 여행 업무를 처리할 직원을 채용하는 쪽이 일반적일 것이다.

채용 후엔 직원에게 어떤 일을 하도록 해야 할까? 사장이 외근을 다니면서 할 수 있는 일들은 주로 실시간 응대를 하지 않아도 되는 고객 상담 유형들이다. 대표적으로 단체 여행 문의는 견적을 내는 데 하루 이틀 시간이 걸린다고 하면 고객들도 다 이해해 주기 때문에 얼마든지 직원 없이도 해결할 수 있는 분야이다. 반면에 항공권, 호텔 예약, 비자 등의 업무는 직원이 늘 데스크에 앉아서 소화해 줘야 가능한 일이다. 여기에 덧붙여 여행 상담과 각종 예약 업무도 기본적으로 담당하게 되는 일인데, 직원이 업무를 바쁘게 처리할 정도로 충분한 고객 문의를 끌어와야 한다.

경력자를 채용하면 모든 일이 순조롭게 돌아가리라 생각하는 창업자들이 많지만, 사실 처음부터 자신이 채용하고 가르친 직원이 아닌 경우엔 사장이 여행업을 잘 알지 못하므로 비전을 심어 줄 수도 없고 충분치 않은 급여 문제까지 고정비 부담뿐만 아니라 직원마저 제대로 컨트롤하지 못해 어려움을 겪는 모습도 자주 본다. 경력 직원을 채용한다면 가족이나 정말 확실히 신뢰하는 인맥 범위 내에서 찾아야 하는데, 초보 여행사 사장들에게 그다지 권하고 싶은 방법은 아니다.

여행업의 전문성이 부족한 상태에서 과연 어떻게 좋은 직원을 채용하고 잘 정착시킬 수 있을까? 1장에서 1인 여행사라는 개념을 설명하면서 사장인 자신이 여행사의 이런저런 업무를 충분히 파악하고 나서 어떤 일은 사장이 하고, 어떤 일은 협력사에 맡기고, 어떤 일은 직원을 채용해서 하게 할지 정해야 한다고 말했었다. 그렇게 업무를 어느 정도 숙지한 상태에서 경력직이든 신입이든 직원을 채용했으면 한다. 그중에서 신입 직원 채용에 대해 다음 글에서 이야기해 보겠다.

❷ 대충 뽑으면 대충 일하고, 공들여 뽑으면 회사를 살린다

여행사 창업 교육을 하면서 자주 하는 말인데, 직원을 뽑을 때 공들여 뽑으라고 강조하곤 한다. 아직 자신의 여행사가 직원도 없고, 규모도 작으니 채용 공고를 내도 지원하기 쉽지 않고, 면접을 봐도 조건이 뛰어나지 않으면 입사를 쉬이 하지 않을 수 있다. 그런 점을 충분히 이해하고 이제부터 공들여서 뽑는 방법을 하나하나 준비해 보자!

1) 최대한 진심과 열정, 비전을 담아서 채용 공고를 작성하자!

일반 대형 회사들의 정형화된 채용 공고처럼 구인 공고 양식에 맞게 그냥 빈칸을 채우면서 좋은 직원이 지원하길 기대해선 안 된다. 자신이 진정으로 함께 일하고 싶은 직원이 누구인지, 함께 일하면서 어떻게 회사를 발전시켜 갈 것인지, 향후 회사의 성장과 함께 직원들이 어떻게 성장할 수 있는지, 자신이 꿈꾸는 비전을 함께 이루어 가자는 내용을 포함해야 한다.

적어도 구인 공고를 접한 구직자가 내용을 읽고 이 회사에서 면접을 한 번 보고 싶다는 생각이 들어야 한다. 사랑하는 사람의 마음을 사로잡는 것과 마찬가지로 노력이 필요하다. 뻔한 구인 공고는 실패의 지름길이라는 사실을 명심하자!

2) 면접 제안은 조금 딱딱하게 하자!

회사 규모가 작을 때 사장들 대부분은 직원을 채용하는 과정에서 좌절감을 맛본다. 면접 제의를 단호하게 거절하기도 하고, 면접에 온다고 해서 시간을 비우고 기다렸는데 아무 연락도 없이 안 나타난다. 심지어 면접 후 채용이 결정되어 출근한다고 해 놓고 첫 출근 날 연락이 두절되기까지 하는 경험은 사장으로서 가장 속 끓는 상황이기도 하다.

그런 만큼 직원 채용에 진심과 최선을 다하는 것과 달리 면접 제의는 조금 딱딱하게 하는 편이 좋다. 전화를 걸어 친절하게 언제 면접 보러 올 수 있느냐고 물으면 소위 없어 보이는 회사가 되어 버린다. 오히려 홈페이지가 있다면 공지 사항에 면접 스케줄을 올리고 나서 접수하라고 메일과 문자로 안내하든지, 아니면 문자로 1차 합격을 통보하면서 몇 가지 면접 일시 중에 하나를 선택해 자정까지 회신하라는 다소 딱딱하게 느껴지는 방식이 더욱 회사답게 보일 수 있다. 요즘 표현으로 츤데레라는 말이 어울린다고나 할까. 그렇게 하는 쪽이 면접에 오도록 만들 확률이 더 높다.

3) 면접 시간은 충분히, 면접은 살짝 압박하듯 하자!

사장이 바쁘다는 이유로 면접 온 후보자에게 몇 가지 인적 사항과 경험을 묻고 "인상이 좋네요."라고 말하면서 언제부터 출근할 수 있느냐고 묻는다면 뛰어난 인재는 입사하지 않는다. 이렇게 쉽게 뽑은 직원은 그만큼 쉽게 대체할 수 있다는 뜻이기도 하다.

면접 때 물어볼 질문들을 미리 작성해 두고, 진심으로 후보자에게 관심을 갖고 많은 대화를 나눠야 한다. 여행사답게 영어로 자기소개라도 해 보라고 시켜서 긴장감을 연출해야 하고, 후보자의 영어 실력보다 그 미션을 수행해 내려는 노력과 자세를 평가해야 한다. 앞으로 직원이 어떻게 일할지 그 태도로 알아보고 인성을 파악하는 것이다.

여행업이란 고객을 즐겁고 행복하게 해 줘야 하는 직종이니 만큼 패밀리 레스토랑 직원들처럼 고객에게 노래도 불러드릴 수 있어야 한다는 믿음으로 그런 정황을 설명하면서 노래를 한번 해 보라고도 시킨다. 잘하고 못하고를 평가하는 것이 아니라 후보자의 서비스업에 대한 의지를 확인하는 방법이다.

이렇게 진땀 나는 면접은 대기업에서 연봉을 확실히 보장할 때나 가능하지 않느냐고 반문할 수도 있다. 하지만 대기업에서 일하는 것보다 더 밝은 미래를 함께 만들어 나가고 싶기 때문에 대기업의 압박 면접 이상으로 진행해도 된다고 생각한다.

이런 난이도 높은 면접은 후보자도 합격 시 기쁨이 배가되고, 이미 우리 회사에서 일하고 있는 직원은 그 면접 과정을 지켜보며 자신도 힘든 과정을 거쳐서 지금의 자리에서 일하고 있다는 자부심을 가질 수 있다.

4) 여행사 직원 채용 시 꼭 물어볼 질문

평소 직원 면접에서 반드시 물어보는 몇몇 질문이 있는데, 가장 중요하게 생각하는 것은 "여행을 평생 직업으로 삼고 싶은 것입니까?" "하고 많은 직업들 중에 여행사에서 일하고 싶은 이유가 무엇입니까?"라는 물음이다.

무슨 일을 하든 정말로 그 일을 하고 싶은 이유가 명확할 때 더 오래 소명 의식을 갖고 일을 완수할 가능성이 높다. 여행이 좋아서 여행업에 뛰어들었다가 여행까지 싫어졌다는 말들이 많은 까닭은 여행사에서 일하면 좀 더 재미있고, 공짜 여행도 자주 가지 않을까 하는 막연한 바람에서 비롯된 것일 수 있다. 따라서 여행업이라는 서비스업에 대한 지원자의 소신 있는 생각을 들어 보고 확인해 볼 필요가 있다.

5) 가능하면 한 번에 두 명을 채용하자!

현실적으로 한 명 채용도 신중해야 하는데 두 명을 동시에 채용한다는 일이 힘들 수 있다. 엄청난 매니지먼트 능력을 지닌 사장이 아니라도 직원 두 명을 동시에 채용하면 동료 의식을 갖고 팀 워크를 발휘할 가능성이 높아지기 때문에 한 명이 아니라 두 명이 같이 입사해서 서로 의지하며 학습하고 도전하도록 유도하는 구조를 만드는 것이 좋다. 이 직원들이 입사 후 잘 정착할 수 있도록 최선을 다해서 교육과 지원, 비전에 대해서도 꼼꼼히 준비한다면 금상첨화이다.

❸ 소형 여행사가 처한 인적 자원 개발의 어려움을 극복하자

최근에 소형 여행사들의 상생을 고민하던 차에 '여행을부탁해'의 회원사들과 함께 공유 여행사 플랫폼을 구축해 나가고 있다. 여러 가지 사업적인 측면은 제외하고 직원의 채용과 정착, 그리고 성장에만 포커스를 맞춰서 이야기해 보고 싶다.

동네의 작은 여행사에는 능력 있는 젊은이들이 입사할 생각이 별로 없다 보니 좋은 인재를 채용하기도 힘들다. 더욱 어려운 것은 직원을 채용해서 교육 훈련을 거쳐 그들을 성장시키는 일이다. 어디로 교육을 보내야 할까? 명강사를 초대해서 교육을 진행해야 할까? 직원이 한두 명일 때는 이런 체계적인 교육을 제공하기가 요원하다. 오로지 사장의 능력이 직원 교육 훈련의 전부일 수도 있다.

이런 난제를 극복하고자 공유 여행사라는 것을 시작했는데, 전국적으로 동일 브랜드가 늘어나다 보면 우리 여행사에 입사하려는 지원자는 좀 더 큰 기대를 가지게 될 것이다. 입사 후 교육 훈련도 본사 및 회원사들과 같이 진행하고, 정기적인 워크샵을 통해 함께 교육과 세미나를 실시하면 대형 회사 부럽지 않게 인적 자원 육성을 할 수 있다고 생각한다.

내가 운영하는 공유 여행사 플랫폼에 가입하라는 말이 아니다. 모든 소형 여행사 사장들이 이런 불편함과 욕구를 가지고 있으니, 동네 여행사들 20개 정도만 모여서 함께 교육 훈련을 실시하자고 의기투합한다면 얼마나 좋을까? 여행업이 점점 힘들어진다고 하면서 서로 경쟁자로 존재할 뿐이라면 여행사들의 미래는 결코 밝아질 수 없다. 서로 돕는 협력자라는 생각으로 이런 네트워크를 만들어서 공생할 수 있기를 희망한다.

여행업 그냥 즐겁게 하는 방법이 있을까요?

우리 여행사에 근무하는 한 직원의 이야기를 해 볼까 합니다. 그녀는 30대 후반 무렵 다니던 직장을 그만두고 무작정 여행을 떠났습니다. 일정이 점점 길어지면서 뜻하지 않게 3년 반 동안 세계 여러 곳을 다니게 되었다고 합니다. 저는 그 여행 이야기를 사람들에게 들려주면 재미있어할 것이라고 조언하면서 강사 마케팅과 강의 코칭에 도움을 줄 테니 강의를 해 보라고 권했습니다.

그러던 어느 날 전화 한 통이 걸려 왔습니다. '어쩌다 세계 일주 1,330일'의 임윤정 강사님을 모시고 싶다고 했습니다. 점심시간에 직원들 대상으로 1시간짜리 교육을 진행하는 것이고, 강사료는 100만 원. 그 직원은 이야기를 듣자마자 부담을 엄청나게 느꼈습니다. 별 수 없이 다른 전문 강사를 고객사에 추천했지만 그쪽에서 원하는 것은 직장인의 여행 이야기이므로 임윤정 강사로 하기로 결정했다는 답변이 돌아왔습니다. 결국 임윤정 씨가 강의하기로 하고 준비를 시작했는데, 이런 말을 했습니다. "대표님, 1시간 강의하고 100만 원을 받으면 이건 사기 아닌가요? 너무 부담스러운데요."

그래서 제가 "같은 내용을 ○○○ 강사가 강의하면 200~300만 원이에요. 윤정 씨 같은 경험을 가진 사람이 흔치 않고, 어쩌다 세계 일주가 되어 버린 이야기는 듣고 싶은 매력을 충분히 가지고 있거든요. 여행사 직원으로서 업무를 보는 것이 아니라 세계 일주를 한 사람으로서 여행 이야기를 하는 윤정 씨의 가치가 제대로 평가받는 것이라고 생각해요."라고 답해 주었습니다.

그녀는 강의하러 다녀와서 이렇게 말했습니다. "대표님, 강의 시작 전엔 무척 긴장이 됐는데 막상 시작하니까 술술 이야기가 나오고 사람들 반응도 좋고, 내가 왜 이렇게 강의를 잘하나 스스로 놀랐지 뭐예요. 가만히 생각해 보니 그동안 중남미나 아프리카 같은 여행지에서 고객들에게 그 지역의 이야기를 재미나게 들려 드렸던 것이 강의랑 똑같더라고요. 여행 중에 가이드 멘트를 하듯이 했는데 다들 좋아하셨어요. 앞으로 더 잘할 수 있을 것 같아요!"

우리가 열심히 노력한 것은 결코 헛되지 않고, 특히 콘텐츠와 관련되어서는 더더욱 헛된 것이 없다는 생각입니다. 그동안 여행사를 하면서 현지에 가면 항상 가이드가 나와 멘트를 하다 보니 저는 여행 지역에 관해 별다른 학습을 하지 않고 일해 왔었습니다.

어느 날 남미가 각광받게 되면서 남미로 인솔을 가게 되었고, 그때 인솔을 잘해 보려고 스페인의 정복 역사와 잉카 제국의 역사, 남미 각국의 역사, 문화, 예술을 열심히 공부해서 고객들에게 풍성한 이야깃거리를 제공해 드렸더니 정말 재미있어 하시고 좋아해 주셔서 감사했습니다. 그 일을 계기로 좀 더 남미의 역사와 인문학에 관해 찾아보았고, 또 러시아 여행을 위해서 러시아를 공부하고 인솔자로서의 가이드 멘트를 정리하는 능력도 키운 덕분에 이제는 동행 가이드(스루 가이드)를 양성하는 일도 하고 있습니다. 물론 기업이나 단체에 여행 특강을 요청받아서 여행 강의를 나가기도 합니다.

이는 '실사구시(實事求是)'라는 말에 걸맞게 여행 중에 고객들에게 좋은 정보와 이야기를 제공하고자 힘쓴 모든 노력이 다시 강의로 전환되어서 벌어지는 일이라고 봅니다.

그 어느 때보다 이런 재미에 빠져서 고객들과 여행을 떠나고, 그 여행지에 대해 학습하고 정리해서 재미있는 인문학 해설을 들려주는 활동들은 어느덧 20년 넘게 여행업을 해 온 제 자신을 다시 바라보게 만들었습니다. 이제는 가족 여행을 가더라도 가족들에게 해설할 수 있게 자료를 정리하고 준비하는 것도 제 일이라고 생각하면서 즐겁게 학습하고 있습니다.

다행스럽게도 여행은 모두가 좋아하는 주제입니다. 게다가 콘텐츠를 만들기에 적합한 분야입니다. 사람들은 농담 삼아 '조물주 위에 건물주 있고, 건물주 위에 콘텐츠 소유주 있다.'라는 말을 하기도 합니다. 그만큼 콘텐츠라는 것의 힘이 커지고 있는 요즘입니다.

여행 상품 역시 콘텐츠이지만 보다 직접적으로는 여행하면서 여행객들에게 들려 드리는 이야기들을 다시 강의장에서 공유하고 유튜브로, 블로그로, 책으로 변환해서 전할 수 있는 만큼 One Source Multi Use(OSMU)

시대에 정말 잘 맞는 업종이 여행업이라고 생각합니다.

여행사를 하겠다고 마음먹고 사업적으로 크게 성공시키겠다는 포부도 좋습니다. 다만 다년간 여행사 창업 교육을 통해서 중년의 나이에 여행 사업을 시작하는 사람들을 보면, 공통적으로 기왕이면 자신이 즐기는 여행을 직업으로 삼아 즐겁게 일하면서 돈도 벌고 싶다는 생각을 많이 합니다. 결국 여행사를 사무실 안에서만 멋지게 운영하는 것보다는 고객들과 여행을 다니면서 점점 함께 다니는 여행이 여행 사업이 되고, 고객들에게 여행에 대해 더 좋은 이야기를 들려 드리고자 공부하고 설명하면서 만족도 높은 인문학 여행이 되는 것이야말로 제대로 여행의 참맛을 만끽하는 여행업이라고 할 수 있겠지요.

여기서 더 생각을 확장해서 콘텐츠로 시도할 수 있는 일들이 많다는 관점을 가지고 접근하면 좋겠습니다. 그 첫걸음이 여행을 통한 모든 경험들은 소중한 콘텐츠라는 인식으로 정리하는 것이고, 두 번째가 고객들을 위한 여행 행사를 꼼꼼히 챙기면서 학습하고 콘텐츠화하는 것이며, 마지막으로 그렇게 경험과 학습을 통해서 쌓이는 콘텐츠를 글과 말로 재생산해 내는 것이 중요하다고 의식하시길 바랍니다.

요즘 우리 회사의 스물여덟 살 먹은 직원 한 명은 '여행의 기술'과 관련된 책을 쓰고 있습니다. 여행사 직원으로 월급을 받고 일하면서 경력이 쌓이는 것뿐만 아니라 그 직원 개인이 콘텐츠 크리에이터로 성장해 자신이 몸담고 있는 여행이라는 직업 속에서 스스로 뿌듯한 일들을 성취해 내길 바라는 마음으로 돕고 있습니다.

　세상의 성공은 내가 즐겁게 시작하는 일에서 비롯된다고 하지 않던가요? 부디 여행 사업을 시작할 때 절박하고 심각한 마음보다는 여행이 즐거운 아이템인 만큼 한 박자 여유를 가지고 자신이 즐기고자 하는 마음으로 들어선다면 행복하게 일할 가능성이 높아진다고 봅니다.

　따라서 여행 사업을 할 때 '어떻게 돈을 벌까?' 라는 고민보다는 '어떻게 재미나게 일할까?'를 생각하는 편이 한층 더 사업 성공의 확률을 높일 수 있다고 말하고 싶습니다. 함께 여행을 통해서 공부하고 학습한 것들을 고객들에게 재미있는 이야기로 전해 드리면서 다양한 여행의 즐거움을 구가하며 여행을 사랑하는 그 마음이 그대로 성공의 원동력이 되길 바랍니다.

Camino de Santiago

〈생장 피드포르의

〈산티아고순례길을 알리는 조개모양〉

특별 부록

여행 상품 개발 프로세스
산티아고 순례길 일기

〈창밖의 경치〉

〈세상의 땅끝, 피니스테레〉

여행 상품 개발 프로세스

산티아고 순례길 일기

1일차

인천 공항으로 향하는 발걸음이 가볍지만은 않다. 해야 할 일들도 많고, 산티아고 순례길에 가서 할 일들을 상세하게 준비하지 못한 불안감도 있다. 하지만 고객과 함께 다닐 만한 여행지로 가장 관심을 끌 수 있고, 대중적인 수요도 높아지는 상황에서 산티아고 순례길 여행 상품 개발은 좋은 타이밍이라고 확신하기에 19일간의 답사 여행에 나서기로 용기를 냈다.

산티아고 순례길을 무슨 상품으로 만드느냐고 반문하는 이들도 있을 것이다. 혼자 걷는 길이 아니냐는 생각에서 그렇게 말할 수 있다. 그러나 산티아고 순례길 중 '프랑스 길'이라는 800km 구간을 한 달 넘게 온전히 걸을 수 있는 사람들은 많지 않다. 그렇다 보니 산티아고 순례길에 가보고 싶다는 바람은 수년 뒤 아니 은퇴 후의 꿈으로 남곤 한다. 하지만 누가 정한 법칙인가? 한번에 다 걸을 필요도 없고, 전 구간이 아닌 영감을 줄 만한 구간들을 선택적으로 걸을 수도 있다. 꼭 순례길이라고 해서 고행길이 되어야 하는 것은 아니다. 그래서 나는 꿈을 미루지 않고 지금 실행해 보는 단기간의 순례길 여행이면서 구간을 선택적으로 걷는 프로그램을 만들고자 한다.

처음 시작은 산티아고 순례길에서 가장 힘들다는 생장 피드포르(St. Jean Pied de Port)부터 론세스바예스(Roncesvalles)를 넘기로 했다. 그래야 연령대별로 피레네(Pyrénées) 산맥을 넘을 만한지 알 수 있기 때문이다. 생장까지 들어가는 방법은 마드리드, 바르셀로나 등 스페인의 대도시에서 버스로 들어가는 것과 파리에서 바욘(Bayonne)이란 도시를 거쳐서 들어가는 것이 일반적이다. 다만 이런 경로는 이미 인터넷에 노하우가 넘쳐나니 나는 프랑스 남부 툴루즈(Toulouse)를 통해서 가기로 선택했다. 그러면 더욱 다양한 정보와 경험이 쌓일 테니까. 툴루즈에 도착하니 비가 내린다. 하루를 자고 내일 새벽에 버스로 보르도(Bordeaux)에 가서 기차로 바욘을 거쳐서 생장까지 가는 일정을 짰다.

〈비 오는 툴루즈의 밤거리〉

나는 프랑스 국영 철도 사이트의 서비스가 안정적이리라 믿고 예약을 했는데, 메일이 한 통 왔다. 비가 많이 내려서 보르도에서 바욘까지 기차가 운행하지 않는다고 한다. 다행히 구글을 이용해 툴루즈에서 바욘까지 가는 버스를 예약해서 생장까지 갈 수 있게 되었다. 이 변수 덕분에 날씨에 대해 생각하게 되었고, 교통편은 다양한 방법을 택하는 것이 더 낫다고 결론을 내릴 수 있었다. 툴루즈에서 숙박을 한다면 어디서 자야 할지도 결정했으니 나름대로 수확이 있다. 이제

나의 산티아고 순례길 상품 개발 여행이 시작된다.

그럼, 오늘도 수고 많았어요. 여행 작가 조PD!

툴루즈에서 보르도로 가는 교통편에 문제가 생겨서 급히 스마트폰으로 바욘 가는 버스 티켓을 구매해 새벽부터 버스 터미널에 나갔다. 이렇게 해서 나는 기차와 버스까지 완벽히 마스터했다. 버스가 출발하니 마음도 편하다. 차창 밖의 경치가 진정한 가을 단풍이라 일품이다. 비가 내리지 않으니 더 좋은 경치를 볼 수 있었다. 게다가 이럴 때 필수인 음악과 함께하니 여행 기분이 최고조에 다다른다.

〈생장 피드포르 갈 때 거치는 도시 바욘〉

모든 일이 잘 될 거라고 믿으며 버스에서 즐거운 시간을 보내다 드디어 바욘역에 도착했다. 역에서 5시간을 기다려야 해서 배낭을 메고 바욘 시내를 걸으며 최대한 이 새로운 도시를 알아 두고 싶었다. 그런데 정작 일요일이라고 전부 쉬는 거리의 모습이 아쉽다. 시내 곳곳을 돌아다니며 이 작은 도시에서도 빛나는 예전

왕성했던 스페인 건물들의 위용에 감탄했다. 2시간 정도의 짧은 시간 동안 걸어서 바욘 시내 관광을 모두 마치고 다시 역으로 돌아왔다.

드디어 기차가 출발했는데, 한국인으로 보이는 남자 한 명과 여자 한 명이 보인다. 그들도 나처럼 산티아고 순례길의 설렘을 안고 가는구나 싶다.

마침내 생장 피드포르에 도착해서 다들 역 표지판 앞에서 인증 샷을 찍고 걷기 시작한다. 모두 같은 길을 걷는다. 그리고 도착한 첫 번째 방문지는 끄레덴시알 (Credencial)이라고 하는 순례자 여권을 발급해 주는 사무소다. 나도 순례자 여권을 발급받고, 순례길의 상징인 가리비 조개껍데기를 사서 배낭에 달았다.

이곳도 일요일이라 다 쉬지만 내일부터 본격적인 순례길 출발에 앞서 최대한 동네를 돌아다녔다. 30분도 안 걸리는 시간에 죄다 돌아볼 수 있는 작은 동네다. 성수기에는 줄을 서서 순례길에 진입한다는데 그 모습이 무척 궁금하다.

〈생장 피드포르에서 순례길 출발 전날〉

내일부터 어떤 순례길 여행이 시작될지 오랜만에 여행 꽤나 한 나도 설레는 마음이다. 꼭 잘 마쳐서 '산티아고 순례길 여행'으로 성공해야지 다짐해 본다.

3일차

간밤에 무니시팔(Municipal, 공립) 알베르게(Albergue)에는 일곱 명이 묵었다. 그중에서 한국인 청년을 한 명 만나서 함께 저녁을 간단히 사 먹고, 비가 올 것 같은데 우비가 없다길래 빈대 방지용 깔개로 쓰려고 가지고 온 여분의 우비를 선물했다.

아침에 눈을 뜨니 새벽 3시다. 시차 때문에 일찍 눈이 떠진다. 반면 다른 나라 사람들은 신기하게 어젯밤 7~8시에 누웠는데도 거의 10시간 이상씩 자고 있다. 나는 한국에서 바쁘게 사는 게 익숙해서 6시간 이상 잠을 잘 수가 없다.

자, 이제 출발이다. 첫날 어려운 코스에 비까지 온다는데 길동무가 생겨서 좋다. 우리가 예상한 산티아고 순례길은 한국인이 넘친다고 들었는데 그렇지도 않은 비수기다.

걸으면서 누군가 부엔카미노(Buen Camino, 좋은 여행이 되길)라고 인사를 건네길 바랐지만 사람을 보지 못했다. 걸어도 걸어도 계속 오르막길이고 길도 질퍽해서 힘든데, 이제 눈길이 펼쳐진다. 가을이라 조용히 걷고 싶으면 지금 길을 나서라던 외국 서적을 던져 버리고 싶었다. 다리를 계속 들어 올려야 하는데 허벅지에 쥐가 나고 통증이 밀려온다. 내가 그동안 쓰지 않았던 근육이 오늘 혹사당하고 있는 것이다. 누군가 안 쓰던 근육이 많아서 앞으로 더 오래 살 것이라고 했던 말이 생각나며 헛웃음이 나온다. 만일 혼자 걸었다면 욕이 나올 것도 같았다.

〈이 문으로 들어서면
드디어 산티아고 순례길〉

정상에서 마시려고 준비한 콜라가 이 순간 떠올랐다. 눈비가 내리니 어디 비를 피할 데가 없어 잘 쉬지 못한 것도 피로감의 원인이었다. 그래서 그냥 길 위에 우비를 벗어 깔고 자리에 앉아서 비를 맞으며 콜라를 들이켰다. 정말 온몸에 에너지가 충전되는 느낌이랄까? 이 구간을 걸으면서 나보다 어르신들 중 체력이 뒷받침되지 않는 분은 중간 구간까지 차로 올려 드리고, 배낭을 미리 다음 목적지로 옮겨 드리는 동키 서비스를 추천해야겠다고 생각을 정리했다.

드디어 론세스바예스에 도착했다. 다른 사람들은 무엇을 생각할지 모르지만 나는 여행객들과 올 때를 감안해서 미팅 장소를 물색하고, 식사하기 좋은 곳과 메뉴까지 챙겨 보았다. 그래서 가장 많이 드실 만한 메뉴를 일부러 시켜 먹었다. 주문한 메뉴 중에서 수프는 소고기뭇국 맛이라 먹으면서 웃음이 나왔고, 바로 커피를 마시듯 그릇째 들고 마셨다. 함께 올 고객들도 웃으면서 이 수프를 마실 상상을 해 본다.

이제 나는 한정된 시간에 대부분의 주요 코스를 다 답사하고 가야 하기에 택시를 불러서 팜플로나로 이동한다. 이렇게 택시를 불러서 타고 가는 것도 중요한 정보이므로 가능한 방법들을 빠짐없이 시도해 본다.

팜플로나의 알베르게에 도착했다. 15유로에 정말 깨끗하고 현대적인 숙소라 고객들과 함께 와도 되겠다는 생각을 했다. 1층 창밖으로 보이는 성당 야경은 백만 불짜리다. 숙소를 주로 사립 알베르게로 잡는 것은 공립의 경우 예약이 안 되기 때문에 투어로 만드는 의미가 없고, 호텔은 정보와 예약 시스템이 인터넷에 넘쳐나니 굳이 숙박할 필요가 없다. 물론 특징적인 호텔들은 직접 가서 여행사라고 소개한 후 명함을 주고 호텔 투어를 하기도 하면서 정보를 취합한다.

〈헤밍웨이도 자주 왔다는 1888년부터 운영 중인 팜플로나의 '카페 이루냐'〉

저녁 식사 때가 되었다. 일반적인 순례자라면 9~10유로 숙소에 묵으며 저녁은 간단히 장을 봐서 먹거나 5~7유로 선의 식사를 하곤 한다. 그러나 나는 여행 객들과 함께 갈 식당 정보를 수집해야 해서 시내를 돌아다니고 구글 지도의 식당 평가들을 유심히 살핀다. 그중에서 오늘은 헤밍웨이도 자주 찾았다는 카페 이루냐(IRUÑA)에서 식사를 한다. 1888년부터 운영되고 있는 오랜 역사답게 멋진 인테리어도 좋았지만 웨이터가 어찌나 미소 띤 얼굴로 응대를 잘하는지 20유로 짜리 음식을 먹고 팁을 주지 않는 식당에서 5유로 팁까지 주었더니 활짝 웃는 다. 그의 멋진 서비스에 나도 활짝 웃었다.

숙박비는 다인실 도미토리를 주로 이용해서 하루에 15유로(17,000원) 이내인데, 점심과 저녁 식비로 보통 30~50유로(35,000원~60,000원)씩 책정하고 있다. 이제 함께 여행 올 분들이 어떻게 비가 오는 밤거리도 즐겁게 여행할 수 있도록 해야 할지도 구상하게 되었다.

토니 로빈스(Tony Robbins)가 한 말처럼 인생이란 폭풍우가 지나가기만을 기다 려선 안 된다. 빗속에서 춤추는 법을 배워야 한다.

4일차

아침 일찍 렌터카 사무실로 가서 차를 받고 진짜 답사 여행을 시작했다. 오토매 틱은 비싸서 수동 기어를 선택했더니 직원이 오토로 하지 않겠느냐고 다시 묻는다. 내가 한국에서 1종 면허 소지자라고 당당히 말하고 싶은데, 설명하기 어려워서 그냥 웃어 주었다.

오늘은 총 열 군데 정도의 순례길 도시들을 방문하고자 부지런히 길을 나섰다. 가다 보니 드라이브하는 기분이 무척 좋다. 순례길 여행이 아닌 드라이브 여행을 해도 좋을 만하다.

〈렌터카로 답사 시작〉

첫 도시는 시수르 메노르(Cizur Menor)라는 아주 작은 곳인데, 도시로 들어오는 길과 나가는 길을 사진 찍고, 주요한 볼거리나 식당들을 둘러보는 계획이었다. 그런데 도시가 작아도 너무 작다. 동네 사람들이 모여 사는 시골 마을을 지나가는 정도라고 봐야 한다. 그 다음 도시도 마찬가지로 지나는 도시라고 봐야 할 것 같다.

그렇게 작은 순례길 동네를 몇 군데 더 방문하고 나니 그럴 필요가 없음을 깨달았다. 모바일 순례길 지도로 경로를 쉽게 알 수 있기 때문에 우리가 투어 중에 걷기 위해 내려 드릴 곳과 여행객이 걸어서 도시 내에 진입할 때 미팅 포인트만 점검하면 된다. 물론 숙박할 도시는 더 세심하게 돌아보고 숙소들도 이곳저곳 방문해 보았다.

〈에스테야의 알베르게 객실〉

결국 오늘은 팜플로나(Pamplona)-푸엔테 라 레이나(Puente la Reina)-에스테야(Estella)-나헤라(Najera)-산토도밍고 데 라 칼사다(Santo Domingo de la Calzada)-부르고스(Burgos)까지 오면서 총 11개 도시를 방문했다. 아마도 도보로 순례길을 걷는 것 이상의 강행군이 아니었나 싶다. 답사 여행에서 렌터카를 이용해 다닌다는 생각은 신의 한 수였다. 정말 효율적인 하루를 보낼 수 있었다. 차량용 스마트폰 거치대를 챙겨 왔으면 좋았겠다는 생각을 했지만 아쉬운 대로 잘 다녔다.

에스테야라는 동네에선 발품 팔아서 다닌 보람이 있었다. 알베르게지만 투어리스트급 호텔 정도의 만족도가 충족되는 곳을 발견했고, 주인인 호세가 2년 전에 가죽 공장이었던 건물을 인수해 건축한 매력적인 곳이었다.

〈부르고스의 밤거리〉

또한 이 동네에서 작고 저렴하지만 아기자기하면서 맛있는 음식을 파는 식당을 찾아냈는데, 춤추는 댄스홀도 갖고 있어서 다음에 함께 올 여행객들과 잠시 피곤한 몸이지만 흥에 취하는 상상을 해보았다. 저녁에는 부르고스에서 알베르게 주인에게 추천받아 오래된 바에 갔었다. 동네 사람들이 타파스(Tapas)라고 해서 술 한 잔과 간단히 곁들어 먹는 애피타이저 같은 것을 파는 아주 마음에 드는 곳이었다. 영어는 안 통하지만 친절하고 정겨웠으며 스페인 북부 사람들의 소소하고 잔잔한 즐거움을 함께 느낄 수 있었다. 다음에 오면 꼭 일행들을 모시고 오겠다고 기록해 두었다.

하루 동안 많은 도시를 방문하면서 어느 도시가 얼마나 크고 작은지 파악할 수 있었을 뿐만 아니라 순례길을 같이 걷는 투어도, 차로 서포트하는 투어도, 자전거 투어도 전부 소화해 낼 수 있는 전략을 세웠으니 큰 수확이다.
내일은 또 어떤 곳들을 보게 될지 기대를 갖고 잠을 청한다.

〈매일 순례길의 시작〉

아침에 출발할 때 비가 조금 내리더니 이내 맑게 갠 하늘에 기분이 좋아진다. 산티아고 순례길을 걷는 사람들의 단톡방에는 여기저기 멋진 사진들과 아름다운 경치들로 탄성이 넘쳐난다. 나도 어제보다 더 기분 좋게 그리고 요령껏 답사를 시작한다. 첫 도시로 카스트로헤리스(Castrojeriz)에선 운동 겸 산 위에 있는 성을 올라가 보았다. 성 꼭대기에 오르니 바람에 날아갈까 봐 겁이 난다. 여기까지 오면서 풍력 발전기가 도처에 있었던 이유를 몸으로 느끼게 되었다. 그래도 광활하게 펼쳐지는 스페인의 경치를 바라보면서 가족 생각과 더불어 회사의 성공을 기원하며 소리를 크게 질러 보았다!

이곳은 작은 도시지만 어제 부르고스에서 숙박 후 차량으로 순례길 여행을 시작하게 하는 좋은 포인트다. 여기서부터 프로미스타(Fromista)까지 가는 길이 아름답고 영감을 줄 만한 오르막길과 정상의 평지가 절묘한 조화를 이룬다. 그 정상이 모스텔라레스(Mostelares)라는 고개인데 내비게이션으로 확인한 결과 차로 갈 수 있다는 사실에 감사한 마음이었다.

모스텔라레스에 오르는 길에는 가파른 언덕을 따라 굽이굽이 이어진 순례길이 아름답다. 한 여성이 히치하이킹 제스처를 취하길래 태워 줄까 하고 물으니 장난이란다. 그만큼 가파르게 올라야 하는 길이라고 엄살을 부려 보는 것이다. 길에 보이는 사람들에게 부엔카미노라고 인사했지만 다들 경사길을 오르는 데 집중하느라 눈길 한 번 주지 않는다. 내가 차로 올라가는데도 힘들다는 느낌이니 그럴 만하다. 정상에 다다르자 정말 그림 같은 평지를 사람들이 걸어가는데 이것이 진정한 순례길의 매력이구나 싶다.

정상에 한국인 커플처럼 보이는 남녀가 있길래 "안녕하세요?"라고 인사하니 영어로 답한다. 일본인 커플이다. 예쁜 고양이랑 같이 있었는데 그 고양이는 오래전에 이 순례길에서 만나서 같이 걸어오고 있다고 말하며 방긋 웃는다. 참 대단하다며 나도 활짝 웃어 주었다. 일본인 커플에게 한국에서 가져온 초코바를 하나씩 나눠 주고 나서 다시 차를 몰았다. 그러나 며칠 뒤 숙소에 붙어 있는 안내문을 보고 그 웃음을 다시 거둬 오고 싶었다. 순례길에서 개나 동물들을 함께 길동무로 데리고 가지 말라는 내용이었다. 그 동물들은 영원히 고아가 되기 때문이다. 많은 순례자가 귀엽다는 이유로 길에서 만난 동물들을 길동무 삼아 데리고 걷는데, 순례길의 큰 문제 중 하나라는 것이다.

차를 타고 멋진 경치에 콧노래를 흥얼거리며 가고 있는데 갑자기 차가 길에서 미끄러지며 휘청거린다. 날은 맑지만 어제까지 온 비로 흙길이 진흙탕으로 변해 마치 눈길을 달리는 듯 나를 긴장시켰다. 그래도 한국에서 눈길을 많이 운전해 본 덕택에 엔진 브레이크로 살살 가고 있었는데 이번에는 아예 차가 제자리에서 헛바퀴만 돌고 앞으로 나아가질 못한다. 내려서 살펴보니 누군가 길이 미끄럽다고 나뭇가지를 수북이 깔아 놓았는데 승용차는 지나갈 수 없을 높이기도 하지만 그 나뭇가지가 바퀴에 감겨서 차가 멈춰 버렸다.

〈에스페란사의 Alea라는 알베르게〉

사람도 한 명 보이지 않는 허허벌판에 나 혼자 서 있는데 어찌해야 하나 막막했다. 그러다 문득 가지고 온 장갑이 생각나서 장갑을 끼고 길에 가득 쌓여 있는 나뭇가지들을 한아름씩 들어서 길 옆으로 내던지기 시작했다. 20분 정도 열심히 치우고 바퀴에 엉킨 나뭇가지들도 빼내고 하다 보니 마침내 차가 흙탕길을 빠져나올 수 있었다. 아스팔트 길에 들어서자 환호성이 저절로 터져 나온다. 다음부터 포장도로가 아니면 가지 않는다는 원칙을 머릿속에 새겨 두었다.

오늘도 수많은 도시들과 숙소들을 방문하고 사진과 정보를 모았다. 그리고 저녁에 오늘의 목적지인 폰페라다(Ponferrada)에 도착해서 알베르게에 짐을 풀었다. 알베르게의 주인인 에스페란사(Esperanza, 희망이라는 뜻)는 참 친절하게 설명과 응대를 해 주었다. 그녀를 보면서 우리나라를 찾는 관광객들에게 그녀 같은 친절함으로 한국의 좋은 이미지를 전하고 싶어 나도 한국에서 게스트하우스를 해 보고 싶다는 생각이 강하게 들었다.

늦은 밤 또 시내를 돌며 다른 숙소와 식당들을 탐색하는 시간을 가졌다. 이제 점점 더 내가 만드는 산티아고 순례길 여행의 완성도가 높아져 간다.
내일은 렌터카로 답사하는 마지막 날이다. 바퀴에 나뭇가지가 엉켜 있고 진흙탕에 차가 더러워져서 비가 오길 바라는 마음으로 잠을 청한다.

6일차

아침을 준비해 준다며 에스페란사가 나만을 위한 식사를 차려 놓아서 맛있게 먹었다. 갖고 있던 컵라면을 곁들이니 꿀맛이다. 빵과 컵라면의 오묘한 조화랄까.
오늘도 7시 반부터 답사를 시작한다. 밖에 나와 보니 비가 오고 있어서 기뻤다.
차가 서서히 깨끗해지는 것은 물론 바퀴에 엉킨 나뭇가지들까지 모두 빠지길 바라며 날씨 운이 좋다고 생각하면서 음악도 틀고 신나게 출발했다.

오늘은 도시를 좀 더 크게 크게 이동해도 되겠다는 생각에 곧바로 해발 1,300m 에 위치한 오 세브레이로(O Cebreiro)까지 1시간 넘게 달린다. 높은 곳에서 고객 들을 내려드리고 출발하면 마치 설악산 단풍 절경을 보는 듯한 착각이 들 정도 로 기분 좋은 코스 중 하나가 될 것이다.

열심히 가고 있는데 비가 더 와서 차가 점점 깨끗해진다. 그러다가 지대가 높아지 면서 눈으로 바뀐다. 사방이 온통 하얗다 보니 표지판이 안 보여서 길을 잘못 들 어섰다. 미끄러운 눈길과 평소에는 보기 좋을 벼랑이 도로 우측으로 이어진다. 스 노타이어도 체인도 없이 위험한 주행을 하며 이러다가 죽는 게 아닌가 하는 걱정 도 든다. 그렇다고 산 중턱에 차를 세우고 눈이 멈추길 마냥 기다릴 수도 없었다. 사계절이 있는 대한민국에서 겨울철 눈길 운전에 익숙한 덕분에 30분간 엉금엉금 가까스로 헤쳐 나와 목적지인 오 세브레이로에 도착했지만 결국 눈 때문에 차가 들어가지도 못했다. 다음에 고객들과 오면 이렇게 고지에서 걸어 내려가며 아름 다운 경치를 보겠구나 하는 상상만으로 마무리하고 또 다음 도시로 향한다.

트리아카스텔라(Triacastela)라는 곳인데, 역시 작은 도시로 비가 내려서인지 어디에도 화장실 갈 만한 가게 하나 문을 열지 않았다. 그래서 급하게 슈퍼마 켓에 뛰어들어 '토일렛(Toilet)'이라고 말하니 '노노'라며 단호히 거절한다. 어쩔 수 없어 비 내리는 스페인의 작은 도시를 급하게 달리기 시작했다. 그러다 발견한

〈화장실이 급해서 달려들어 갔던 트리아카스텔라의 레스토랑〉

레스토랑에 일단 들어가서 화장실부터 찾았는데 다행히 무척 깨끗해서 기분이
좋았다. 테이블에 앉아 메뉴를 보니 송아지 스테이크와 샐러드 그리고 감자튀
김까지 세트로 5.7유로다. 맛도 좋았고 친절하고 동네 분위기가 물씬 풍겨서
만족스러웠다. 게다가 아까 눈 때문에 못 들어갔던 오 세브레이로에서 출발해
당일 여정이 끝나는 곳이면서 이 레스토랑이 순례길에 위치하고 있었다. 그래서
다음에 이 코스를 마칠 땐 여기서 모이고, 식사나 음료도 즐기면 딱 좋겠다고
메모해 두었다. 하루 종일 우연들이 모여 필연을 만드는 날인 것 같다.
이제 렌터카 답사의 마지막 종착지이자 순례길 단기 코스의 시작점인 사리아
(Sarria)에 도착했다. 마르셀라(Marcela)라는 숙소 주인은 알베르게 네 개
를 운영하고 있고 겨울에는 내가 묵은 곳만 여는데 무척 친절하고, 규모도 크
고 만족도 높은 숙소다.

〈사리아의 알베르게 전경〉

내일부터는 나도 걸어야 한다. 그런데 생각보다 추워서 레깅스, 우비 바지, 방수 장갑, 스패츠까지 제법 많은 물품을 구입했다. 근처의 루고(Lugo)라는 도시에서 숙박을 하면서 계속 순례길에 여행객들을 넣었다 뺐다 하는 여행사가 있길래 왜 그러는지 가 보았는데 굉장히 불필요한 일을 하는 것이 아닌가 여겨졌다. 나도 물론 루고에 숙박하면 좋을 호텔을 물색해 두었으나 순례길 본연의 여행에서 너무 동떨어진 행위처럼 느껴져 일단 정보로만 확보해 둔다.

사리아에서 알베르게 주인이 추천한 레스토랑을 찾아 일부러 세트 메뉴를 시켜서 먹었는데 그다지 만족스럽지 않았다. 아쉽지만 대체할 곳을 염두에 두고 기록만 하는 데 만족해야 했다. 이제 푹 자고 내일부터는 나의 마지막 5일간에 걸친 순례길 도보 여행이 시작된다.

7일차

이제 고객들의 필수 코스로 생각해 둔 사리아부터 산티아고 데 콤포스텔라까지 약 115km를 걷는다. 하루에 약 20km 정도를 걷는 일정이 고객들을 위한 원래의 계획이다. 그래서 이곳 사리아에서 향하는 다음 목적지는 포르토마린 (Portomarin)이다.

혹시 몰라서 해 뜨기 전인 7시 반에 숙소를 나섰다. 어둠을 뚫고 걷는 발걸음 못지않게 기분도 상쾌하다. 문득 날씨는 흐리고 뭔가 기존에 지나온 길보다 재미없다는 생각을 하고 있었다. 가볍게 걷고 있는데 비가 내린다. 우비를 걸쳐 입고 또 걷는다. 그냥저냥 열심히 걷다 보니 100km가 남았다는 표지석에 다다랐다. 가장 사진을 많이 찍는 곳 중 하나다. 그런데 사람도 없고 그저 길가의 표지석일 뿐이다. 약간 허무하다고 할까? 일단 삼각대를 찾아내서 혼자 기쁨에 가득 찬 표정으로 인증 샷을 찍었다.

〈100km 남았다는 표지석〉

걷다가 귤과 바나나를 먹었더니 천상의 맛이다. 점점 피로감이 몰려오고, 발이 살짝 아프기 시작한다. 그래도 오후 1시 조금 넘어서 목적지인 포르토마린에 도착하게 되었다. 때마침 해가 환하게 비추고 도시는 나름 현대적으로 잘 정비해 놓아서 기분도 좋다. 점심 식사로 9유로짜리 순례자 메뉴를 시켰는데, 애피타이저로 나온 토마토소스만 얹은 파스타가 진짜 환상적인 맛이다. 오래 걷고 배고파서였을까? 다음에 고객들과 오면 들를 곳으로 기록해 두었다. 잠시 생각해 보니 더 걸어가도 되겠다 싶어서 아예 전체 일정 5일을 4일로 단축해 보겠다고 마음먹고 계속 걸었다.

〈오 오스피탈이라는 마을의 알베르게〉

점점 발이 아프고 지친다. 게다가 비가 계속 와서 더 힘들었다. 그래도 결국 유일하게 숙소가 하나 있는 아주 작은 마을에 도착했다. 34km를 걸어서 도착한 이름도 특이한 오 오스피탈(O Hospital)이라는 곳이다. 예전 순례자들이 걸을 때 중간중간 이렇게 병원들이 있었기에 알베르게 중에는 병원 건물을 알베르게로 만든 경우가 많았다. 그런데 이곳은 마을 이름이 오스피탈이다. 마음의 치유를 할 수 있을 법한 동네인데, 신발을 벗고 나는 내 발을 치료해야 하는 곳임을 직감했다. 정상 페이스대로 20km를 걸었으면 아무런 문제가 없었을 텐데 역시 무리를 했다. 발가락에 물집이 잡히고 새끼발가락의 발톱은 색이 변해 가고 있었다. 물집 잡힌 발가락이 내일 내게 어떤 체험을 하게 할지는 아직 모른 채 피곤한 몸을 뉘어 잠을 청해 본다.

8일차

〈비 오는 아침 길〉

아침에 아픈 발을 신발에 집어넣기가 조심스럽다. 산티아고 순례길에서 발 관리가 가장 중요하다는 걸 깨달았다. 이번 상품 개발 여행에서 발에 물집이 잡힌 것은 내게 오히려 잘된 일이다. 남미에 처음 갔을 때 고산증으로 거의 열흘간 아파볼 수 있는 모든 방식으로 아파 본 덕분에 고산증 전문가가 되었다. 그래서인지 내가 인솔을 가면 고객들이 고산증을 거의 겪지 않는다.

이번에도 물집이 잡히고 나니 걷기가 두 배는 더 힘들고, 산티아고 여행길이 아닌 진정한 순례길이 되고 있음을 몸으로 느낄 수 있었다. 그 대신 다음에 고객들이 물집으로 고생하지 않도록 사전에 신발에 대한 조언도 해 드릴 수 있고, 미리 걸어 보고 피드백도 해 드릴 수 있게 되었다. 그뿐만 아니라 실제로 하루에 얼마나 걸을지, 배낭은 어느 정도를 메고 갈지 등 다양하고 복합적인 정보의 취합과 설계가 가능해졌다. 물론 물집이 잡히면 어떻게 대응해야 하는지도 확실히 알게 되었다.

오늘도 추적추적 비가 내리는 길을 걷고 또 걸었다. 발이 아프니 스틱을 의지해 걷고, 발이 아니라 다리를 움직여서 앞으로 내딛었다. 한 걸음 한 걸음 걷는데 절뚝거리는 내 모습이 진정한 순례자라도 된 듯싶다. 그렇게 힘들게 힘들게 걸어서 목적지인 멜리데(Melide)라는 마을에 도착했다. 창원에서 36명이 성지 순례 겸 산티아고 순례길을 여행 왔다는 한국인 관광객들을 만났는데, 이렇게 사장이 직접 와 보고 여행 상품을 만드는 것이 놀랍다며 명함을 달라고 하신다. 순간 오길 잘했구나 하는 뿌듯한 마음이 들었다.

그리고 도착한 숙소는 예상했던 곳들이 문을 열지 않아서 공립 알베르게로 발걸음을 옮겼다. 도착해서 씻지도 못하고 침대에 누워 끙끙거리며 잠시 쉬다가 저녁 식사를 거를 수 없어서 애써 몸을 일으켜 장을 보러 마트에 갔는데 숙소에서 마주쳤던 아가씨가 밝게 인사를 한다. 오늘은 힘든 날이었으니 에너지 충전을 위해 볶음밥과 컵라면을 골라서 숙소로 향했다.

숙소에는 아까 내게 인사했던 아가씨와 나 단 둘뿐이다. 지금은 여행객들이 적은 비수기다. 나 혼자 식사를 하는데 이 숙소의 유일한 친구가 친절히 주방을 설명해 준다. 이야기를 나눠 보니 헝가리 부다페스트에서 순례길을 세 번째 왔단다. 미모의 헝가리 아가씨가 어찌나 활짝 웃으며 이야기를 하는지 나까지 기분이 좋아져서 오늘의 고생들이 전부 가시는 듯하다. 그녀가 말하길 동네에서

〈멜리데에서 음악회 관람〉

음악회가 열리는데 가겠느냐고 해서 일단 식사를 마치고 뒤따라가겠다고 했다. 식사 후 밤길을 걸어가 보니 동네 콘서트홀에서 연주회가 한창이었다. 입장료가 2유로라고 하더니 그냥 내지 말고 들어가란다. 음악회에 온 사람 중 유일한 동양인에 등산복 차림인 나를 사람들이 신기한 듯 쳐다보았다. 한쪽 편에 앉아서 음악을 듣는데 마치 꿈을 꾸고 있는 것 같다. 멜리데라는 이 마을 이름이 멜로디를 뜻하는 것처럼 느껴졌다. 그렇게 힘들었던 하루가 음악과 함께 아름답게 마무리되었다. 내일도 또 힘내서 걸을 에너지가 한껏 충전되었다.

비가 오는 아침에 어제 장 봐 온 것들로 배를 채우고 길을 나섰다. 오늘은 산티아고 데 콤포스텔라에 가기 전날로 살세다(Salceda)라는 마을까지 25km를 걸어가야 내일 27km를 걸어서 최종 목적지에 도착할 수 있다. 왠지 마지막 날 좀 더 걸어서 들어가야 성취감과 감동이 클 것 같았다.

마음을 다잡고 걷기 시작하는데 물집 잡힌 아픈 발로 걷는데도 요령이 생기는 듯하다. 박자를 맞춰서 한 걸음 한 걸음 나아가는 기분이 상쾌하다. 날씨도 비가 그치고 맑아져서 기분까지 개운해지는 듯하다. 걷다가 무지개를 보게 되어 무언가 더 좋은 날이라는 생각이 들어서 잠시 파랗게 갠 하늘을 보며 큰 소리로 웃어 보기도 했다. 오늘은 불편한 다리지만 어제보다 한층 더 힘차게 걸을 수 있어서 빨리 목적지에 도착할 듯한 설렘을 안고 계속 걸었다.

〈작은 시골 마을의 인심 좋은
가게에서 또띠아랑 하몽〉

점심때가 되어서 작은 마을 길가의 가게에 들어가 감자와 계란으로 만든 또띠아(Tortilla)랑 스페인의 대표적인 햄인 하몽(Jamon)을 시켜서 맛있게 먹고 있었다. 프랑스에서 왔다는 청년이 앞자리에 앉았는데, 매트에 텐트까지 엄청난 양의 배낭을 메고 들어왔다. 옷도 그냥 남방들을 여러 겹 걸쳤

을 뿐 우리가 생각하는 기능성 재킷 하나 입지 않았다. 아무런 주문을 하지 않길
래 여기는 메뉴판을 갖다 주지 않고 저기 벽에 붙어 있는 걸 보고 주문해야 한다
고 설명하니 "메뉴라니요?"하며 웃는다. 메뉴 하나 시키지 않는 전형적인 초저예
산 여행자임을 짐작할 수 있었다. 내가 한국에서부터 가져온 초코바 두 개를 건
네자 활짝 웃으며 맛있게 먹는다. 그러자 이 작은 시골 마을 소박한 가게의 주
인아주머니도 무언가를 직감했는지 그 친구에게 빵을 건네준다. 여행자도 주인
아주머니도 나도 서로 그냥 가진 걸 나누어 주며 같이 먹는 분위기가 정겨웠다고
할까. 나는 가게를 빠져나오면서 다음에 고객들과 이곳에 들러야겠다고 메모
해 두었다.

숙박 예정지인 살세다에 도착해서 비록 순례길에서 300m 벗어나 있지만 평가가
좋은 알베르게를 즐거운 마음으로 찾아갔다. 그런데 영업을 하지 않는다는 것
이다. 이 마을에 다른 숙소도 없고, 2km를 더 가면 브레아(Brea)라는 마을이 있
지만 이곳에도 문을 연 알베르게는 없었다.
비는 다시 내리기 시작해서 판초 우의를 걸치고 힘들어도 걸음을 재촉했다. 아침
에 어두울 때 나왔는데 컴컴한 밤이 되었음에도 숙소는 보이지 않는다. 결국 산타
이레네(Santa Irene)라는 마을에 도착하니 공립 알베르게 하나만 문을 열었고
근처에는 음식을 살 수 있는 곳도 없다.
오늘도 수고한 나를 격려하며 샤워를 마치고 배고픔을 참고 누워 있는데 알베
르게 직원이 찾아와서 피자 배달을 시켜 주겠단다. 배달의 위대함이 산티아고

순례길에도 존재한다는 사실에 감사하며 피자를 주문해서 오늘 저녁과 내일 아침까지 먹을 식량을 준비했다. 직원의 남편과 아들이 퇴근을 기다리며 함께 놀고 있었는데, 이 비수기에 알베르게의 유일한 투숙객인 내가 괜히 미안해지기도 했다. 이렇게 오늘은 나 혼자 산타 이레네 알베르게에서 잠을 청한다.

내일이면 드디어 산티아고 데 콤포스텔라 종착지에 도착한다고 생각하니 미소가 지어진다.

〈마지막 아침은 안개로 몽환적인 출발〉

어제 먹고 남은 피자로 아침 식사를 하고 이제 마지막 목적지를 향해서 출발한다. 길지 않은 나의 여정도 이렇게나 기쁜데 하물며 800km를 완주한 사람들은 어떤 심정일까? 역시 마지막 종착지라서 그런지 가는 도중에 사람들이 유난히 많다. 어디서 사람들이 쏟아져 나온 것인지 신기하다. 한국인 젊은이들도 만나고 50대 아들이 70대 어머님을 모시고 가는 모습도 보았다.

마지막에는 머리가 하얀 60대의 멕시코 여성과 함께 길을 걷게 되었는데, 그녀는 생일 선물로 자신에게 산티아고 순례길을 선물했다고 한다. 대신 배낭은 동키 서비스로 보내고 그렇게 온전히 800km를 걸어왔단다.

〈산티아고 데 콤포스텔라 도착〉

길에서 만난 분들 대부분이 가톨릭 신자였다. 이 멕시코 여성은 내 아내의 세례명과 똑같은 마리아였다. 산티아고 데 콤포스텔라에 도착할 때는 여기저기 큰 성당이 많아서 계속 여긴가 아닌가를 반복하다 역시나 거대한 광장과 사진을 찍고 있는 수많은 사람을 보고서 다 왔음을 직감할 수 있었다. 다들 서로 안아 주고 축하해 주고, 어떤 사람들은 울기도 한다. 이곳에 도착하니 갑자기 모든 것이 편안해졌다. 가만히 보니 길에 다니는 순례자들이 다들 슬리퍼나 샌들을 신고 있다. 모두 알게 모르게 발도 아프고 트레킹화가 지겨웠나 보다.

마지막으로 순례자 인증서를 발급받는 것으로 이번 순례길 여행을 마쳤다. 숙소에 짐을 풀고 기분이 좋아져 나도 샌들을 신고 거리로 나섰다. 우연히 만난 한국분들이 한식당이 있다고 같이 가잔다. 따라나섰다가 먹게 된 한식. 다들 기쁨의 눈물을 삼키듯 된장찌개, 돼지고기두루치기, 최고의 맛을 자랑하는 라면, 그

〈순례자 인증서〉

리고 소맥까지 단숨에 넘긴다. 이곳에 한식당이 있음에 감사했고, 한식을 먹는 행복이 이렇게 대단한지 다시 한번 생각하며 한국에서 늘 한식 먹을 때 이런 감사한 마음으로 즐기자고 이야기를 나눴다.

나는 내일 세상의 땅끝이라는 피니스테레(Finisterre)와 묵시아(Muxia)를 투어로 다녀오고, 모레부터는 렌터카로 산티아고 순례길의 두 번째 인기 코스인 '포르투갈 길'을 답사하러 간다.

이번 답사 여행은 예상보다 200% 만족스러운 결과들을 얻고 돌아간다. 산티아고 순례길의 최고 전문가는 아닐지언정 적어도 산티아고 순례길 최고 전문 여행사는 되고도 남을 만큼의 경험과 정보들을 축적했고, 여행 사업에 어떻게 적

용할지 마스터플랜이 확고해졌다. 한국에 돌아가 산티아고 순례길 세미나를 열어서 더 많은 사람들이 안전하고 즐겁게 산티아고 순례길 여행을 할 수 있도록 돕고자 한다. 물론 나는 이곳에 고객들과 함께 다시 올 기대감이 가득하다.

산티아고 순례길 상품 개발 여행에 용기와 조언을 주신 한귀성 소장님, 이은덕 대표님, 유영수 대표님께 감사드린다.

< 세상의 땅끝, 피니스테레 >

Epilogue

여행은 누구나 좋아하는 테마이다. 그래서 언젠가는 여행을 직업으로 삼고 싶다는 막연한 생각을 갖고 있다가 불쑥 여행사를 창업하곤 한다. 시간이 지나서 돌아봤을 때 어딘가에서 여행사를 어떻게 잘 운영할지 배울 수 있었다면 시행착오를 줄이고 좀 더 성공할 수 있지 않았을까 한다는 이야기를 자주 들었다.

나는 그나마 관광과를 나와서 여행사에 잠시 근무한 다음 여행사를 차렸었고, 중간에 망해도 봤다. 경험을 쌓은 나도 다시 여행 사업을 시작할 당시 도움을 줄 것이라고 기대했던 여행업계 지인들의 경계와 거절에 속상하기도 했고 어떻게 해야 할지 막막했는데, 여행업의 무경험자들은 어떨지 걱정이 되었다. 비록 큰 성공을 거두진 못했더라도 치열하게 요즘 시대에 맞는 여행 사업을 성장시켜 나가고 있고, 다양한 시도를 하면서 겪은 시행착오들을 공유해 드리면 적어도 내가 한 실수를 되풀이하지는 않으리라는 믿음에서 '여행사 창업 교육'을 시작한 지 5년.

이제 여행사 창업 교육으로 만나지 못하는 분들께도 조금이나마 도움이 되고 싶어서 글로 생각들을 정리해 책을 출판하게 되었으니, 부디 이 책 한 권이 누군가에게는 수천 수백만 원의 손실을 보는 일을 막고, 누군가에게는 꿈꾸고 상상하던 일들을 현실의 성공으로 일구어 내는 씨앗이 되길 바란다. 내가 심어 준 여행 사업에 관한 생각의 작은 씨앗이 결국 독자들의 물 주기 및 적절한 날씨와 만나서 새로운 환경에서 싹을 틔우고 꽃을 피우리라 기대해 본다.

글을 쓰면서 여행업을 시작하려는 분들께 도움을 드리고자 여행업역사의 흔적과 사례를 적다가 혹시라도 당사자의 마음을 상하게 하지 않았을까 걱정도 되고, 정확한 사실이 아니라는 질책을 받을 수도 있겠지만 여행업의 선배로서 후배들의 성장과 성공을 돕고 싶다는 의도를 참작해 너그러이 용서해 주길 부탁드린다.

여행업을 하면서 또 사업을 하면서 감사한 분들이 너무나 많아서 그 이름을 일일이 거론하는 것은 불가능하지만, 최대한 적어 보겠다. 혹시나 여기에 이름이 빠져 있다면 마음이 아니라 기억의 실수로 여기시고 허심탄회하게 연락해 주시면 달려가서 맛있는 식사와 함께 이야기를 나눌 기회를 마련하겠다.

여행 실무를 가르치다 학문적인 궁금증이 생겨서 진학한 경희대학교 관광대학원의 제자로 받아 주신 교수님들 감사합니다. 저를 아껴 주시고 늘 깨달음을 주시는 이태희 교수님, 오랜 시간 관광학의 발전을 위한 열정으로 감동을 주신 이기종 교수님, 모두를 이끌어 주시는 이충기 교수님, 관광 IT를 깊이 생각하게 해 주신 윤지환 교수님, 문화관광산업에 대해 관심을 갖게 해 주신 이승곤 교수님과 류지숙 교수님, 관광을 공부하고 학문으로 펼치는 것을 생생히 보여 주신 이계희 교수님, 관광 인터넷 비즈니스의 IT 입장을 알려 주신 최주철 교수님, 조사방법론 수업으로 만나서 늘 마음으로 대해 주시는 김태구 교수님, 그리고 호텔경영마케팅을 학습할 기회를 주신 한진수 교수님, 외식서비스 마케팅을 체계적으로 알려 주신 김태희 교수님 등 직접 수업을 들었던 분들만 언급하는 것으로 감사의 뜻을 우선 전합니다.

사업이라는 생각의 힘을 키우는 데 도움 주신 김승호 회장님, 공유여행사에 용기를 주신 심재현 대표님, 백옥희 대표님, 김용래 대표님, 박효범 대표님, 최병욱 대표님, 이윤환 이사장님, 도정국 대표님, 최인영 대표님, 윤정애 대표님, 김은정 대표님, 이경애 대표님, 이경채 원장님, 김보성 대표님, 오승종 대표님, 윤상필 대표님, 김유신 대표님, 김현정 대표님, 사장학투어 미국편에 함께했던 대표님들, 사장학투어 북해도편에 함께했던 대표님들, 사장학투어 홍콩편에 함께했던 대표님들, 그리고 사장학개론 모든 대표님들께 진심으로 깊은 감사를 드립니다.

여행 사업을 하면서 큰 도움을 주시고 조언해 주신 분들도 끝이 없네요. 김승덕 대표님, 스탠 채 사장님, 이창봉 전무님, 서경진 전무님, 조효연 님, 김슬기 님, 정훈모 이사님, 홍도우 대표님, 정숙자 대표님, 성향덕 이사님, 이철환 대표님, 정재희 대표님, 김베로 대표님, 정현호 대표님, 이정진 대표님, 주영두 대표님, 황민 대표님, 한상헌 대표님, 전광용 대표님, 강인태 이사님, 김묘령 이사님, 정영호 소장님, 김영래 사장님, 윤효진 과장님, 박범수 대표님, 최관형 대표님, 하영환 대표님, 박상현 대표님, 이병주 선배님, 김인수 이사님 감사합니다.

그리고 출판하기까지 많은 도움을 주신 박명환 대표님, 윤병인 이사님, 경은하 편집장님께도 감사드리며 저와 여행 사업을 함께해 주고 계시는 투어플래너 모임의 모든 분들께 감사합니다. 너무 많은 분들을 언급하고 감사 인사를 드려야 하기에 성함은 따로 적지 않을게요. 매일 단톡방에서도 만나니까요.

여행이 좋아서 '여행을부탁해'를 함께해 오고 있는 사지연, 임윤정, 김다은, 유재희, 김민경 다섯 분을 평생 잊지 않을게요. 정말 감사합니다.

마지막으로 우리 가족 모두에게 감사드립니다.

여행사 설립 절차

여행사를 창업하려고 할 때 여행사 설립 요건들과 허가 제도라는 사실에 부담을 느끼는 경우가 있지만 차근차근 절차에 따라서 진행하면 자신이 직접 여행사를 설립하는 것도 어렵지 않다. 아래 내용을 참고해서 여행사를 설립하는 데 도움이 되길 바란다.

본문에서도 언급했듯이 중요한 사항은 자본금 증명과 사무실이 있어야 한다는 2가지 내용이며, 그 외에는 서류만 준비하면 되기 때문에 별다른 어려움은 없다.

여행사 설립 프로세스

법인사업자 : 법인 설립 → 관광사업자 등록 → 법인사업자 등록
개인사업자 : 관광사업자 등록 → 개인사업자 등록

1. 여행업의 분류와 설립 요건

❶ 일반여행업
최상위 여행업 허가, 자본금 1억 이상의 법인 또는 개인
- 국내외 외국인을 유치하여 여행업을 영위하고자 할 경우 필수
- 국외여행업, 국내여행업을 모두 포괄하여 영위할 수 있음
  (국내, 국외여행업 등록 불필요)
- 5000만 원 상당의 영업보증보험 가입 필요
  (연간 보험료 약 18만 원 / 서울보증보험)

❷ 국외여행업
국내인에 대한 해외 송출만 가능한 여행업 허가, 자본금 3000만 원 이상
- 3000만 원 상당의 영업보증보험 가입 필요
  (연간 보험료 약 9만 원 / 서울보증보험)

❸ 국내여행업

국내인에 대한 국내 여행만 가능한 여행업 허가, 자본금 1500만 원 이상

■ 2000만 원 상당의 영업보증보험 가입 필요

(연간 보험료 약 7만 원 / 서울보증보험)

- 국외여행업과 국내여행업을 함께 영위할 경우 각각 등록, 자본금은 국외여행업 3000만 원과 국내여행업 1500만 원을 합하여 총 4500만 원 이상이 필요
- 단, 제주도는 일반여행업 3억 5000만 원, 국외여행업 1억 원, 국내여행업 5000만 원 이상 자본금 증명
- 자본금의 잔고증명이란 대표의 계좌에 자본금 액수가 1박 2일만 들어 있으면 되는 것이다. 다시 말해서 1일 저녁에 입금했다가, 2일 새벽 0시10분에 인출한 후에 은행에 가서 1일자 잔고증명을 발급해 달라고 하면 된다. 다만 법인의 경우, 실제 자본금을 대표가 인출해 가면 횡령이 될 수 있는데, 이를 '가지급금(법인이 대표에게 대출)' 처리했다고 하여 연간 법정이자를 대표가 법인에 납부한다.

2. 여행업 등록을 위한 법인사업자 및 개인사업자의 설립

❶ 신규 법인의 설립(주식회사)

■ 여행업 종류에 따라 상기에 표시한 각각의 자본금 이상이 표시된 은행 잔고 증명서 필요

■ 이사 1인에 감사가 없는 법인도 설립 가능

■ 과밀억제권역인 서울, 수도권 등은 법인 설립 시 등록면허세 및 지방교육세가 3배 중과됨

- 법인은 동일 관할 내에서 중복 상호를 쓸 수 없으므로 사용 가능한 상호를 조회 (사용 가능한 법인상호검색 : www.iros.go.kr)
- 본점 소재지 주소, 주식 1주의 금액, 법인이 영위할 업종의 목록을 준비
- 법인의 설립은 법무사에게 위임하거나 자신이 직접 설립
- 스스로 온라인 법인 설립 : http://www.startbiz.go.kr
- 법인 설립 비용 예시

> 예) 서울 기준 일반여행업 자본금 1억 법인 설립 시(법무사 대행비 없이 직접 등록 시)
>
> 등록면허세 1,200,000원(설립 자본금의 4/1,000인 400,000원에 과밀억제권역 3배 중과)
> + 지방교육세 240,000원(등록면허세의 20%)
> + 접수증지대 25,000원(e-form 사용 시, 일반 접수 시 30,000원)
> = 총 등기비 1,465,000원
> • 법무사에게 위탁 시 법무사 대행 비용이 추가됨

- 서류와 비용 등이 모두 준비되면 관할 등기소에 법인 설립 등기를 신청 (예상 소요 기간 2~3일)
- 여행업 등록을 위해서 법인의 자산을 증명하는 '개시대차대조표'(세무사에게 문의) 준비

❷ 기존 법인의 변경
- 법인 등기부등본상 자본금이 상기에 표시한 각각의 자본금 이상이 되어야 하고, 필요시 법인 자본금 증자를 통해서 자본금을 등록할 여행업의 기준 이상으로 높임
- 전월 말일 기준의 가결산서가 필요하며, 자본 잠식 시 증자를 진행
- 목적 사항에 여행업과 관련된 내용을 추가

❸ 개인사업자

- 여행업 종류에 따라 상기에 표시한 각각의 자본금 이상이 표시된 잔고증명서를 준비
- 개인사업자의 상호는 중복과 관계없이 원하는 상호를 사용

3. 관광사업자 등록(시, 군, 구청)

❶ 관광사업자 등록 관할은 각 지방 자치 단체(특별시 / 광역시 – 구청, 그 외 – 시청, 군청)

❷ 준비해야 할 서류

- 3개년 여행업 사업계획서 1부 (일반여행업, 국내여행업, 국외여행업 각각 1부씩 필요)
- 건축물대장상 용도가 사무실 또는 1, 2종 근린생활시설인 사무실의 임대차 계약서 사본 1부
- 대표자 및 각 임원의 성명, 주민등록번호, 현재 주소, 본적지 주소가 기입된 문서 1부
- 법인사업자 : 세무, 회계사의 날인이 있는 대차대조표 1부
  (신규 법인은 개시대차대조표)
  개인사업자 : 은행 잔고증명서 1부, 영업용자산액 명세서 1부

> • 부동산의 보증금 또는 자산가치를 영업용 자산으로 신고하고 잔고증명과 합산하여 자본금 조건을 충족

- 법인의 경우 법인 등기부등본 1부
- 관광사업자등록신청서 1부
- 대표자 신분증 사본 1부
- 접수 시 신분증, 법인 도장(개인사업자는 대표자 도장) 지참

❸ 위 서류가 다 준비되면 관광사업자 등록 담당자에게 서류를 확인받은 후
민원실에 접수

❹ 접수 시 각각 인지대 30,000원, 신고세 45,000원이 필요하다.
(지역별로 다를 수 있음)
■ 해당 관청의 담당자들은 설립을 돕는 역할인 만큼 전화로도 상담을 요청할 수 있다.

4. 사업자등록증 신청(세무서)

관광사업자등록증이 발급되면 사본을 아래의 구비 서류와 함께 관할 세무서에 제
출하여 사업자등록을 진행한다.

사업자등록증 신청 서류

❶ 법인/개인 공통 서류
■ 임대차계약서 사본 1부
  – 임차인은 반드시 법인 또는 대표자 명의
  – 전대 계약일 경우에는 전대계약서와 임대인의 전대동의서 지참
■ 관광사업자등록증 사본 1부
■ 사업자등록신청서 1부
■ 대표자 신분증 사본 1부
■ 접수 시 신분증, 법인 도장(개인사업자는 대표자 도장) 지참

❷ 법인 추가 서류
■ 법인 정관 사본 1부
■ 주주 명부 1부(법인 인감도장이 날인된 것)
■ 법인 등기부등본 원본 1부

• 사업자등록증은 대표자 혹은 임원의 결격 사유가 없는 한 즉시 발부

5. 영업보증보험 가입

　　서울보증보험, 관광협회, 일반여행업협회 등에서 영업보증보험을 가입해야 한다.

6. 통신판매업신고

　　1. 홈페이지로 영업을 할 경우, 홈페이지 하단에 반드시 통신판매업 신고번호를 표기

　　2. 홈페이지를 제작한 후 관할 지자체에 신청하며 처리 기한은 1일~3일

모든 내용은 정부의 정책 및 실무에 따른 변동이 있을 수 있으므로 진행 시 관할 기관에 확인하면서 진행해야 한다. 보통 전체 진행의 소요 기간은 2주 정도라고 보면 좋다.

외국인환자유치업 등록

외국인환자유치업을 등록해서 영업하고자 하는 경우에는 아래 등록 방법을 참고하길 바란다. 다만 신규 창업 시 외국인환자유치업을 하려면 위의 관광사업자등록과 동시에 진행하는 것이 좋다. 상세한 내용은 한국보건산업진흥원의 외국인환자유치 정보시스템(https://medicalkorea.khidi.or.kr)에서 확인하면 된다.

❶ 외국인환자유치업 등록 요건
- 자본금 1억 이상 보유
- 1억 원 이상 영업보증보험 가입

❷ 외국인환자유치업 등록 시 필요한 서류
- 정관(법인의 경우)
- 보증보험가입 확인을 증명할 수 있는 서류(보증보험증권 원본)
- 자본금 규모를 증명할 수 있는 서류
- 사무실에 대한 소유권 또는 사용권을 증명하는 서류
- 외국인환자 유치업자 등록신청서(대표자 날인)

- 사업계획서
- 사업자등록증 사본 1부

❸ 외국인환자유치업 등록 절차
- 신청서
 – 직인 및 날인 필요
- 사업자등록증 사본
 – 제출 가준으로 6개월 이내의 발급 서류 필요
 – 사업자등록증명원(홈텍스 및 각 세무서 발급)으로 대체 가능
- 보증보험에 가입하였음을 증명하는 서류 1부
 – 보증보험증권(원본 또는 인터넷발급 사본 가능): 서울보증보험에 문의
  「의료 해외진출 및 외국인환자 유치 지원에 관한 법률」 제6조 제2항 제1호 및
  같은 법 시행규칙 제4조 제2항에 따름
- 자본금을 보유하였음을 증명하는 서류 1부
 – 법인 : 법인등기부등본(발급용)
 – 개인 : 잔고증명원(은행에서 발급)
- 사무실에 대한 소유권이나 사용권이 있음을 증명하는 서류1부
 – 임대차계약서 : 신청일로부터 계약 만료일이 6개월 이상 남아 있는지 확인 필요
 – 부동산 등기부등본(발급용) : 자가 소유 건물일 경우
  「의료 해외진출 및 외국인환자 유치 지원에 관한 법률」 제6조 제2항 제3호에 따름

당신의 투어플래너는 누구입니까?

여부해 투어플래너 여행사 창업 교육의 진심

투어플래너 소개

2014년부터 여행사 창업 교육을 진행해 온 '여부해 투어플래너' 과정은 2019년 현재 57기의 수료생을 배출했습니다. 수료생 400여 명, 수료생 중 60명 이상이 여행사를 창업해 운영하고 있습니다. 최근에 사명을 '비즈비'에서 '여행을부탁해'로 변경함에 따라서 줄임말인 '여부해 투어플래너'로 과정명을 변경하여 운영하고 있습니다.

수업 안내

여부해 투어플래너는 학원식 수업이 아니라 실전 사업과 전략 및 실무로 바로 진입하기 위한 교육이며, 교육 후 지속적인 코칭과 조언이 이어지기에 압도적인 수강생 만족도를 자랑합니다.

국내 최초 공유 여행사 플랫폼

여행을부탁해 소개

여행을부탁해는 중소형 여행사들이 서로 돕고 함께 성장하자는 취지로 여행 실무에 필요한 서비스를 제공하고 있으며, 서로 판매자이자 생산 공급자가 되는 형태로 운영됩니다. 회원이 되시면 전국구 협력 네트워크의 일원으로 함께 활동하실 수 있습니다.

여행을부탁해는 기존의 패키지여행을 고객 입장에서 구매를 돕는 콘셉트로 운영되며, 일반 여행사에서 많이 진입하지 않은 특수 지역 여행 및 특별한 여행들을 직접 기획하고 운영하기도 합니다. 무엇보다 전국적으로 브랜드 인지도를 확장하는 과정을 통해서 고객의 곁에 더욱 가까이 다가서고 있습니다.

여부해가 소개하는 특별한 여행

01. 중남미 여행　02. 코카서스 여행　03. 아이슬란드 여행　04. 아프리카 여행

05. 서남아시아 여행　06. 기타지역 여행　07. 미국 캠핑카여행　08. 미대륙 횡단여행

09. 오로라 여행　10. 두바이/중동여행　11. 한달살이 여행　12. 산티아고 순례길 여행

www.plztrip.co.kr | band.us/@plztrip | 02-6415-2928

산티아고 순례길을 부탁해! (www.PLZsantiago.co.kr)

| 순례길
세미나 | 산티아고 순례길을 가려는 분들께 순례길 여행의 진정한 의미를 전하고, 나에게 맞는 순례길 여행을 준비할 수 있게 정기적인 세미나를 통해서 돕고 있습니다. 순례길을 가신 다면 세미나를 최우선으로 듣고 순례길 여행에 첫걸음을 내딛길 바랍니다. |

순례길 1day 체험 일정

산티아고 순례길에 가서 하루 이틀을 걸어 보고 나서야 내가 무엇을 잘못했는지 깨달으면 난처합니다. 그래서 사전에 산티아고 순례길을 걷는 1day 체험 행사를 합니다. 함께 배낭을 메고 걸어 보고, 그날의 자기 상태를 피드백함으로써 순례길 여행에 대한 실전을 경험할 수 있고, 이것이 현장에서 겪는 어려움을 현저히 감소시킵니다.

순례길 1:1 유료 컨설팅

순례길 여행을 자유 여행으로 가시든, 프로그램을 이용해서 가시든 여행을부탁해가 돕고 있습니다. 기본적인 궁금한 사항들은 카페를 통해서 질문을 올리고 답을 받으실 수 있습니다. 그러나 나만을 위한 전문적인 컨설팅을 원하신다면 시간, 나이, 체력 등을 고려해서 1:1 컨설팅이 가능합니다. 언제 어디로 갈지, 하루에 얼마나 걸을지, 짐을 얼마나 메고 갈지, 현지에서 투어는 어떤 것들을 할지까지 구체적으로 설계를 돕습니다.

카톡ID : 여행을부탁해

순례길 여행 프로그램

A형 : 핵심코스함께해 순례길(15~16일)
- 인솔자 동행, 전용 차량으로 800km 전 구간 케어 서비스, 짐 이동 서비스, 긴급 이동 등
- 항공 + 전 일정 숙박 + 전용 차량 + 현지 교통 + 주요 도시 투어 + 여행자 보험
- 컨설팅 + 교육 + 1day 순례길 체험 행사 + 여부해 까미노 오픈채팅방 초대

B형 : 처음만함께해 순례길(10일 / 14일 / 20일~40일)
- 인솔자 동행 순례길 처음 이틀까지 함께
- 항공 + 초기 숙박 + 현지 교통 + 여행자 보험
- 컨설팅 + 교육 + 1day 순례길 체험 행사 + 여부해 까미노 오픈채팅방 초대

C형 : 나홀로 순례길(자유여행, 10일 / 14일 / 20일~40일)
- 항공 + 초기 / 전체 숙박 + 현지 교통 + 여행자 보험
- 컨설팅 + 교육 + 1day 순례길 체험 행사 + 여부해 까미노 오픈채팅방 초대

Starting a Travel Agency

....

"여행사 혼자 차려 볼까?"